电商运营实操

崔恒华 编著

电子工业出版社
Publishing House of Electronics Industry
北京·BEIJING

内容简介

电子商务浪潮在互联网力量下席卷了全球,相较传统商业模式而言,其更加公平、透明和诚信,拉近了交易双方的距离,提高了交易效率,为世界各地经济注入了动力。随着电商的规模化发展,更多的传统企业加入电商的行列,带动了电商从业人员的不断攀升,这也使得行业对于相关人才的需求大增,电子商务的学习也越来越普及。

本书共 14 章,主要内容包括电子商务与网上开店概述,从业心态与职前准备,职业规划与行业选择,电商零售平台介绍,网店日常运营管理,千牛、支付宝、淘宝助理、生意参谋等网店工具的使用,商品拍摄与网店美化,免费推广与营销,电商促销策略引爆店铺销量,通往电商大卖家的必备推广武器,做好会员营销让你的财富源源不断,物流配送与包装,天猫商城开店,手机淘宝运营实战,做好手机淘宝营销,引爆店铺销量。

本书内容丰富全面,将理论与实践紧密结合,既适合作为各类中等职业学校和高等学校电子商务等专业或各类电商培训机构的教材,也适合网店从业人员、管理人员、兼职人员、自由职业者阅读。

未经许可,不得以任何方式复制或抄袭本书之部分或全部内容。

版权所有,侵权必究。

图书在版编目(CIP)数据

电商运营实操 / 崔恒华编著. —北京:电子工业出版社,2018.5
(新零售时代电商实战)
ISBN 978-7-121-34012-3

Ⅰ. ①电… Ⅱ. ①崔… Ⅲ. ①网络营销 Ⅳ.①F713.365.2

中国版本图书馆 CIP 数据核字(2018)第 070376 号

策划编辑:林瑞和
责任编辑:葛　娜
印　　刷:三河市华成印务有限公司
装　　订:三河市华成印务有限公司
出版发行:电子工业出版社
　　　　　北京市海淀区万寿路 173 信箱　邮编 100036
开　　本:787×980　1/16　印张:22　字数:467 千字
版　　次:2018 年 5 月第 1 版
印　　次:2021 年 1 月第 9 次印刷
印　　数:11501~12500 册　定价:59.80 元

凡所购买电子工业出版社图书有缺损问题,请向购买书店调换。若书店售缺,请与本社发行部联系,联系及邮购电话:(010)88254888,88258888。

质量投诉请发邮件至 zlts@phei.com.cn,盗版侵权举报请发邮件至 dbqq@phei.com.cn。
本书咨询联系方式:010-51260888-819,faq@phei.com.cn。

前　言

中国互联网络信息中心统计显示，截至 2017 年 12 月底，我国网民规模已达 7.72 亿，其中手机网民规模达 7.53 亿，占 97.5%，网络购物用户规模达到 5.33 亿，网络购物成为增长最快的应用。中国网络购物交易规模已经超过美国成为全球最大的网络购物市场，中国消费者的消费热情和消费力超乎想象。

以网络购物为典型代表的电商模式对消费者和企业都产生了巨大影响。对于消费者来说，相比于传统销售渠道，电商模式能够提供不受时间和空间限制、更加便捷的购买体验，扩大了可供消费者选择的商品范围，便于消费者挑选出物美价廉的产品。对于企业来说，电商模式能够有效减少商品流通环节，控制中间流通成本。此外，消费者行为还可通过互联网和信息技术实现数据化和可视化，帮助企业更好地分析和满足消费者需求。

随着以电子商务为核心的新经济的快速发展，人才问题已经成为制约电子商务发展的最大瓶颈。据不完全统计，我国各类电子商务人才缺口达数百万之多。为了更好地帮助电商从业人员，提高产品的销售量，赚取更多的利润，我们编写了这本书。

本书主要内容

本书共 14 章，主要内容包括电子商务与网上开店概述，从业心态与职前准备，职业规划与行业选择，电商零售平台介绍，网店日常运营管理，千牛、支付宝、淘宝助理、生意参谋等网店工具的使用，商品拍摄与网店美化，免费推广与营销，电商促销策略引爆店铺销量，通往电商大卖家的必备推广武器，做好会员营销让你的财富源源不断，物流配送与包装，天猫开店，手机淘宝运营实战，做好手机淘宝营销，引爆店铺销量。

本书特色

- 本书重点介绍在电商运营与推广中必须掌握的开店和运营、网店装修、推广和营销技术。
- 本书内容以卖家为视角,贴近实际,非常具有参考意义。
- 本书内容翔实,以详细、直观的步骤讲解相关操作,使读者轻松上手,举一反三。读者只需要根据这些步骤一步一步操作,则完全可以开设自己的店铺。
- 本书作者具有多年的开店经验,以及网店设计与装修经验,书中内容涵盖了开店过程中遇到的许多细节问题。
- 本书把目前最流行的营销理念运用到淘宝平台,所有经验都在淘宝店铺中得到过实际验证,已经获得了巨大的成功。

本书适合读者

本书适合电商运营的初学者,包括在校大学生、兼职人员、自由职业者、小企业管理者、企业白领等想在网络中寻求商机的不同职业的人阅读;同时也适合已经开办了网店,但想进一步掌握网店经营的高级技巧,要获得更大的市场和更多的利润,把网店生意做大做强的店主选用。

参加本书编写和提供素材的还有郭海旺、孙东云、邓静静、张连元、孙素华、徐洪峰、王冬霞、刘桂香、何海霞、马武帮、葛俊科、葛俊彬、孙起云、吕志彬、孙良军等。由于作者水平有限,本书不足之处在所难免,欢迎广大读者批评指正。

目 录

第1章 电子商务与网上开店概述 1
    1.1 电子商务概述 2
        1.1.1 什么是电子商务 2
        1.1.2 电子商务的特点 2
        1.1.3 电子商务的发展趋势 3
    1.2 电子商务模式 4
        1.2.1 B2B 电子商务模式 4
        1.2.2 B2C 电子商务模式 5
        1.2.3 C2C 电子商务模式 7
        1.2.4 O2O 电子商务模式 9
    1.3 网络零售概论 10
        1.3.1 互联网时代的新商业文明 10
        1.3.2 网上商业生态系统的三大支柱 11
        1.3.3 网络零售的优势 14
    1.4 网上开店的前景 15
    1.5 练习题 16

第2章 职业规划 17
    2.1 从业心态与职前准备 18
        2.1.1 从业心态 18
        2.1.2 网店经营的成功与艰辛 20

　　　　2.1.3　知识储备与持续更新 21
　2.2　职业规划与行业选择 21
　　　　2.2.1　正确评估主客观条件 21
　　　　2.2.2　类目的选择和切入 21
　2.3　岗位工作与团队配合 22
　　　　2.3.1　网店内部岗位和职能划分 22
　　　　2.3.2　岗位工作的深入和提升 24
　　　　2.3.3　团队的配合和建设 24
　2.4　电商从业建议 25
　　　　2.4.1　先别辞职 25
　　　　2.4.2　从自己的兴趣出发 26
　　　　2.4.3　先找准目标市场再谈其他 26
　　　　2.4.4　不要期望过高 26
　　　　2.4.5　花时间学习基本技术 26
　2.5　练习题 27

第 3 章　了解网络零售平台 28
　3.1　平台简介 29
　　　　3.1.1　淘宝网首页 29
　　　　3.1.2　淘宝地图 30
　　　　3.1.3　手机淘宝首页 33
　　　　3.1.4　支付宝 33
　3.2　开店基础操作 35
　　　　3.2.1　注册及认证流程 35
　　　　3.2.2　买家交易操作 36
　　　　3.2.3　卖家中心的操作 42
　　　　3.2.4　淘宝网的交易流程 50
　3.3　练习题 51

第 4 章　网店日常运营管理 52
　4.1　熟悉商品资料 53
　　　　4.1.1　商品规格 53
　　　　4.1.2　商品特性 56

		4.1.3 商品使用方法	57
		4.1.4 商品售后服务	58
	4.2	发布商品	59
		4.2.1 商品发布流程	59
		4.2.2 商品标题	62
		4.2.3 商品图片	63
		4.2.4 商品描述	65
	4.3	设置店铺	68
		4.3.1 基本设置	68
		4.3.2 宝贝管理	70
	4.4	网店日常管理	73
		4.4.1 应对投诉的策略技巧	74
		4.4.2 纠纷管理	75
		4.4.3 怎样预防恶意差评	76
		4.4.4 处理客户的中、差评	77
		4.4.5 客户管理	78
	4.5	网络安全常识	80
		4.5.1 交易安全	80
		4.5.2 防骗知识	81
		4.5.3 识骗能力	82
	4.6	练习题	84
第5章	网店工具的运用		85
	5.1	在线沟通工具	86
		5.1.1 设置个性化头像	86
		5.1.2 备注联系人信息	88
		5.1.3 旺旺群	89
		5.1.4 群遍天下	90
		5.1.5 E客服	92
		5.1.6 旺遍天下	95
		5.1.7 巧妙设置千牛状态信息为店铺做广告	97
		5.1.8 使用千牛工具增加流量的技巧	99

5.1.9　巧设千牛，让别人用关键词找你 100
　　5.1.10　千牛工具的安全特性 101
　　5.1.11　巧妙利用千牛群推广中的"私聊" 102
　　5.1.12　巧用恰到好处的千牛表情，促使交易过程顺利进行 103
5.2　支付工具 103
　　5.2.1　支付宝 104
　　5.2.2　网上银行 105
5.3　淘宝助理 106
　　5.3.1　新建上传宝贝 107
　　5.3.2　淘宝数据的导入与导出 107
　　5.3.3　批量编辑宝贝 109
5.4　生意参谋 110
　　5.4.1　实时直播抢占生意先机 113
　　5.4.2　用好流量分析，生意突飞猛进 115
　　5.4.3　商品分析，助力商家打造爆款 117
5.5　练习题 119

第 6 章　商品拍摄与网店美化 121

6.1　数码相机基础 122
　　6.1.1　数码相机的选购 122
　　6.1.2　数码相机的日常保养 123
6.2　通用的拍摄技术 125
　　6.2.1　光圈与景深 125
　　6.2.2　白平衡功能 128
　　6.2.3　室内场景拍摄布局 129
6.3　小件商品的拍摄 131
　　6.3.1　摄影棚和灯光的布置 131
　　6.3.2　小件商品的拍摄技巧 132
6.4　服装类大件商品的拍摄 133
　　6.4.1　常见的拍摄环境 133
　　6.4.2　道具的搭配效果 137
　　6.4.3　服装挂拍技巧 138

目 录 | IX

6.4.4 服装平铺拍摄注意事项 139
6.4.5 模特拍摄技巧 140
6.4.6 表现质感和细节的拍摄技巧 141
6.5 图片处理基础 142
6.5.1 调整曝光不足的图片 142
6.5.2 调整图片的清晰度 143
6.5.3 调整图片大小 144
6.5.4 添加水印 145
6.5.5 添加边框 146
6.6 练习题 149

第 7 章 免费推广与营销 150

7.1 淘宝站内流量 151
7.1.1 自然搜索流量 151
7.1.2 淘宝活动流量 157
7.2 免费的自然流量——淘宝搜索拉客之道 159
7.2.1 在淘宝网开店要做好三大指标 159
7.2.2 打造爆款、人气宝贝必胜攻略 160
7.2.3 在不同时期优化宝贝标题要选用不同的词 161
7.3 相互收藏店铺增加人气 162
7.4 灵活运用信用评价也是推广的妙招 163
7.5 使用店铺优惠券，与淘宝网一同促销 163
7.6 利用搜索引擎推广 164
7.6.1 将网店提交到各大搜索引擎 164
7.6.2 如何让搜索引擎快速收录自己的网店 165
7.6.3 搜索引擎优化与竞价排名 166
7.7 利用即时聊天工具推广 167
7.7.1 通过 QQ 签名推广 167
7.7.2 QQ 空间推广 169
7.8 淘宝开店博客营销必不可少 170
7.8.1 写出优秀的博文，打造博客营销 170
7.8.2 增加博客点击量的妙计 171

7.9 练习题 ... 172

第 8 章 电商促销策略引爆店铺销量 ... 174

8.1 促销活动准备 ... 175
- 8.1.1 什么是促销 ... 175
- 8.1.2 促销的最佳时机 ... 178

8.2 网上赠品促销 ... 181
- 8.2.1 赠品促销效果不佳的原因 ... 182
- 8.2.2 赠品的选择技巧 ... 183

8.3 打折促销 ... 183
- 8.3.1 打折促销的优点 ... 183
- 8.3.2 打折促销的方式 ... 184
- 8.3.3 打折促销的策略 ... 185

8.4 包邮促销的秘诀 ... 186
8.5 购物积分促销 ... 186
8.6 抓住节假日赚钱、赚人气 ... 187
8.7 怎样做好销售旺季的促销 ... 189
8.8 练习题 ... 190

第 9 章 通往电商大卖家的必备推广武器 ... 192

9.1 设置"满就送",让店铺流量翻倍 ... 193
- 9.1.1 什么是"满就送" ... 193
- 9.1.2 如何开通"满就送" ... 193

9.2 让更多的淘宝客推广你的商品 ... 196
- 9.2.1 什么是淘宝客推广 ... 196
- 9.2.2 开通淘宝客推广 ... 198
- 9.2.3 做好淘宝客推广的技巧 ... 199

9.3 钻石展位吸引百万流量 ... 200
- 9.3.1 钻石展位介绍 ... 200
- 9.3.2 申请钻石展位 ... 202
- 9.3.3 钻石展位推广什么 ... 203
- 9.3.4 准备好素材是关键 ... 204
- 9.3.5 竞价技巧 ... 206

9.4 高效使用直通车，疯狂积累人气 207
9.4.1 关于直通车 207
9.4.2 直通车的优势 207
9.4.3 加入直通车 208
9.4.4 挑选合适的宝贝推广 210
9.4.5 如何正确选择关键词 210
9.4.6 为关键词合理定价 213
9.4.7 最大化直通车推广效果 213
9.5 聚划算引爆买家团购狂潮 213
9.5.1 什么是聚划算 213
9.5.2 聚划算有哪些入口 215
9.5.3 卖家参加聚划算有什么好处 216
9.6 免费试用让店铺的流量涨不停 220
9.6.1 阿里试用中心 220
9.6.2 如何进入试用中心 220
9.6.3 用好试用中心吸引流量 222
9.7 练习题 226

第10章 做好会员营销，让你的财富源源不断 227
10.1 提升客户的信赖感 228
10.2 加强客户的忠诚度 230
10.3 做好老客户资源维护 232
10.4 黏住客户从小处着手 233
10.5 提高淘宝转化率 234
10.5.1 什么是转化率 234
10.5.2 提高转化率的方法 234
10.6 根据客户细分做精准营销 240
10.6.1 从数据分析网店客户来源 240
10.6.2 为什么要细分和精准营销 241
10.6.3 如何做好精准营销 241
10.7 如何降低网店客户的流失量 244
10.8 把客户回头率做到百分之百的秘诀 244

10.9 营销推广助力提升销量 ... 245
10.10 口碑传播引爆品牌效应 ... 247
10.11 练习题 ... 249

第 11 章 物流配送与包装 ... 250

11.1 仓储管理 ... 251
    11.1.1 检验商品 ... 251
    11.1.2 编写货号 ... 251
    11.1.3 入库登记 ... 252
11.2 货物打包 ... 252
    11.2.1 分类包装 ... 252
    11.2.2 隔离防震 ... 253
    11.2.3 打包要点 ... 254
    11.2.4 商品包装方法 ... 254
11.3 物流配送 ... 257
    11.3.1 邮局发货 ... 258
    11.3.2 快递发货 ... 258
    11.3.3 物流托运 ... 259
    11.3.4 工作流程 ... 260
11.4 推荐物流 ... 261
    11.4.1 了解推荐物流 ... 261
    11.4.2 推荐物流在线下单 ... 262
11.5 自己计算运费 ... 263
    11.5.1 查询快递公司运费 ... 264
    11.5.2 查询邮政包裹运费 ... 265
11.6 避免和解决物流纠纷 ... 267
    11.6.1 做好物流规避纠纷 ... 267
    11.6.2 发生物流纠纷时的解决办法 ... 268
11.7 练习题 ... 268

第 12 章 天猫开店 ... 270

12.1 天猫店铺与淘宝 C 店的区别 ... 271
12.2 天猫平台简介 ... 272

12.3 天猫平台规则 273
12.3.1 招商入驻 274
12.3.2 天猫平台规则介绍 277
12.4 增值服务 278
12.4.1 运营服务 278
12.4.2 物流服务 282
12.4.3 商家工具 285
12.5 借力供销平台，扩大销售渠道 287
12.5.1 供应商入驻供销平台的好处 287
12.5.2 供应商如何入驻供销平台 288
12.5.3 写出优质、美观又有吸引力的招募书 290
12.6 练习题 292

第13章 手机淘宝运营实战 293
13.1 为什么在手机上开店 294
13.1.1 移动电商开启新商机 294
13.1.2 手机开店的优势 295
13.2 手机淘宝店铺装修 295
13.2.1 手机淘宝店铺装修注意事项 295
13.2.2 手机淘宝店铺首页装修 296
13.2.3 手机版详情页装修 299
13.2.4 购买无线店铺装修模板 302
13.3 手机淘宝标题优化 303
13.3.1 无线端宝贝标题优化的关键词选择 304
13.3.2 标题诊断优化 306
13.4 优化无线端主图 308
13.5 优化无线端详情页 309
13.5.1 为什么要做无线端详情页 309
13.5.2 无线端详情页优化原则 309
13.6 写好手机淘宝店铺公告 310
13.7 手机淘宝买家秀 310
13.7.1 买家秀在哪里 311

13.7.2 淘宝买家秀的应用渠道 313
13.8 练习题 315

第 14 章 做好手机淘宝营销，引爆店铺销量 316
14.1 提升手机淘宝店铺的流量和转化率 317
14.2 让产品出现在手机淘宝首页的技巧 320
14.3 "有好货"为用户提供精准化的个性推荐 322
  14.3.1 什么是"有好货" 322
  14.3.2 报名参加"有好货"活动 323
14.4 做好无线端营销 325
  14.4.1 无线搭配套餐，飙升客单转化 326
  14.4.2 设置码上淘，实现 O2O 交易零距离 327
  14.4.3 无线惊喜，天天有惊喜，无线营销必备工具 331
  14.4.4 流量钱包，手机购物也能赚流量 334
14.5 练习题 336

第 1 章
电子商务与网上开店概述

本章导读

互联网的出现使整个世界发生了翻天覆地的变化,互联网为传统的经济活动提供了更加便捷的形式,加快了商务沟通及信息流动的速度,从而催生了电子商务行业。电子商务不再是一个独立的商业领域,它已经变成了一种商业表现形式。

1.1 电子商务概述

随着因特网的迅速发展，电子商务和人们的生活越来越相关。那么电子商务是什么呢？

1.1.1 什么是电子商务

所谓电子商务（Electronic Commerce），通常是指在全球各地广泛的商业贸易活动中，在因特网开放的网络环境下，基于浏览器/服务器应用方式，买卖双方不见面而进行各种商贸活动，实现消费者的网上购物、商户之间的网上交易和在线电子支付，以及各种商务活动、交易活动、金融活动和相关的综合服务活动的一种新型的商业运营模式。

电子商务最重要的是"商务"，而网站只不过是电子商务的后台支撑。网上购物仅仅是电子商务的一小部分，而完整的电子商务过程则是一切利用现代信息技术的商业活动的电子化过程。

在电子商务交易过程中人们不再是面对面、看着实实在在的货物、靠纸介质单据（包括现金）进行买卖交易，而是基于网络，通过网上琳琅满目的商品信息、完善的物流配送系统和方便安全的资金结算系统进行交易。

1.1.2 电子商务的特点

电子商务作为一种行业模式，具有如下特点。

1. 交易环节少，营销成本低

电子商务减少了商品流通的中间环节，节省了大量的开支，从而也大大降低了商品流通和交易的成本。在传统商业模式中，企业不得不拿出大量资金用于开拓分销渠道，让出很大一部分利润给各级中间商，客户不得不承担高昂的最终价格。电子商务则打破了这一局限性，它使得厂家和消费者直接联系，绕过了传统商业模式中的中间商，从而使销售价格更加合理。

2. 全球性

作为电子商务的主要媒体Internet是全球开放的，电子商务的开展不受地理位置的限制，它面对的是全球性统一的电子虚拟市场。人们不受时间的限制，不受空间的限制，不受传统购物的诸多限制，可以随时随地在网上交易。在网上店铺中摆放多少商品几乎不受任何限制，无论你有多强的商品经营能力均可满足，且经营方式灵活，可以方便地在全世界范围内采购、销售各种商品。

3．简单的电子化支付手段

随着 SET 标准的推出，各银行金融机构、信用卡发放者、软件厂商纷纷提出了在网上购物后的货款支付办法，有信用卡、电子现金、智能卡、储蓄卡支付等，方便了购物和从事其他交易活动。

4．客户信息易于管理

在收到客户订单后，服务器可自动将客户信息汇集到数据库中，并对所收到的订单和意见进行分析，寻找突破口，引导新商品的生产、销售和消费。

5．符合全球经济发展要求

如今人们越来越追求时尚，讲究个性，注重购物的环境，网上购物更能体现个性化的消费过程。

6．社会性

虽然电子商务依托的是网络信息技术，但它的发展和应用是社会性的系统工程，因为电子商务活动涉及企业、政府组织、消费者的参与，以及适应电子虚拟市场的法律法规和竞争规则的形成等。如果缺少任意一个环节，势必制约甚至妨碍电子商务的发展。

7．信息化

电子商务是以信息技术为基础的商务活动，需要通过计算机网络系统来实现信息交换和传输。电子商务的实施和发展与信息技术的发展密切相关，也正是信息技术的发展推动了电子商务的发展。

1.1.3 电子商务的发展趋势

电子商务未来发展的三大关键因素是支付、物流和数据。要如何抓住这三大关键因素既是挑战，也是所有互联网从业者以及对未来经济发展感兴趣的人的重大机会。物流成本高、效率低、服务差阻碍了电子商务的未来发展，自建库房或将成为电子商务转型的关键所在。

自建物流可能是各大电子商务网站未来的发展趋势，一个成熟的电子商务企业必须要有自己建立的物流。自动化、智能化已成物流新趋势。菜鸟网络包裹数量占全网包裹数量的 60%以上，是"双 11"物流压力的集聚平台。目前菜鸟网络依赖大数据和云计算技术已实现智能分单、自动化仓库、智能发货、物流云加速等功能。

在 2010 年前，市场对电商的判断停留在 PC 端；从 2012 年开始，微信的诞生以及智能手机普及率的快速提升使得市场开始逐渐由 PC 端转向移动端。从 2014 年起移动端全面爆发，手机、平板电脑等移动设备成为"双 11"期间抢购商品的主要渠道，用户流量向移动端迁移是一个不争的事实。以天猫为例，六年间移动端收入占比从 2012 年的 5%增长为 2017 年的 90%，京东平台移动端收入的占比也高达 85%。

电子商务对实体店产生革命性的影响，它会快速提高现在零售业的服务标准。未来零售业的"互联网+"必然是线下线上"虚实结合"的商业模式。所谓虚实结合即互联网先进技术对接零售的核心要素（产品、服务、价格），线上线下融为一体。

农村电子商务呈现出巨大的发展潜力。从电子商务的发展情况来看，当前三线以上城市的电商渗透率已经逐渐接近顶峰，农村电商成为下一轮"互联网+"电子商务发展的巨大市场空间。

1.2　电子商务模式

电子商务模式是指企业运用互联网开展经营取得营业收入的基本方式，也就是指在网络环境中基于一定技术基础的商务运作方式和盈利模式。目前，常见的电子商务模式主要有 B2B、B2C、C2C、O2O 等几种。

1.2.1　B2B 电子商务模式

B2B（Business to Business），是指商家与商家建立的商业关系。商家们建立商业伙伴的关系是希望通过大家所提供的东西形成一个互补的发展机会，大家的生意都可以有利润。例如阿里巴巴（如图 1-1 所示）和慧聪网就是典型的 B2B 电子商务网站。

图 1-1　阿里巴巴

目前，国内 B2B 网站的发展大体走两种路线，一种是阿里巴巴领头的综合性 B2B 平台；另一种就是垂直类 B2B 平台，如中国服装网、全球五金网、环球塑化网、华强电子网、中国鞋网、中国化工网。

 B2C 电子商务模式

商家对消费者模式（简称 B2C），即企业通过互联网为消费者提供一个新型的购物环境——网上商店，消费者网上购物、网上支付。B2C 平台的典型代表有亚马逊网上商店、唯品会（如图 1-2 所示）、聚美优品、京东商城、当当网等。

图 1-2 唯品会

B2C 是我国最早产生的电子商务模式，这种形式的电子商务一般以网络零售业为主，主要借助于 Internet 开展在线销售活动。B2C 电子商务主要有以下几种类型。

1. 综合型 B2C 平台

对各大电子商务公司来说，都希望通过对经营产品的不断丰富来争夺更多的客户，进

而提升自己的竞争力,对用户的各种需求"一网打尽"。综合型 B2C 平台有庞大的购物群体,有稳定的网站平台,有完备的支付体系,如天猫、京东商城(如图 1-3 所示)、当当网、苏宁易购都是综合型 B2C 平台。

图 1-3 京东商城

2. 垂直型 B2C 平台

垂直型 B2C 平台销售单品类、单品牌产品,或者销售单一品类下多个品牌产品,如小米商城就是小米品牌旗下产品,如图 1-4 所示。

图 1-4　小米商城

垂直电商需要有强大的品牌影响力、足够多的产品种类，而且能够吸引足够的流量。垂直电商"小而精"的特点强化购物体验，满足一些差异化需求，如对于非标准化的专业性较高的细分市场，消费者需要有细分平台为其提供有特色的和专业化的服务。

1.2.3　C2C 电子商务模式

C2C，就是指消费者和消费者之间通过电子商务网站达成交易的一种电子商务模式。C2C 模式的典型代表有易趣网、淘宝网（如图 1-5 所示）等。

如今在电子商务领域，C2C 电子商务网站的出现，标志着 C2C 模式已经加入电子商务的大军中来，体现出电子商务网站的发展更加成熟、多元化。随着互联网的迅速发展，人们在网上购物的方式得到普及，因此需要一个合适的供应商平台将买卖双方聚集在一起。如果单纯地靠互联网人工搜索，那么消费者是很难买到自己想要的商品的，商家也没有销量。

C2C 电子商务模式使得商家和个人消费者之间的信誉问题得到了很大的改善，实现了对买卖双方信誉的监督和管理、对交易的监控、对物流的跟踪,最大限度地避免欺诈性事件的发生,确保了双方的利益。

图 1-5　淘宝网

C2C 服务提供商构建网络交易中介平台,通过宣传发展会员。卖家会员在此平台上进行注册、开设店铺,买家通过浏览网站寻找到自己想要的产品,双方通过网站提供的交流工具进行协商,达成一致后买家打款给网站提供的第三方支付工具;然后卖家发货,买家收到货物并查验无误后放款给卖家。如图 1-6 所示为淘宝平台的交易流程。

支付宝庞大的用户群吸引了越来越多的互联网商家主动选择集成支付宝产品和服务,目前除淘宝和阿里巴巴外,支持使用支付宝交易服务的商家已经超过 30 万家,涵盖了虚拟游戏、数码通信、商业服务、机票等行业。这些商家在享受支付宝服务的同时,更是拥有了一个极具潜力的消费市场。

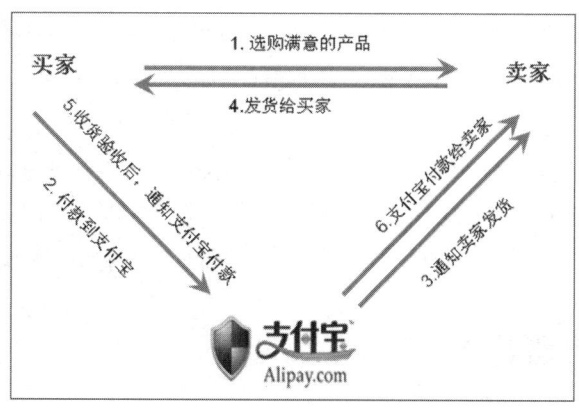

图 1-6　淘宝平台的交易流程

C2C 服务提供商主要通过向卖家收取店铺费用、交易服务费、广告费来获利。由于我国各 C2C 服务提供商竞争激烈，目前大部分都提供免费服务。

1.2.4　O2O 电子商务模式

O2O 是目前非常火的概念，即 Online To Offline，也就是将线下商务的机会与互联网结合在一起，让互联网成为线下交易的前台。

通过 O2O 模式，线下服务就可以在线上揽客，消费者可以在线上筛选服务，还有成交可以在线上结算，很快达到规模。如图 1-7 所示的美团网就是典型的 O2O 模式。

图 1-7　美团网

O2O 模式的优势在于把网上和网下的优势完美结合。通过网络平台，使互联网与实体店完美对接，实现互联网落地，让消费者在享受线上优惠价格的同时，又可享受线下服务。同时，O2O 模式还可实现不同商家的联盟。

O2O 营销模式的核心是在线支付。在线支付不仅是支付本身的完成，而且是某次消费得以最终形成的唯一标志，更是消费数据唯一可靠的考核标准。在线支付是对提供线上服务的互联网专业公司而言的，只有用户在线上完成支付，公司才可能从中获得效益。

1.3 网络零售概论

网络零售是指中间商利用网络来销售商品，包括有形商品和无形商品，即商品与服务。网络零售包含两种类型，一种是新兴的网上商店；另一种是传统的商店上网。

1.3.1 互联网时代的新商业文明

在经历了五千多年的农业时代，又经历了三百多年的工业时代以后，人类社会步入了互联网时代。新的时代必然有新的文明诞生，互联网的高效、快捷颠覆了原有的信息传播方式，它的开放和透明还原了人与人之间信任的基础，口口相传也再次以互联网的风格和特点回归，新商业文明使人们开始重新收获诚信带来的赞誉、商机和价值。

商业文明是以交换和交易行为及其相应文化特点为核心要素的文明进程方式，是从历史哲学的高度看待文明进程中的利益关系和价值交往的模式与规律、设施与规则，因此，要了解商业文明必须先了解它的特质文化。

互联网时代的新商业文明具有以下六个特质：透明、诚信、平等、分享、责任、和谐。

- 透明：在新商业时代，透明化的信用平台造就良性的循环机制，即口碑越好，生意越好。在车站的商店里购物，因为买家大多是过路客，所以很多交易都是一锤子买卖，在这种情况下，顾客难免会买到假冒伪劣产品，而暴利宰客的欺诈者则可以活得很好。在网店购物，大家都很重视培养回头客，店铺信誉好不好从评价记录里可以看到，店主都明白薄利多销的道理。同时，因为网购的诚信体制在逐步建立，网上经营的信用记录都是透明和公开的，因此，只有诚实守信的商家才能长期存活并得以稳步发展。
- 诚信：在新商业时代，新诚信的评估模式，使得欺诈风险远远大于欺诈模式，即诚信越好，生意越好。
- 平等：买家对卖家感知的无差异化，使个人、小企业和大企业都站在同一起跑线上公平竞争。而个人、小企业依靠诚信服务、勤奋经营，也能像大企业一样建立自己的品牌和销售渠道，甚至可以做得更好。
- 分享：分享是一种美德，也是淘宝网所倡导的社区文化之一。淘宝网有超过一半的卖家经常和其他卖家分享知识与经验，而且，承担淘宝网用户培训和经验分享工作的淘宝大学，其讲师也全部来自普通卖家。
- 责任：在新商业时代，公民的社会责任上升到了一个新的高度，交易平台不再局限于商业用途，而是利用其影响力来打造一个具有强大凝聚力的网络公益平台。
- 和谐：和谐意味着人人平等和安居乐业，在互联网上也体现了效率和公平的兼顾。互联网的快速、高效使商品流通的环节更少，商家因效率提高而获得更多的自然资源，消费者在获利的同时也提高了满意度和忠诚度。通过效率和公平的兼顾，交易平台成为一个和谐的社区。

1.3.2 网上商业生态系统的三大支柱

以消费者为导向的商业体系使中小企业成为未来商业社会的主体，"网商""网货"和"网规"将成为商业生态系统的三大支柱。

1. 网商

网商是指利用 Internet 作为企业或个人的商业经营平台，进行采购、销售、企业产品展示、信息发布等企业日常经营活动，并以此作为企业主要经营手段的商家和个人。网商的另一个显著特征是：利用网络现有的各种商业平台（如阿里巴巴、淘宝网）的诚信规则，通过提高交易次数和交易额，逐步建立起自己的网上商业信誉，并以此作为企业在网络贸易中提升和发展的基石。

阿里巴巴集团十年的创业史，也正是中国网商从无到有、从弱到强、从个体到集群式的成长发展史。中国网商数量已达几千万人，成为全球最具影响力，同时也是规模最大的商帮。如图 1-8 所示为淘宝网商联盟。

2. 网货

网货是指在网上销售的、去除了中间环节利润的、有价值的商品。网货与线下商品有相同的来源，但因为网络渠道节约了成本，所以价格比线下商品更为低廉；因为不受货架容量的限制，所以网货比任何一个商场的商品更加丰富，甚至可以按消费者的需求来定制产品；有的商家还推出了网络专售商品，只在网上销售。网货、是货真价实的商品，假货、水货不算真正的网货。

图 1-8　淘宝网商联盟

经过十年的竞争淘汰,以及支付、物流、品质等网络商业规则的确立成熟,网货也日益成为主流消费者认可的商品。即使在国际金融危机的压力下网货市场也仍然在持续增长,网货已经成为一种主流化的商品,种类、数量都得以大幅拓展,基本包括了人们生产生活、衣食住行各个方面的商品需求,甚至一些主流的品牌厂商纷纷加入网货大潮。如图1-9所示为网上货源。

3. 网规

网规是指在互联网平台上参与人际交往、社区活动、贸易活动时必须遵守的规则、制度和章程。即作为一个网民理应受到道德和行为约束。

网民和网商都应遵守各网站平台约定俗成的游戏规则,作为中国电子商务的先行者和倡导者,阿里巴巴集团拥有绝对的话语权,因为它最有可能成为网规的制定者和维护者。而针对网商和网货,诚信制度和质量标准一定会被纳入网规的重要条款里。如图1-10所示为淘宝网规则。

第 1 章 电子商务与网上开店概述 | 13

图 1-9 网上货源

图 1-10 淘宝网规则

1.3.3 网络零售的优势

网络零售与传统零售相比有其独特的优势，也有不可回避的劣势，在没有最佳方法弥补劣势的时候，充分发挥优势就是提高竞争力最好的方法。

1. 口碑优势

与传统零售相比，网络零售多了一件辅助销售利器——信用评价，针对每一笔交易买卖双方都会有一次评价对方的机会，这就等于给了大家一次口碑广告的机会，不管顾客是对商家的商品质量、服务态度、物流安全哪一方面感到满意，都可以给出一个影响后续顾客的好评。这不像传统零售方式，后续顾客无法了解到前面顾客的满意度，因而无法产生证明的影响力，口碑的建立难度也很大。

2. 信息优势

传统零售由于是当面选购、钱货两讫，所以基本上没有理由请顾客留下他们的联系方式。而网络零售由于有物理配送方式，所以在顾客购买商品之时，卖家就已经合法地拿到了他们的准确的收货地址和联系方式，为将来的新品通知和服务跟进创造了很好的条件。网络还具有信息传播快的特点，可以利用网络信息的特点进行营销策划，从而达到爆炸性的营销效果。

3. 沟通优势

面对面交流使我们难以当场掩饰自己的表情，马上调节自己的情绪和语气，如果遇到不易交流的顾客，则很容易发生争执。而网络营销是使用在线聊天工具来进行交流的，因此可以有一个缓冲时间，一边调节情绪一边打字交流，甚至换作其他人来继续交流，从而避免发生争执带来纠纷隐患。

4. 工具优势

网络零售在工具使用上具有传统零售无法比拟的优势，从即时交流工具到网络管理工具，从在线支付工具到数据统计工具，从店内营销工具到站内推广工具，使用这些工具不仅可以提高工作效率和服务质量，还可以促进销售，有效提高点击量和成交率。随着淘宝网技术的更新，我们可以通过数据工具深入洞察客户，了解他们的行为特点，为我们的营销方向和方式提供指引。

电子商务发展的过程是社会生产、生活方式变革的过程。从传统商业社会电子商务化，到商务模式的飞跃，都离不开每个从业人员的努力思考和探索，了解电子商务大环境的发展轨迹和趋势,为我们快速融入电商行业打下坚实的主观基础。

1.4 网上开店的前景

网络购物,交易双方无须直接接触,只要轻点鼠标,便可下单购物,不需要多长时间即可收到现货。目前,这种简单方便的网络购物方式正成为越来越多人的选择。无论是在国内还是国外,网上购物都已经进入快速成长期,购物基础已经十分坚固,这也给许多没有钱,但又想过一把老板瘾的人提供了机会。

随着网民购物习惯的日益养成,以及网络购物相关规范的逐步建立、网络购物环境的日渐改善,中国网络购物市场将逐渐进入成熟期,未来几年,网络购物市场增速将趋稳。同时,随着传统企业大规模进入电商行业,中国西部省份及中东部三四线城市的网络购物潜力也将得到进一步开发,再加上移动互联网的发展促使移动网络购物日益便捷,中国网络购物市场整体还将保持相对较快的增长,预计 2018 年网络购物市场交易规模将高达 7.5 万亿元。如图 1-11 所示为中国网络购物市场规模估计。

图 1-11 中国网络购物市场规模估计

电子商务的快速发展在零售端不断驱动消费格局的重建,用户网络购物的消费习惯也已逐步形成。截至 2016 年年底,我国网络购物用户规模已经达到 4.67 亿,较 2015 年年底增加 5345 万,同比增长 12.9%。从市场规模来看,截至 2015 年年底,我国网络购物市场的年交易规模达到 3.8 万亿元人民币,同比增长 36.2%,在社会消费品零售总额中的渗透率达到 12.6%,同比提升两个百分点。

从用户数来看,截至 2016 年年底,我国移动端网络购物用户规模已达到 4.41 亿,同比增长 29.8%，移动端网络购物的比例由 2015 年的 54.8%迅速提升至 63.4%。

电子商务的普及，给青年网友以更多的工作机会。辞去朝九晚五的枯燥工作，全职在网站开网店，捧杯咖啡，坐在家中创业，成为越来越多的年轻人的全新选择。"今天我们是人们眼中的'另类'，明天我们将是都市白领的主流！"。

随着网络技术的发展，作为一种时髦的创业模式的网店已经逐渐发展起来，其优势明显、前景广阔，更是众多无本创业者的绝佳机会。淘宝网已成为"草根"实现就业的最大平台，直接或间接带动就业人数达 3000 万人左右。

1.5 练习题

1．填空题

（1）电子商务未来发展的三大关键因素是_____、_____和_____。

（2）_____是指企业运用互联网开展经营取得营业收入的基本方式，也就是指在网络环境中基于一定技术基础的商务运作方式和盈利模式。

（3）目前，常见的电子商务模式主要有_____、_____、_____、_____等几种。

（4）_____是指商家与商家建立的商业关系。

（5）_____（简称 B2C），即企业通过互联网为消费者提供一个新型的购物环境——网上商店，消费者网上购物、网上支付。

（6）_____是目前非常火的概念，即 Online To Offline，也就是将线下商务的机会与互联网结合在一起，让互联网成为线下交易的前台。

2．简答题

（1）电子商务的特点有哪些？

（2）简述电子商务的发展趋势。

（3）B2C 电子商务主要有哪些类型？

（4）网上商业生态系统的三大支柱是什么？

（5）网络零售的优势有哪些？

第 2 章
职业规划

本章导读

目前电子商务行业层次相当丰富，有行业领先的 B2B、B2C 平台，以及具有草根气息的 C2C 平台，还有服务于电子商务企业的子行业。加入电商行业，意味着有不同的职业选择，可以选择合适的平台入职就业，也可以利用自己某些方面的优势自主创业。明确自己适合从事何种岗位，该岗位需要具备何种素质，当然这种素质既包括文化素质，也包括心理素质。

2.1 从业心态与职前准备

随着社会的进步，我们面临的是一个越来越紧张的环境，紧张的生活节奏使人心开始变得浮躁，不管是学习还是工作，都希望立竿见影和马到成功，却忽略了积累的过程。因此，对于一名刚踏入电商行业的新人来说，正确的从业心态和主观准备决定了其在这个工作岗位上的表现，同时，这也是迈向成功的第一步。

2.1.1 从业心态

无论是即将踏入电商行业的梦想者，还是已经身在其中、牛刀小试的新型电商人，抑或是在行业中已经崭露头角、有所成绩的大卖家，都面临着对前途的规划和预测问题，而心态直接影响其判断。态度决定一切，不论是刚刚入行的新人，还是已经在业内摸爬滚打已久的老将，没有良好的心态，任何人都有可能在电商大潮中失败而归。因此，重视心态的调整和保持是成功的重要保证。

（1）"从"是由两个"人"字组成的，这说明在将来的工作中，我们并非单打独斗，而是要跟团队的其他成员配合协作来完成任务。因此，要培养自己的团队精神和大局意识，以及协作和服务精神，尊重他人的兴趣和成就，协同合作，充分发挥集体的智慧和潜能。

（2）"业"是指工作能力，我们必须先做产品的专家，然后才能更好地为消费者服务。但是，优秀的工作能力与勤奋的学习密不可分，所以，在进入一个我们不太了解的行业和领域时，应该先让经验归零，因为只有虚心地学习才能让大脑装进更多的知识；要克服自以为是的缺点，不断地激发学习的欲望，不断地进行自我修正和突破。

（3）"心"是人最本质的东西，在这里主要是指工作的责任心。比如客服在公司里的收入多少、职位高低，是由业绩和责任心决定的。业绩是显而易见的，但是责任心却很容易被忽略。责任心是一个人成熟的标志，我们不光要对自己负责，更要对自己所在的集体负责。因为一个员工的责任心如何，决定着其在工作中的态度，决定着其工作的好坏和成败。有了责任心，才会认真地思考、勤奋地工作，实事求是，按时、保质保量地完成工作任务，圆满地解决问题；才能主动处理好分内与分外的相关工作，主动承担责任，而不是推卸责任。

（4）"态"是指比常人更"大一点的心"，心有多大，舞台就有多大。要把本职业工作当作自己的事业来经营，有主人翁精神，有自发的学习意识和自觉的工作态度。因为一个消极、寻找借口的员工，是不会成为公司里不可或缺的成员的。

在网上开店初期，最重要的是应该时刻保持冷静的心态，除学习电子商务知识和一些常用软件的使用方法之外，还要时刻跟随年轻人的步伐，融入他们的群体。下面是从业者必备的心态。

1．平淡之心

但凡做一件事，在心理上准备得好的人，往往会更容易成功，或者说更容易接受失败，再不断地进行新的尝试。怀着这样的一颗心做事，坚持下去，一定会成功。

在网上创业，首先要对电商创业的困难有足够的认识。不要认为在家里轻轻点击几下鼠标，就可以赚到钱。电商创业和任何一个谋生工作一样艰辛，甚至有过之而无不及。

在网上开店创业的朋友何止千万？在这么多人里，买家找到你的机会又会有多少？所以，一天、两天甚至一个月没有生意，这些都应该事先做好心理准备。

2．不要怕别人知道你是新手

绝大多数人都认为"新手"这个词对经营很不利，其实"新手"也有自己的独特优势。新手很谦虚，因为你是新手，所以有许多买家会向你提出更多的意见，例如"这款衣服怎么没有红色的，别人家的店铺里就有"。这时候你应该很谦虚地说："谢谢您的建议，如果您需要，我可以马上给您定做一件。"这时，买家会觉得你的态度很好。

3．勤学苦干之心

在网上开店创业之初，最担心的就是自己辛苦进的货放到网上没人看。此时，提高店铺的人气是当务之急。在这样的情况下，要先清楚自己所处的环境，花大力气熟悉淘宝网的规则和环境，如此才能得心应手。

要常去淘宝论坛，多看一看别的商家是怎么做的，多学一学别人的经验，多找精华帖子看，淘宝网的经验畅谈居是很好的去处。看到实用性强的好帖子就收藏起来，如果有条件还可以打印出来，多看多揣摩，自然会有所领悟。只有深入网店经营生活中，才会真正明白其中的奥妙。很多事情，需要自己亲身经历过方知其艰辛。

4．不要不好意思

很多新手在对自己的店铺做推广时会很不好意思，总是想"我是新手，给人家发信息，人家会理我吗"。实际上，只有主动出击才会赢，你可以把自己的广告词说得婉转一些，要非常有礼貌，所谓"礼多人不怪"，绝大多数人是不会反感的。

5．感恩的心

所有曾给过你帮助的朋友，以及所有曾支持过你的买家朋友，都是你受之恩惠的人。要感谢买家、感谢卖家、感谢朋友，感谢一切曾给予你快乐的人和事。一颗感恩的心，将是最快乐的心。

6．戒骄戒躁

其实"皇冠"也没有什么了不起的，它代表的只不过是成交的数量、付出的努力和劳动更多罢了。"皇冠"不是炫耀的资本，因为所有的一切都是卖家应该做的。既然选择开网店生涯，就应该好好经营，就应该做到"四冠""五冠"，甚至更高的级别。

做好每一笔生意，走好每一步路，让买家和卖家都满意，自己也会从中得到快乐与金钱的回报。

7．一定要有耐心和信心

在开店的前几周很可能会颗粒无收，这时候卖家是最痛苦的，但无论如何一定要坚持下去，要坚信"道路是坎坷的，前途是光明的"。如果你半途而废，将永远没有开始，坚持不懈才能拥有未来。另外，你还可以利用生意的冷淡期抓紧时间学习，这也是不错的进步机会。

在网上开店，每天重复的事情很多，如店铺管理、推广宝贝、在论坛发帖及回帖等，在与顾客交流时一定要有耐心。

8．勇于承担责任

一旦自己的商品有了问题，或者出现了别的问题，顾客投诉的时候，千万不要找借口推诿，要勇于把责任承担起来，该道歉就道歉，即使自己有委屈，顾客在气头上说了很难听的话，也不能和顾客吵架。有了这样的气魄，别人才会信任你，误会才会消除。相互之间有了信任，才可能有生意往来。

经商做生意是一个非常辛苦的工作，并不像大多数未涉商海的人所想象的那样，是一件潇洒而有趣的事情。

2.1.2 网店经营的成功与艰辛

相比其他商业形式，电商行业自身的技术特点，决定其具有更强的爆发力。在电商行业涌现出很多网络奇迹，一些店铺或品牌之前默默无闻，无人问津，而通过电子商务的成功运作而一举成名，家喻户晓。这些成功的案例，给新的入行者以启示，树立了榜样，也使得很多人只看到这些成功的人、成功的事，而忽视了成功背后的无数次失败，以及当事人付出的努力和艰辛。静下心来，客观冷静地分析这些成功案例，就会发现他们的成功不是偶然的，而是很多因素同时作用的结果。

2.1.3 知识储备与持续更新

对于电子商务从业人员来说，需要掌握的知识有两个方面：一是运营层面的知识，包括电子商务的技术知识、店铺或品牌的管理知识等；二是具体类目的产品知识，例如产品材质、特性、特点等。

电子商务的发展是被技术推动的，这也是它的魅力所在。每一次技术的革新和营销方法的创新，都将为店铺和品牌创造新的机遇，这些机遇有可能影响到店铺和品牌的市场份额与格局。通过本书学习到的知识，在实践应用中进行检验和修正，这本身就是一个知识更新的过程。我们还应该时刻关注行业的动态，与业内人士进行交流，或者通过参加一些提升课程的学习，使自己的知识始终保持在最新层次，同时培养自己的创新能力。

2.2 职业规划与行业选择

国家大环境为我们提供了不少有利条件，电子商务入行创业的门槛相对较低，对于资金、经营场所、各种资质等硬性的要求也并不是很高。

2.2.1 正确评估主客观条件

在主观方面，对电商运营方面知识的掌握和积累，以及熟练运用，决定了创业者是否能轻车熟路，顺利创业。在个性上，是比较冲动，不容易坚持，还是能够遇挫弥坚，坚持到最后。在团队沟通和管理上，是否具有一定的组织和协调能力，能否与伙伴一起实现目标。在某类产品或者行业方面，是否有特别的爱好，以及是否了解，能够为客户提供很好的服务。有没有一个明确的运营思路，对自己即将从事的行业有独到的见解，在电商行业百花齐放的今天可以走出一条与众不同的路。

在客观方面，个人的经济能力是否能支持创业初期的投入和消耗，如果创业失败，那么有怎样的规划，以及如何应对。

在客观评估自身及环境的情况以后，做出一个理性的决定，是就业还是创业，抑或是先就业再创业等，为自己找到一条合适的路。

2.2.2 类目的选择和切入

电商行业发展到今天，已经有非常多的传统行业把店铺开到了网上。在淘宝网上，只要是能想到的，就可以搜索到。可以说任何行业都已经有前人在做了。如果我们选择入行的切入点，就不得不考虑到这些情况，也就是店铺定位的问题。

我们要开一家什么样的店？这个问题很现实。假如想开一家鞋店，我们需要知道，在淘宝网上已经有几十万家鞋店，而单品的数量更是天文数字，选择鞋店，就相当于选择了与众多的对手竞争。我们对成功是否有把握，或者有多少把握可以达成什么样的结果，这些都需要考虑。对于想入行的朋友，建议选择竞争产品少、竞争程度相对较低的行业切入。

竞争激烈的类目是不是就没有新店的生存空间或者切入点呢？当然不是，将店铺定位细分化，可以在竞争激烈的夹缝中求得生存和发展。而且，店铺定位细分化已经成为电商行业发展的又一重要趋势。比如鞋店，竞争是非常激烈的，但是其中不乏一些有特色的店铺，由细致而成就专业。因此，除要考虑竞争对手的数量和强弱外，还要考虑自己在这个类目中有没有资源优势、价格优势等，因为这些因素直接影响到产品和店铺的竞争力，需要予以重视。

2.3　岗位工作与团队配合

不管是就业还是创业，我们面临的不是一个人的工作。事实上，就目前电子商务发展的速度和专业分工而言，一般一个能干的人也不能独立完成所有的环节。电商企业或者店铺之间的竞争，实际上就是团队之间的竞争。因此，除关心个人在单一的岗位上是否胜任之外，团队的凝聚力、创造力和抗压力也是我们应该关注的。

2.3.1　网店内部岗位和职能划分

当销售规模达到一定程度，仅凭店主一个人很吃力，而又无法继续扩张的时候，再想扩大经营就会有点力不从心，这时候就需要组建一个网络销售团队。根据管理的范围和内容的不同，在专门的网络销售团队中，有客服人员、财务统计人员、库房管理人员、采购人员等。

1. 客服人员

客服人员主要负责与顾客联系，建立客户档案并进行管理，以及收发邮件，到账查款，信用评价，给顾客发送促销活动通知等烦琐的日常工作，是网店与顾客之间的纽带和桥梁。所以第一个应该增加的职位是客户服务。一般安排一个人专职做就可以了；如果分类多、交易量大，或者还有其他网站的业务，则可以安排两三个人分工负责。客服人员最好是细致、耐心、机灵的女孩，最基本的要求是普通话标准、打字速度快、反应灵敏。

为了加强与顾客之间的良好关系，保证和拓宽客户群，客服人员最好花一些时间来研究顾客的购物心理，分析他们对服务方面的需求。如果有空闲时间，则可以陪顾客或网友聊聊天，培养潜在的顾客，但一定要注意对时间的把握，要在不耽误自己工作的前提下适当安排时间。

2. 商品拍照发布人员

在网上开店这个职位最关键，刚开始时都是店主一个人在做。当网店达到一定规模后，有成千上万的商品，就需要一个专人来管理商品的拍照和发布了。

3. 财务统计人员

财务统计人员要学会使用简单的表格统计店铺每天的收入和支出，做到及时、完整、准确地进行整理汇总，综合分析，建立相应的统计报表。

作为网店卖家，记账可以按照非专业要求来做，但前提是自己一定要能看懂，能够通过相应的统计报表判断出店铺是赚还是赔、有无库存积压、有多少资金可以周转和进货，以及还有多少剩余资金可以用来店铺的再发展。作为个人卖家，就需要兼具会计、统计和库房管理的角色，不仅要会统计和分析，还要克服账面暂时没有赢利的失望心理，只有拥有信心，才能坚持把店铺一直经营下去。

4. 库房管理人员

如果商品种类多、数量大，则可以请一个专职的库房管理人员。库房管理人员是一个较为辛苦的角色，除符合职业要求外，还必须具有较强的工作责任心和热情的服务态度；而且必须随时关注店铺的库存余量，确定哪些商品已经缺货，以便将其及时下架，以免给顾客造成困扰。此外，通过定期盘点库存，并推出相应的促销活动来清仓，还可以快速动销产品，盘活资金。对于服装、食品等时效性较强的商品来说，及时清仓是减少亏损的一种有效方法。

5. 采购人员

网店商品的采购一般由店主自己做，也可以让自己的亲戚负责帮忙进货。如果采购量很大，而自己和亲戚又没有精力来做，则可以招聘专门的采购人员。一般下面两种人适合做采购人员。

第一种是随遇而安的人。这种人一般没有太大的野心，对生活也没有太多的要求，可以跟着你干很久，做个帮手。

第二种是豪爽的人。这种人可能胸怀大志，野心不小，但是为人正直，不贪小便宜，而且进取心强，主动性很高。

6. 管理员

管理员的工作最繁杂、工作量最大，除每天要回答顾客的提问，及时处理商品的上架和下架外，还要根据不同的交易状态对售出的商品进行分类管理，同时要制定商品的促销方案及店铺经营策略等。另外，还必须利用休息时间到论坛上发帖、回帖，做好网店的宣传推广工作，尽一切可能，寻找更多的能让别人记住店主、商品和店铺的机会。

2.3.2 岗位工作的深入和提升

团队中每个成员在自己的岗位上发挥应有的作用，是团队运作的基础。一个员工的工作表现直接影响到团队的表现，一个员工的短板有可能是整个团队的短板，限制了整个店铺的提升方向和速度。当具有一定的知识和实操能力踏上工作岗位后，就需要对本岗位的工作进行深入了解，以求不断地提升，不仅能做，而且做得精彩。

例如，客服岗位上的工作人员，不能自满于接待客户工作，而应深入工作，了解客服岗位的本质，接待是基础，其核心是客户的满意度和二次营销。客服人员在工作中就需要思考：怎样做客户的满意度才能更高？我们需要提供什么样的服务？什么样的活动是客户喜闻乐见的？我们是否需要给公司提出改进的建议，让工作流程更科学，提升客户体验？因此，如果对自己的岗位有深入的理解和认识，在工作中付出努力，那么就可以站在一定的高度，看到常人所看不到的风景。

2.3.3 团队的配合和建设

团队不是一些人员的简单相加，而是同心同德，分工有序。在一个店铺中有运营、美工、客服、仓库管理、打包等岗位，在大的店铺中分工更加细致，具有更多的岗位，有的岗位可能需要多位员工。例如客服，要设置售前、售中、售后等岗位，而其职能又层层分解，达到最佳配置。

企业运营讲究的是团队配合，不同的部门之间有工作配合。例如，货源部门的工作需要参考市场部门的研究结果，技术部门的工作直接影响到销售部门的工作，而销售部门的工作又和物流及售后部门息息相关。

不仅部门与部门之间有合作，而且同一个部门的员工在工作流程上也会相互配合。比如解答顾客问题是当班客服人员的主要工作之一，通常谁在、谁有空谁就去回复，因此，有时同一顾客提出的问题是由不同的客服人员回复的。通过这样的方式来体现团队配合，及时为顾客提供服务，还可以让管理者随时了解客服人员对业务的熟悉和掌握程度，以及职业素养和服务态度。另外，一旦产生分歧和发生交易纠纷，也能查到当时回答问题的责任人。同时，这样的方式还能充分体现出企业管理的规范和对外的统一形象。

再比如在交流流程配合上，客服人员甲接了订单，客服人员乙去安排加工，最后由客服人员丙完成发货，该工作流程只要在备忘录里注明各环节的经手人，就会有利于整店的管理和将来查找责任人。团队成员之间配合得好，可以以一敌百，配合得不好，则万不敌一。团队只有经过时间的考验，成员之间的沟通配合才会默契。团队建设已经成为一个独立的学科，被中外管理者所关注和研究。那么，个人该如何为团队建设做出自己的贡献呢？对于新入行的朋友，下面给出一些基础性建议。

（1）工作按流程执行，养成按章办事的习惯，这样团队成员更容易达成共识，方向明确。

（2）立足于本岗位的工作内容，为其他岗位和团队多设想，多做一步，方便他们顺利工作。

（3）在意见出现分歧时，努力找出共同的地方，始终保持方向一致。

（4）遇到困难寻求团队帮助，也积极地帮助他人。

（5）始终把团队放在第一位。

2.4 电商从业建议

在电商领域创业的人越来越多，但究竟怎样才能成功呢？对此很多人一直存在理解的误区，同时也困扰着很多创业者。

2.4.1 先别辞职

在网上开店赚钱是需要时间的，建立网店并从中赚取利润，不是一件简单的事情。从笔者的经验来看，如果不走歪门邪道的话，至少得花几个月的时间。你需要做市场调查、开网店、发布商品、网店装修、推广，这些都不是几天就能做成的。

最好的方式就是白天有其他正式的工作，利用业余时间在网上开店。当你从网店上赚的钱足够自己生活上的花费时，再考虑辞职。

2.4.2 从自己的兴趣出发

千万别看什么热门就干什么。热门行业的门槛都高,要花的时间、精力和金钱也多,不适合创业者,除非你有几千万元可以投资。

在网上开店创业初期,你需要做调查研究、进货、选择产品、回复客户的询问、提供售后支持。如果你选择的行业不是自己所熟悉的,那么这些日常操作将会是非常痛苦的事情。

如果你对自己每天做的事情乐此不疲,又能赚钱,这才是网上创业的最大快乐。

2.4.3 先找准目标市场再谈其他

不要觉得自己在某一天突发灵感想出的主意特别棒,更不要觉得自己开发出来的产品或服务肯定会受到欢迎,任何没经过目标市场验证的东西都是不确定的。

所以,你应该先找准目标市场,研究目标市场需要什么、有什么问题,而自己的爱好和特长是否能帮助目标市场解决问题和烦恼?如果能,那么一个能赚钱的服务或产品的点子才真正诞生了。

2.4.4 不要期望过高

也许是网上的骗局太多了,也许是在网上开店门槛低,也许是故事听得太多了……总之,很多人以为在网上开店赚钱是一件简单的事情。

其实在网上做生意并不比在网下做生意容易,虽然需要投入的资金、设备可能比较少,但是要花费的时间和精力可一点也不少,而且同样是有风险的,也不一定会达到你所期望的结果。

2.4.5 花时间学习基本技术

在网上开店是一个需要不断学习和探索的工作,在初期准备中除需要投入必要的硬件外,还要有相应的软件。掌握基本的网上操作技术并学习一些相关软件的操作知识,将会更加有利于在网上创业,其中包括设计、简单的网页制作、网络营销推广,以及提供售后支持等。

2.5 练习题

1．填空题

（1）目前电子商务行业层次相当丰富，有行业领先的_____、_____，以及具有草根气息的_____，还有服务于电子商务企业的子行业。

（2）根据管理的范围和内容的不同，在专门的网络销售团队中，有_____、_____、_____、_____等。

（3）_____主要负责与顾客联系、建立客户档案并进行管理、收发邮件、到账查款、信用评价、给顾客发送促销活动通知等烦琐的日常工作，是网店与顾客之间的纽带和桥梁。

（4）如果商品种类多、数量大，则可以请一个专职的_____。库房管理人员是一个较为辛苦的角色，除符合职业要求外，还必须具有较强的工作责任心和热情的服务态度。

2．简答题

（1）从业者必备的心态有哪些？
（2）如何正确评估主客观条件？
（3）怎样选择产品的类目？
（4）网店内部岗位和职能划分有哪些？各有什么职责？
（5）电商从业建议有哪些？

第 3 章

了解网络零售平台

本章导读

网络零售可以利用独立企业商城 B2C、网站 C2C、博客、论坛等来操作。但是相对来说,在大型交易平台上开店可以争取到更多的流量和销售机会,目前使用频率较高的零售平台有淘宝网、天猫、当当网、亚马逊中国、京东商城等。

3.1 平台简介

淘宝网是亚太地区最大的网络零售商圈,由阿里巴巴集团在 2003 年 5 月创立。淘宝网是中国深受欢迎的网络零售平台,拥有近 5 亿的注册用户,每天有超过 6000 万的固定访客,同时每天的在线商品数超过了 8 亿件,平均每分钟售出 4.8 万件商品。随着淘宝网规模的扩大和用户数量的增加,淘宝网也从单一的 C2C 网络集市变成了包括 C2C、分销、拍卖、直供、众筹、定制等多种电子商务模式在内的综合性零售商圈。

3.1.1 淘宝网首页

淘宝网首页是信息最集中、信息量最大的页面,但是从页面的区域划分来说,各种分类信息的归纳和设置较为合理。由于淘宝网是交易平台,因此商品信息在首页上占据着最重要和醒目的位置。出于对用户体验和商家促销方面的综合考虑,淘宝网首页不时会有新版推出,布局与内容都有相应的调整和更新。如图 3-1 所示为淘宝网首页,接下来,我们就以此首页为例来认识淘宝网。

在图 3-1 中:

(1) A 区是会员快速登录和辅助功能入口,网站帮助中心的入口也在这里,要看社区资讯或者去淘宝大学学习,也是从这里进入的。

(2) B 区是促销区域,中间的 Flash 海报是首页广告位,不仅是整个首页最醒目的展示位置,也是最热门的广告区,目前是各企业竞相抢购的最佳媒体位置。

(3) C 区是天猫的品牌推广区域,定期推荐一些加入天猫的品牌商,帮助企业成功打造网货品牌。

(4) D 区是淘宝网的"鲜果盛惠"板块,下面有一些时令水果和农产品促销信息。

(5) E 区是今日热卖"头层新款女包",可以看到最新款的时尚新款女包。

(6) F 区是搜索区域,在这里,可以通过关键词搜索快速找到所需的商品和店铺信息等。

(7) G 区是网站公告栏,淘宝网的重大新闻、新规则、新功能和推出的服务、公益活动的宣传信息等,都放在这里。

(8) H 区是便民服务区域,提供充话费、游戏快充、旅游、保险等服务。

图 3-1 淘宝网首页

这样的设计不仅有利于买家快速选购商品，也为商家进行各种促销宣传提供了更多的资源。同时，在醒目的位置提醒买家及时确认收货和评价，能够帮助卖家及时收到货款，完成交易。

3.1.2 淘宝地图

淘宝地图被划分成多个区域，下面我们就来了解这些区域的信息内容，如图 3-2 所示。

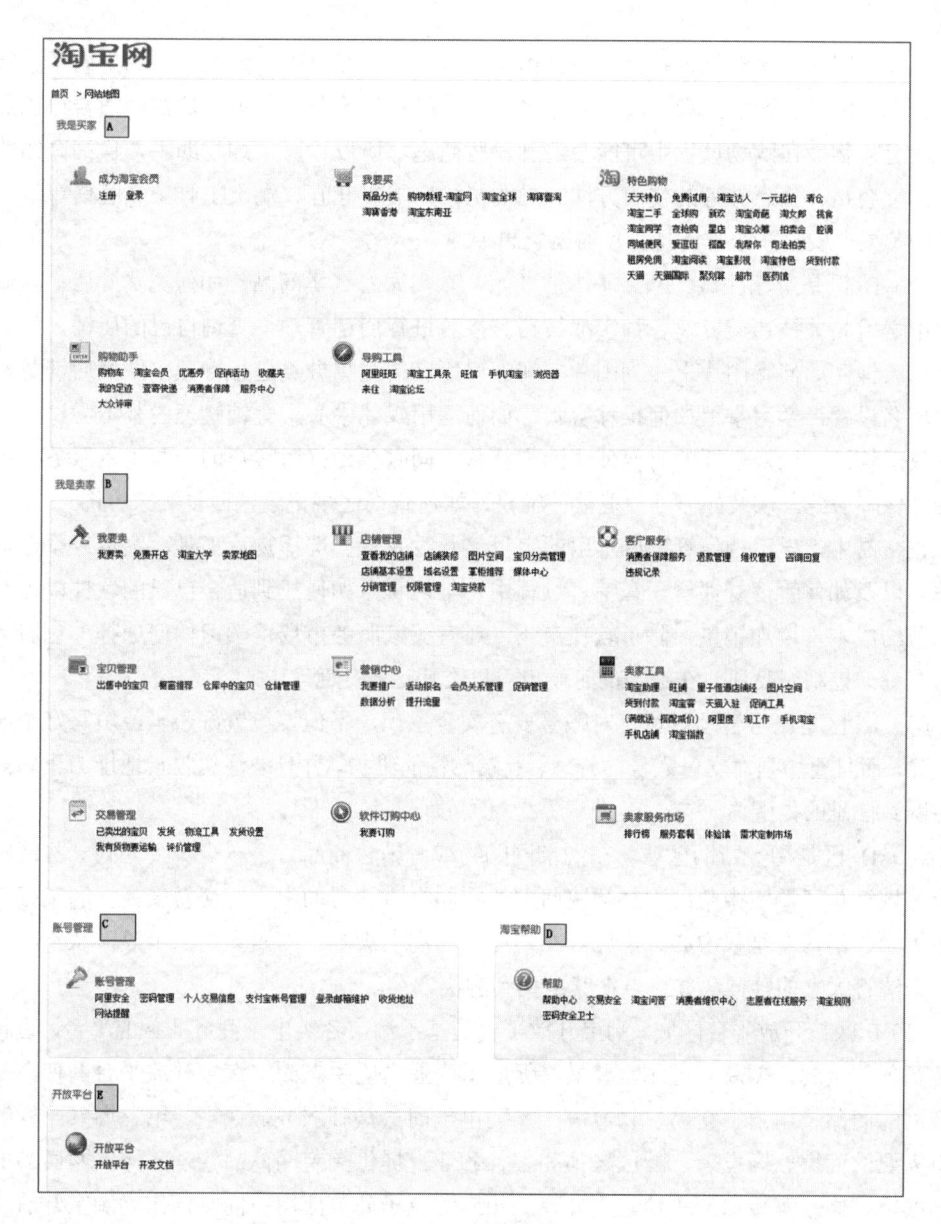

图 3-2 淘宝地图

在图 3-2 中：

（1）A 区是买家区域。首先教大家如何注册淘宝用户，注册以后如何登录淘宝，怎样购买商品，从商品分类、购物教程、淘宝全球、淘宝台湾、淘宝香港、淘宝东南亚所有类目的不同参考方向去购物，并配备了详细的购物教程。其中还列举了淘宝的特色购物，如天猫、天猫国际、聚划算、超市、医药馆、租房佣金、爱逛街、淘女郎、淘宝同学、货到付款、淘宝影视、司法拍卖、淘宝众筹等，大家能根据不同的兴趣爱好找到适合自己的方式在网上购物。在购物过程中可能会遇到一些问题，所以设置了购物助手，详细介绍购物车、淘宝会员、优惠券等的使用方法。导购工具有阿里旺旺、淘宝工具条、旺信等，目前主流的苹果、安卓系统都支持，使得购物更便捷。

（2）B 区是卖家区域。从最基本的开始，教卖家怎么卖商品，如何免费开店，在淘宝大学中学习相关技巧，以及各种实战技巧。接着进行店铺管理，查询自己的店铺，学习如何装修店铺，如何将图片上传到图片空间，对所有的宝贝分类进行管理，做好店铺基本设置、域名设置，学习掌柜如何推荐宝贝、如何运用媒体中心、分销管理的基本尝试、子账号的权限管理，以及必要的时候使用淘宝贷款。同时要做好对客户的一些基本服务，参加消费者保障服务，以及如何处理退款、维权，如何查询违规记录，回复买家咨询。

在交易中，学习如何管理好卖出的宝贝、及时发货、选择物流工具、发货设置、货物运输，以及如何管理好评价。在销售过程中，学习卖家如何找到适合自己的软件以提高效率，节约成本，增加销量。除了软件市场，还有买家服务市场，学习如何选择外包服务、服务套餐，控制好品质，在适当的时候也可以委托运营托管。

（3）C 区是账号管理区域。对账号要有安全意识，不但要设置好密码，填写好个人交易信息，而且要加强对支付账号的管理、登录邮箱的维护，并且要注意收货地址的正确性，关注网站信息的提醒。

（4）D 区是淘宝帮助区域。在淘宝网购物或者销售商品，多多少少会遇到一些问题，这个区域汇集了淘宝中帮助大家解决问题的不同渠道。帮助中心、交易安全、淘宝打听、淘宝大学、消费者维权中心、志愿者在线服务、淘宝规则、密码安全卫士等，从不同的侧重点来解答大家的疑问，并可以在其中找到解决方案。

（5）E 区是开放平台区域。淘宝开放平台是基于淘宝各类电子商务业务的平台，它将推动各行各业定制、创新、进化，并最终促成新商业文明生态圈。淘宝开放平台的使命是把淘宝网的商品、用户、交易、物流等一系列电子商务基础服务，像水、电、燃气一样输送给有需要的商家、开发者、社区媒体和各行各业。提供淘宝网商品管理（淘宝网商品的上传、编辑、修改等接口）等信息，并建立相应的电子商务应用。同时，作为淘宝开放平台的唯一合作平台——阿里软件平台在其中也扮演着重要的角色，它将为开发者提供整套的淘宝 API 的附加服务，如测试环境、技术咨询、产品上架、版本管理、收费策略、市场销售、产品评估等。

3.1.3 手机淘宝首页

目前，手机淘宝已经成为新的网络零售购物平台。手机淘宝客户端依托淘宝网强大的自身优势，将旗下的团购产品聚划算、天猫整合为一体，给用户提供每日最新的购物信息，具有搜索比价、订单查询、购买、收藏、管理、导航等功能，为用户带来方便快捷的手机购物新体验。

手机淘宝首页如图 3-3 所示，顶部是搜索框，可以直接输入文字搜索自己关注的宝贝。中部提供各类特色服务，以满足用户的不同需求。底部是首页、微淘、消息、购物车、我的淘宝等相关购物信息，可以帮助我们管理好自己的购物流程。

图 3-3　手机淘宝首页

3.1.4 支付宝

支付宝是国内领先的第三方支付平台，致力于提供简单、安全、快速的支付解决方案。

支付宝自建立起，始终以"信任"作为产品和服务的核心，不仅从产品上确保用户在线支付的安全，同时让交易双方通过支付宝在网络间建立起相互的信任，向建立纯净的互联网环境迈出了非常有意义的一步，为推动中国电子商务的普及做出了巨大的贡献，更为其发展打下了良好的基础。如图3-4所示为支付宝下载页面。

图3-4 支付宝下载页面

支付宝是以每个人为中心，拥有超过4.5亿实名用户的生活服务平台。支付宝已发展成为融合了支付、生活服务、政务服务、社交、理财、保险、公益等多个场景与行业的开放性平台。

支付宝除提供便捷的支付、转账、收款等基础功能外，还能快速完成信用卡还款、充话费、生活缴费等。通过智能语音机器人一步触达上百种生活服务，用户不仅能享受消费打折，跟好友建群互动，还能轻松理财，累积信用。

支付宝最初是作为淘宝网为解决网络交易安全所设的一个功能，该功能使用的是"第三方担保交易模式"，即买家将货款打到支付宝账户，由支付宝通知卖家发货，买家收到商品确认后支付宝放款给卖家，至此完成一笔网络交易。

买家使用支付宝的好处是：
- 货款先由支付宝保管，收货并满意后才付钱给卖家，安全、放心。
- 不必跑银行汇款，网上在线支付，方便、简单。
- 付款成功后，卖家立刻发货，快速、高效。
- 经济实惠。

卖家使用支付宝的好处是：
- 无须到银行查账，支付宝即时告知买家付款情况，省力、省时。
- 账目分明，交易管理帮卖家清楚地记录每一笔交易的详细信息，省心。
- 支付宝认证是卖家信誉的有效体现。

3.2 开店基础操作

一般来说,成为网站会员可以享受到更多的服务。在电子商务交易中,一定要成为会员才能进行交易,会员账号就相当于在此网站上的身份证。成为淘宝网会员后,用户就可以享受到免费的网上交易服务。

3.2.1 注册及认证流程

要想享受淘宝网免费的网上交易服务,并且在超人气的社区尽情交流网上购物经验,那么就必须先注册成为淘宝网会员。如果想拥有卖家资格,那么只需要提交身份证和银行账户进行支付宝认证即可。

1. 免费注册会员

(1) 登录淘宝网,单击页面顶部的"免费注册"超链接。

(2) 进入注册页面,填写会员名和密码。会员名由 5~20 个字符组成,包括小写字母、数字、下画线、中文,一个汉字占两个字符,为了方便记忆,推荐使用中文会员名注册。如果不能确认预设会员名是否已被占用,可以单击"检查会员名是否可用"按钮来查看,一旦注册成功会员名将不能修改,所以一定要认真填写。

密码由 6~16 个字符组成,建议使用"英文+字符+数字"组合式密码,不要使用自己的生日、手机号码、姓名以及连续的数字作为密码,以防账户被盗。

(3) 使用电子邮件地址,用于激活此会员名,它是淘宝网与会员之间交流的重要工具。注册邮箱具有唯一性,是淘宝网鉴别会员身份的一个重要条件,也是此会员名默认绑定的支付宝账户。

(4) 出于安全的考虑,需要按照图片显示的字符输入校验码,校验码要在英文状态或半角模式下输入,否则系统将会提示校验码错误。

(5) 仔细阅读淘宝网服务协议,同意条款后单击"提交"按钮。

(6) 淘宝网将发送一封确认信到注册时所填写的邮箱中。

(7) 登录该邮箱,单击"激活"按钮,完成淘宝会员的注册流程。

2. 支付宝认证

支付宝认证分个人和商家两种。商家认证需要提交营业执照、公司账号等信息;个人认证需要准备的资料简单,只需提交身份证号码和银行账号即可,一旦通过就具有了卖家资格。具体的认证流程如下。

（1）创建账户（见图3-5），输入手机号码，验证成功。

图3-5　支付宝注册

（2）设置身份信息，输入身份证号码。

（3）身份信息确认成功后，选择用快捷"银行卡验证"或"扫脸验证"的方式。银行卡验证，输入银行卡信息。

（4）扫脸验证，通过扫描在手机上完成人脸校验。

（5）使用支付宝钱包扫码，采集本人人脸。

（6）上传身份证正、反面。

（7）提交成功，证件审核时间：24小时。

3.2.2　买家交易操作

在淘宝网购物的具体操作步骤如下。

（1）可以通过"宝贝""天猫""店铺"三种方式来搜索想要的宝贝，如图3-6所示。

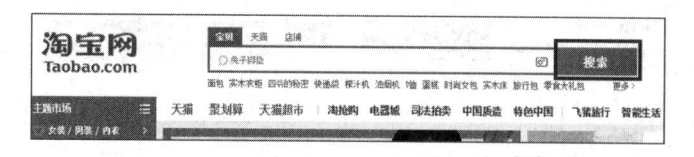

图 3-6　搜索宝贝

（2）进入如图 3-7 所示的页面，找到宝贝。

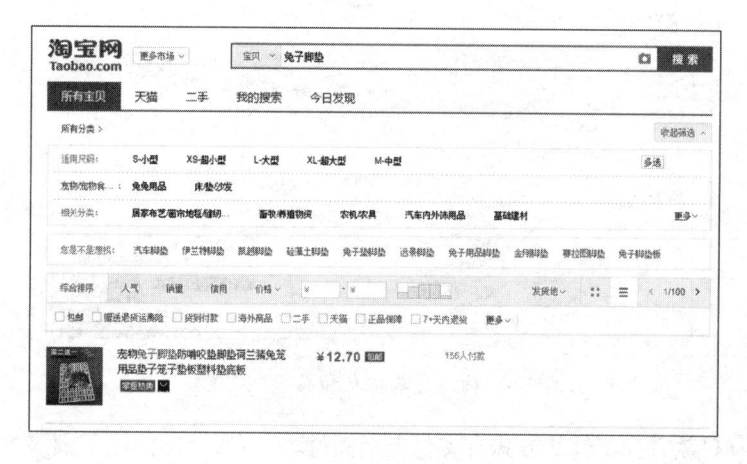

图 3-7　找到宝贝

（3）单击链接，进入商品详细页面，单击"立即购买"按钮，如图 3-8 所示。

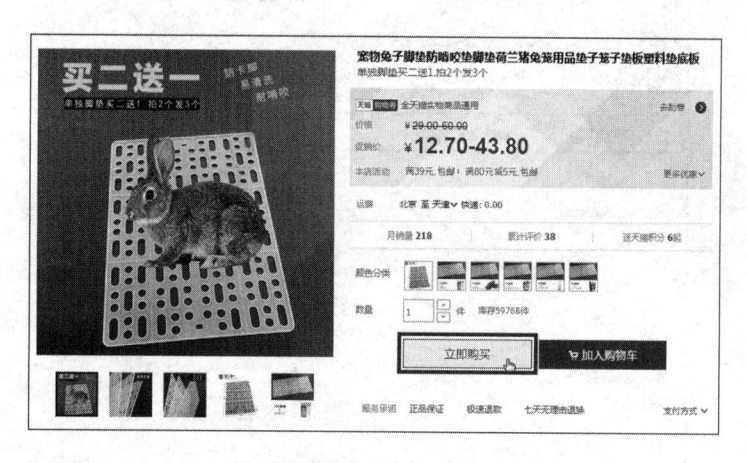

图 3-8　单击"立即购买"按钮

（4）确认订单信息和买家收货地址，然后单击底部的"提交订单"按钮来提交订单，如图 3-9 所示。

图 3-9　确定订单信息和买家收货地址

（5）选择付款方式，付款方式有支付宝余额付款、支付宝扫码、快捷支付、网上银行付款、他人代付、余额宝、花呗等，如图 3-10 所示。

图 3-10　选择付款方式

快捷支付：需要先设置真实姓名，输入身份证号码，然后输入手机号码获取验证码，再输入支付宝密码，单击"确认付款"按钮即可，如图 3-11 所示。

图 3-11　快捷支付

网上银行付款：单击"登录到网上银行付款"按钮，详细操作请参考所开通的网上银行的操作流程，如图 3-12 所示。

图 3-12　网上银行付款

找人代付：单击"找人代付"按钮，输入好友的支付宝账户/淘宝账户（昵称），输入留言信息，输入校验码，单击"请他付款"按钮，如图 3-13 所示。

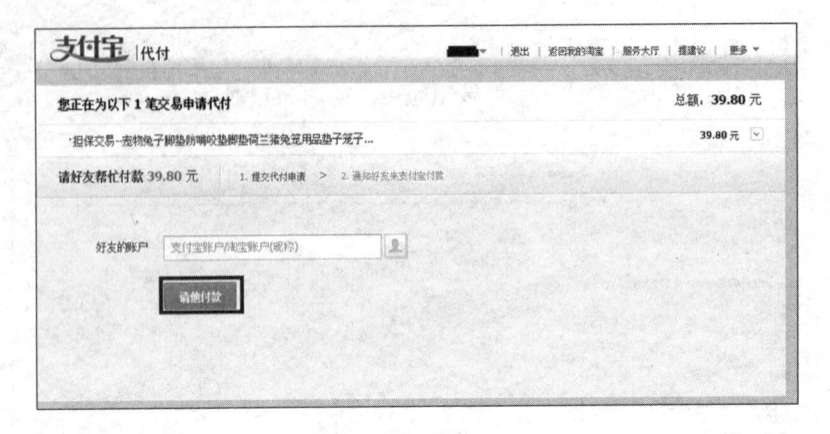

图 3-13 找人代付

货到付款：如果对付款方式不太熟悉，则可以选择采用货到付款的方式进行交易，但是要事先确认所购买的商品支持货到付款，因为有些商品不允许货到付款，如图 3-14 所示。

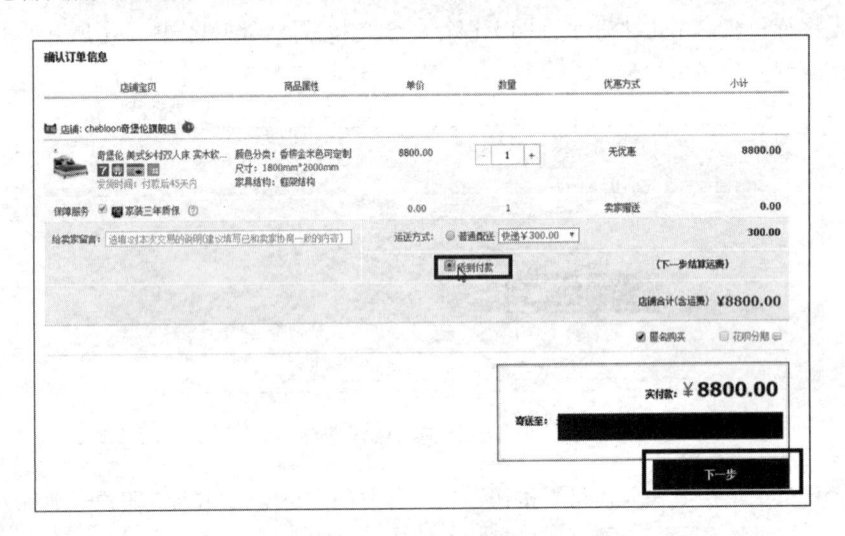

图 3-14 货到付款

（6）登录到"我的淘宝"，单击左侧的"已买到的宝贝"，找到相对应的交易，单击"确认收货"按钮，如图 3-15 所示。

图 3-15 单击"确认收货"按钮

（7）输入"支付宝支付密码"，单击"确定"按钮，货款即可到卖家支付宝账户中，如图 3-16 所示。

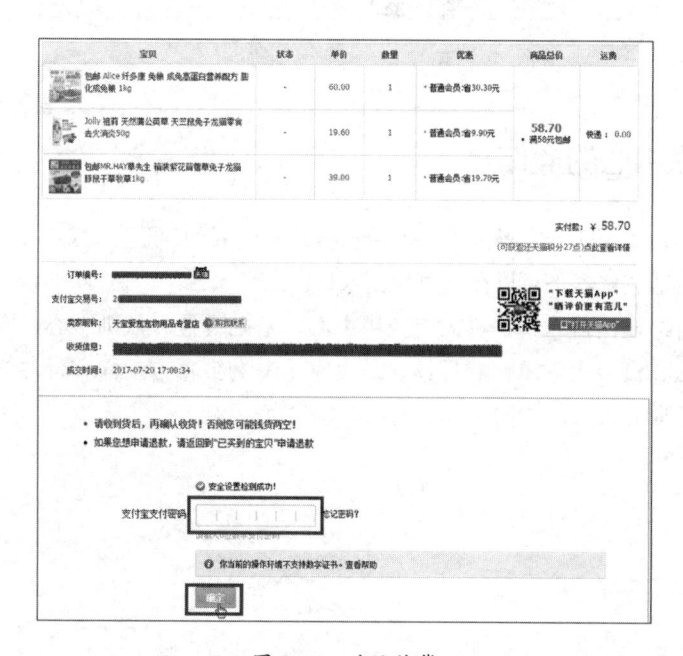

图 3-16 确认收货

(8)交易成功后就可以进行评价了,如图 3-17 所示。

图 3-17　给对方评价

3.2.3　卖家中心的操作

卖家中心作为卖家的一个最基本的使用次数最多的界面,无论是交易处理、客户服务、推广营销还是店铺装修,都可以在这里找到入口。

卖家中心有纵横两排入口,横向有应用中心、基础设置、规则中心、安全中心、服务中心、卖家论坛、淘宝大学、问题反馈,是卖家了解淘宝官方动向和资源的入口;纵向是卖家店铺内部管理的入口。如图 3-18 所示是卖家中心后台。

图 3-18 卖家中心后台

在卖家中心左侧有交易管理、物流管理、宝贝管理、店铺管理、营销中心、货源中心、软件服务、淘宝服务、客户服务等几大部分。其中交易管理、宝贝管理、店铺管理、营销中心这四个板块构成了日常网店运营的主要内容。

1. 交易管理

"交易管理"是对交易相关内容进行查看和操作的板块。卖家可以看到自己的所有交易内容，这里也有完成交易所必需的物流工具。

买家拍下商品后，卖家即可在"已卖出的宝贝"中看到详细的交易记录，如图 3-19 所示。在每条订单的右边可以看到交易的状态，如买家是否已付款、卖家是否已发货、买家有没有申请退款等。在页面的顶部有自定义的订单搜索功能，在订单信息的上方有交易和评价状态的快捷导航。卖家可以设定条件查询订单记录。

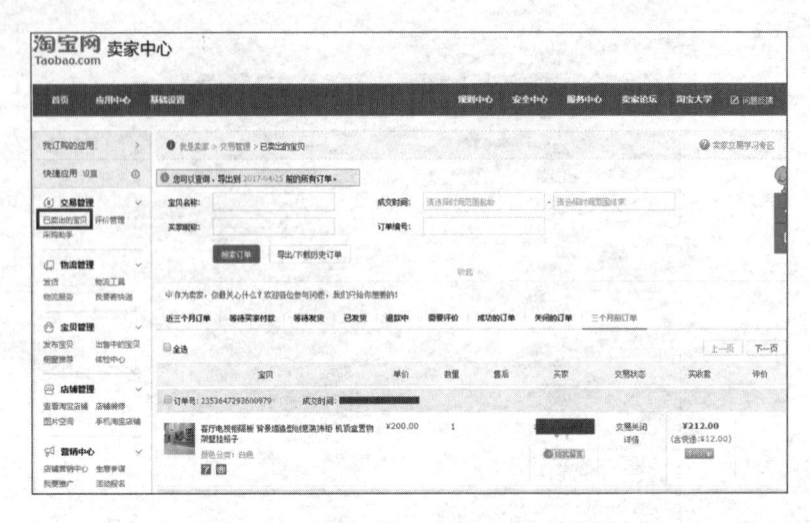

图 3-19　交易管理中的"已卖出的宝贝"

2. 物流管理

单击"物流工具"即可打开如图 3-20 所示的界面，在这里可以选择相应的物流并发货。如果不想每次都填写运费，则可以设置运费模板，每次发货时选择相应的运费模板即可。

图 3-20　物流管理

3．宝贝管理

"发布宝贝"是发布新商品的入口。"出售中的宝贝"是对已经发布的在线宝贝进行查看和管理的入口，如图3-21所示。在这里可以快速编辑宝贝标题、数量、价格，可以迅速复制宝贝链接、设置橱窗推荐等，也可以下架和删除在线宝贝，在页面的上半部分配置了宝贝搜索栏，方便卖家快速找到想要的宝贝。

图 3-21 宝贝管理中的"出售中的宝贝"

4．店铺管理

在店铺管理中可以管理店铺信息，如图3-22所示。店铺管理主要有如下功能。

- 单击"查看淘宝店铺"，可以直接从后台进入自己的店铺首页。刚装修完的店铺也可以由此查看装修效果。
- "店铺装修"是对网店进行装修美化的入口。
- "图片空间"用来存放店铺装修及运营需要的图片，可以免费使用30MB，也可以通过购买来扩大容量。
- "手机淘宝店铺"用来装修手机淘宝店铺，也可以进入后台来管理手机淘宝。
- "宝贝分类管理"对店铺左侧栏中宝贝的分类模块进行管理。
- "店铺基本设置"对店铺基础资料进行公示，可以展示店铺实体情况，需要如实填写。
- "淘宝贷款"是阿里巴巴旗下阿里小额贷有限公司为淘宝卖家提供的金融服务，需要卖家信用积累到一定程度才可以申请。
- "子账号管理"是店铺客服管理的工具，在这里可以开通和设置 E 客服，增加店铺管理效率。

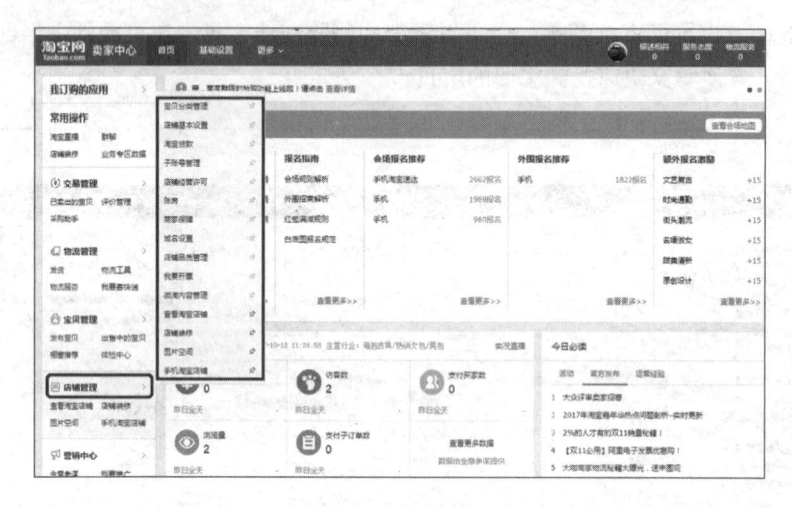

图 3-22　店铺管理

5. 营销中心

随着店铺的成长，新手卖家们对营销资源的需求越来越大，淘宝官方也提供了许多营销活动的资源。淘宝营销中心是店铺所有营销活动的入口。

在"店铺营销工具"中可以找到优惠券、搭配套餐、满就送（减）等营销工具，如图 3-23 所示。

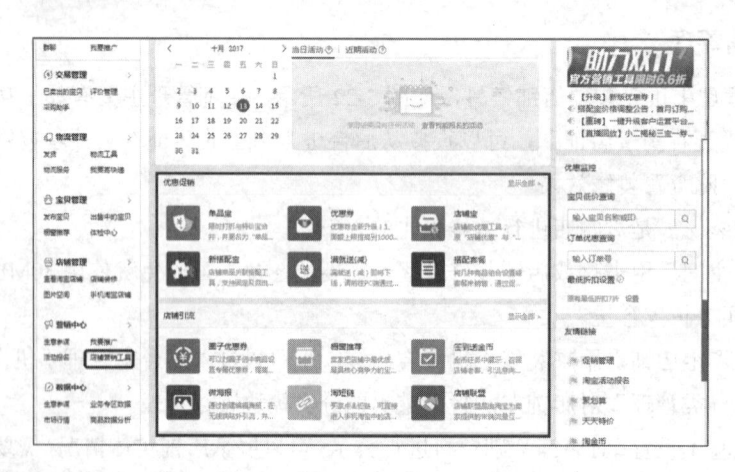

图 3-23　店铺营销工具

在"我要推广"中显示了淘宝各大推广工具的入口,如图 3-24 所示。

图 3-24　淘宝各大推广工具入口

在"活动报名"中可以查看淘宝最新的活动,如图 3-25 所示。

图 3-25　活动报名

6. 货源中心

"货源中心"是进货和分销代理中心,可以在这里寻求或者发布货源,如图 3-26 所示。

图 3-26 货源中心

7. 软件服务

"软件服务"是订购装修店铺、管理宝贝的一些工具的软件服务,如图 3-27 所示。

图 3-27 软件服务

8. 淘宝服务

在"淘宝服务"中有加入服务、服务商品管理、线下门店管理等服务,如图3-28所示。

图 3-28 淘宝服务

9. 客户服务

"客户服务"是对一些交易的特殊情况进行查询和处理的窗口。退款、维权、举报、咨询回复、违规记录等是对买卖双方发生纠纷,或者卖家违规等情况管理的入口。在这里可以查看事情的进展,如果未能及时处理相关事项,则有可能导致扣分等店铺处罚,如图3-29所示。

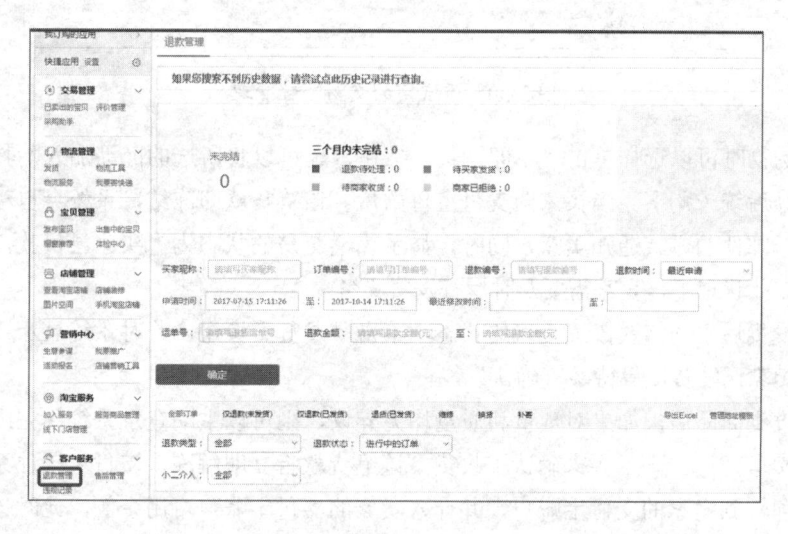

图 3-29 客户服务

3.2.4 淘宝网的交易流程

淘宝网交易主要依靠支付宝充当"担保人"来完成，尽管支付宝承担的责任和工作比普通的担保人要复杂得多，但是因为有了这个双方信任的中间人的角色，使得中国的网上购物发展得很快。

支付宝安全交易很简单，只是在交易的过程中增加了一个代收款和代付款环节，但是这一小小的改变就使得网上购物有了很大的进步。

当买家购买了商品还未付款到支付宝时，系统显示此时双方的交易状态是"等待买家付款"。在此状态下，卖家可以根据交易双方的约定变更交易价格，或者放弃该笔交易，如图3-30所示。

图3-30 淘宝网的交易流程管理

买家购物时可以选择单击"立即购买"按钮，也可以将所选的商品加入购物车，等全部商品选好后统一购买。当买家向支付宝付款后，该笔货款即冻结，系统会自动将此货款信息以电子邮件的方式通知卖家，同时，显示该笔交易的状态为"买家已付款，等待卖家发货"。在此状态下，卖家需要及时履行发货义务。

卖家发货后主动修改该笔交易的状态，单击"发货"按钮，此时系统显示该笔交易的状态为"卖家已发货，等待买家确认"。

买家收到商品后，如果对数量和质量均无异议，则可以主动登录系统，完成确认收货流程并给卖家评价。一旦买家确认了收货，该笔货款将立即解冻，支付宝软件系统自动把相应的款项转到卖家的支付宝账户，并计入卖家的支付宝账户可用余额，此时该笔交易的状态变为"交易成功"。至此,一个完整的交易流程结束。

如果买家付款后在 24 小时内申请退款,则应该在卖家未发货前主动提出,待双方协商、达成一致后,卖家同意退款,支付宝软件系统会立即将该笔款项退回到买家的支付宝账户中,并计入买家的支付宝账户可用余额。

如果买家对商品不满意,则可申请退货或者退款,全额或部分退款的流程与上面一样;而退货的流程则与交易流程相反,由买家寄回商品,卖家确认收到商品后,通知支付宝放款给买家。

3.3 练习题

1. 填空题

(1) 在大型交易平台上开店可以争取到更多的流量和销售机会,目前使用频率较高的零售平台有 _____ 、_____ 、_____ 、_____ 、_____ 等。

(2) _____ 是亚太地区最大的网络零售商圈,由阿里巴巴集团在 2003 年 5 月创立,拥有近 5 亿的注册用户。

(3) _____ 最初是作为淘宝网为解决网络交易安全所设的一个功能,该功能使用的是"第三方担保交易模式",即买家将货款打到支付宝账户,由支付宝通知卖家发货,买家收到商品确认后支付宝将货款发放给卖家,至此完成一笔网络交易。

(4) _____ 作为卖家的一个最基本的使用次数最多的界面,无论是交易处理、客户服务、推广营销还是店铺装修,都可以在这里找到入口。

(5) _____ 是对一些交易的特殊情况进行查询和处理的窗口。退款、维权、举报、咨询回复、违规记录等是对买卖双方发生纠纷,或者卖家违规等情况管理的入口。

2. 简答题

(1) 买家和卖家使用支付宝的好处有哪些?

(2) 简述注册淘宝的步骤。

(3) 简述买家交易操作过程。

(4) 卖家中心有哪些操作?

(5) 简述淘宝网的卖出交易流程。

第 4 章
网店日常运营管理

本章导读

　　了解了电子商务与网上开店概述、职业规划和网络零售平台后,你是不是也想拥有一个属于自己的网络店铺?本章就来讲解网店日常运营管理,包括商品的发布、店铺的设置、评价管理、纠纷管理、客户管理和网络安全常识等。

4.1 熟悉商品资料

商品资料包括商品规格、商品特性、商品使用方法与商品售后服务等。

4.1.1 商品规格

规格是指产品的物理性状，一般包括体积、长度、性质、重量等。有些同一系列的商品会包含多种规格，如服饰类的商品颜色、尺码等；数码产品的容量、配置等。对于这类商品，在发布时就需要提供详细的规格，以便于买家选购。

1. 按大小区分规格

服装相对来说比较复杂，按照传统的 XS、S、M、L、XL、XXL 尺码来区分，它们依次代表加小号、小号、中号、大号、加大号、加加大号，如图 4-1 所示。一般来讲，设计师会根据穿着服装的目标人群来分析，找出其中最常见的体型来确定 M（中号）尺码的大小，即所谓的均码，在这个基础上再缩放成其他尺码。

图 4-1 衣服尺码

鞋子按脚的长短来确定尺码，一般女鞋的 35、36、37 码属于常见尺码，38、39 码属于偏大的码数；男鞋的 40~42 码属于常见的尺码，超出这个范围的尺码属于偏小或者偏大的码数，如图 4-2 所示。

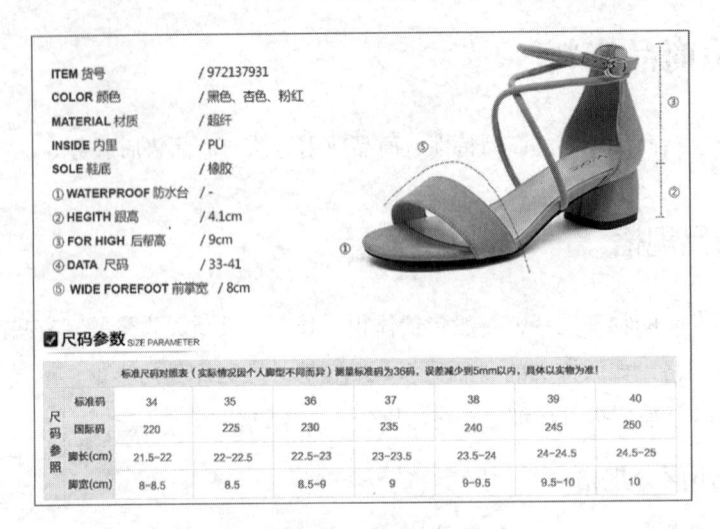

图 4-2　鞋子尺码

文胸是以下胸围和罩杯大小来区分规格的，例如 70A、70B、80B、80C 等，这里的 70、80 是指下胸围，A、B、C 是指罩杯的型号，如图 4-3 所示。

图 4-3　文胸尺码

2. 按重量区分规格

食品类、茶叶类商品都是用重量单位"克""公斤"来区分规格的。在商品的外包装上，区分规格的重量单位"克"经常用英文字母"g"来表示，单位"公斤"用英文字母"kg"表示，如 100g 豆腐干、200g 茶叶、30kg 大米。如图 4-4 所示的食品是按"克"来计算的。

图 4-4　按克计算

3. 按容量来区分规格

液体饮料、油、护肤类商品都是用容量单位"升""毫升"来表示的，外包装上的"ml"表示容量单位"毫升"，"l"表示容量单位"升"，例如 500ml 白酒、5l 食用油、100ml 香水，如图 4-5 所示。

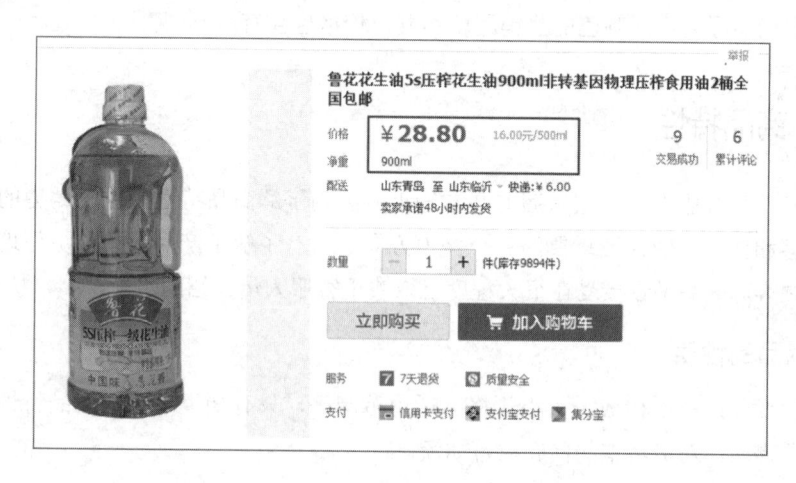

图 4-5　食用油按容量来区分规格

4. 按长度来区分规格

网线、布料、花边等商品是采用长度单位"米""厘米"来区分规格的，长度单位"米""厘米"在外包装上通常用"m""cm"表示，一般长度越长价格越贵，如图 4-6 所示。

图 4-6　按长度计算

除此之外，商品的规格区分还有其他计量单位，比如：地板按平方米计算价格、木材按立方米计算价格、电脑按配置计算价格，更多的商品是按件数、个数来计算价格的，甚至有的同款商品因为不同颜色的热销程度不同，价格也会有所不同。

4.1.2　商品特性

商品特性是客服人员必须掌握的基本知识，因为了解商品特性是成功销售的基础，也是打动顾客和体现专业性最重要的一个努力方向。只有了解了产品，才能更好地介绍和推销产品，顾客对商品是否接受在很大程度上取决于客服人员介绍的水平。

1. 商品的性质

要了解商品的材质构成、大小规格、适用范围等，只有知道了这些商品特性才能回答顾客的简单提问，对最基本的问题对答如流。

2. 商品的特点

商品的特点在一定程度上代表了与同类商品比较所具有的优势，如面料更透气，衣服可以正反穿、感觉很独特、很有个性、是限量版、独家销售等。如图 4-7 所示为真丝面料商品。

图 4-7 真丝面料商品

3. 商品的利益

如果商品的优势不能有效地转化为顾客的利益，那么顾客就不会被轻易地打动，因为顾客购买商品是为了满足自己的某一个需求。

4.1.3 商品使用方法

店主可以用文字说明的方式来介绍商品的使用方法，这样不仅可以让顾客在购买商品之前就先了解使用方法，而且还可以方便自己随时查阅，一旦有顾客询问使用方法，就可以直接复制、粘贴给顾客看，也等于让自己再熟悉一次。如图 4-8 所示为雪梨汁制作说明。

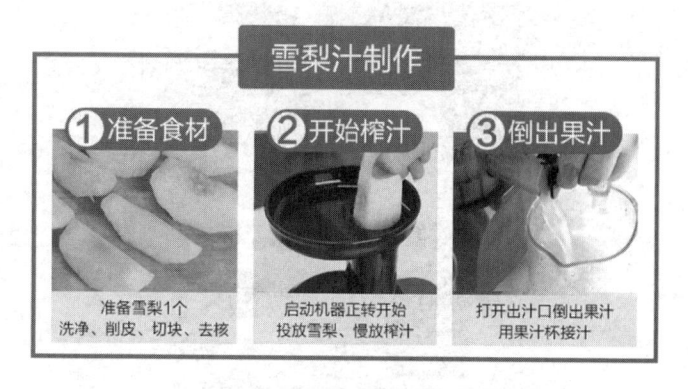

图 4-8 雪梨汁制作说明

不管使用哪一种方式来介绍商品的使用方法，最重要的是自己要接触过商品，仔细地看过、研究过，甚至动手尝试过，因为亲身经历比对图片的印象深刻得多，可以长时间保存在我们的记忆里。

4.1.4 商品售后服务

除关心商品的详细情况以外，买家还会关心商品的售后服务，比如在什么情况下可以退货、在什么情况下可以换货，以及发生退货产生的邮费由谁承担等。售后服务也是产品的生产厂家或者商家自己拟定的服务内容和交易条件，提醒顾客一旦成交即代表认可和同意了这样的交易条件，享受售后服务将照此规定办理。

上岗后，先将店铺里的所有页面浏览一遍，重要信息要做重点了解和标注提示，对各项服务内容要理解到位，不能有偏差。如图4-9所示为售后客服手册。

图4-9 售后客服手册

4.2 发布商品

当已经通过淘宝网卖家认证后,接下来要做的就是发布商品了,店铺里面有商品才可以开张。发布商品的要求如下:
- 按照发布环节的要求填写符合条件的发布信息。
- 卖家必须支持支付宝交易。
- 在发布商品时必须遵守淘宝网规则。

4.2.1 商品发布流程

目前在淘宝网发布商品有三种方式:发布一口价商品、发布拍卖商品、发布个人闲置商品。

淘宝店开起来了,可是如何发布商品呢?你必须是卖家并且提交保证金之后才可发布全新商品。在淘宝网发布商品的具体操作步骤如下:

(1)登录淘宝网后台,单击顶部的"卖家中心"链接,进入卖家中心,单击"宝贝管理"中的"发布宝贝"链接,如图 4-10 所示。

图 4-10 卖家中心

(2)打开发布宝贝页面,在该页面必须选择合适的类目来发布宝贝,单击"我已阅读以下规则,现在发布宝贝"按钮,如图 4-11 所示。

(3)在打开的页面中输入宝贝的基本信息,如图 4-12 所示。

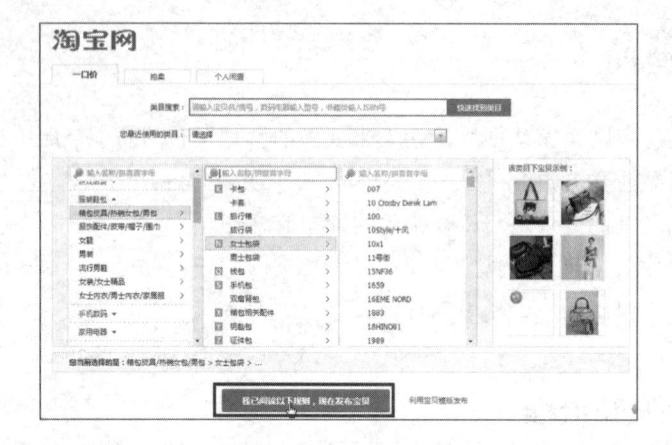

图 4-11　选择类目

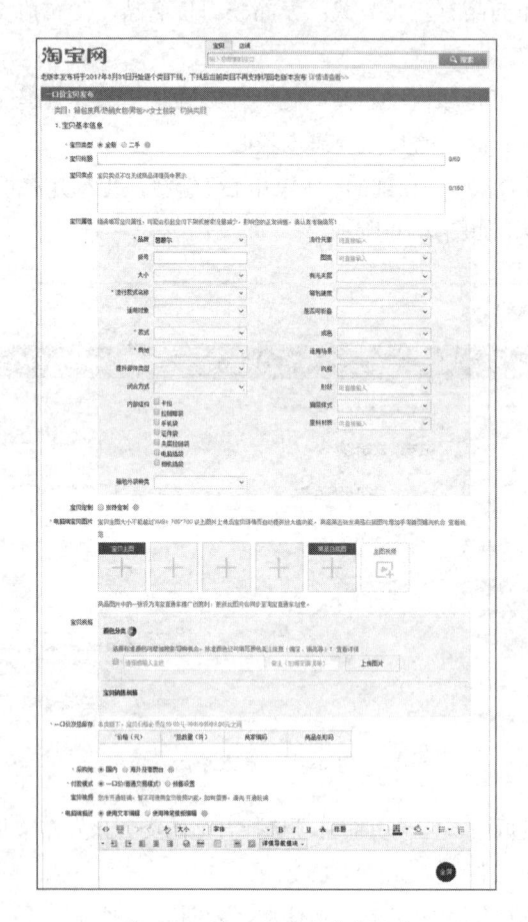

图 4-12　输入宝贝的基本信息

(4)设置宝贝物流服务,如图 4-13 所示。

图 4-13 设置宝贝物流服务

(5)输入售后保障信息和宝贝其他信息。有没有发票要填写好,以免售后买家找麻烦,有没有保修服务也要说明清楚,然后就是选择上架时间和橱窗推荐,如图 4-14 所示。

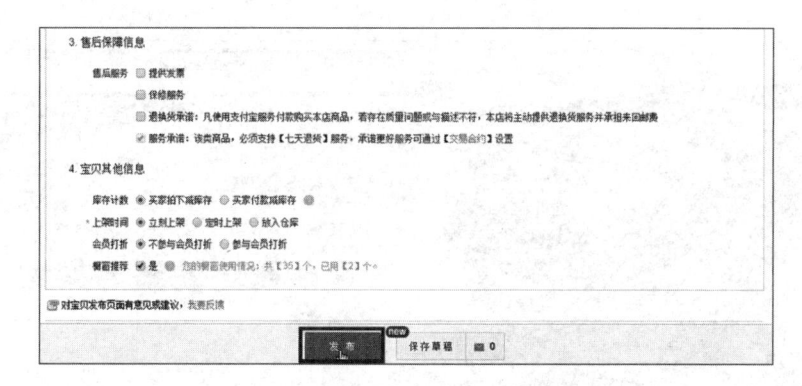

图 4-14 输入售后保障信息和宝贝其他信息

(6)单击"发布"按钮,即可成功发布商品,如图 4-15 所示。

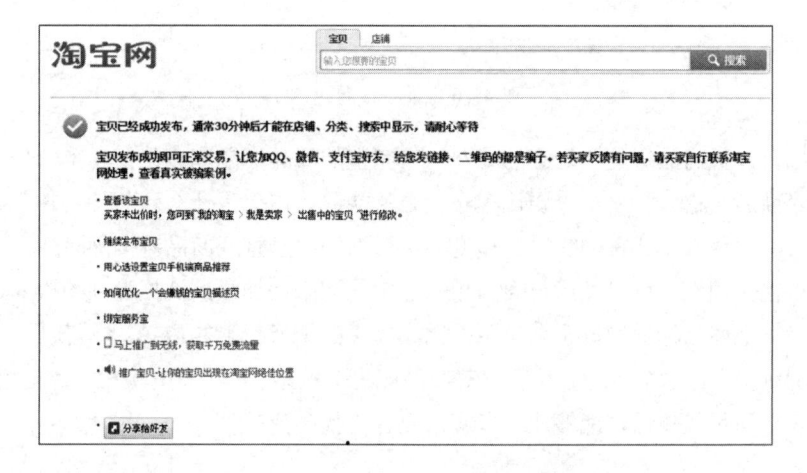

图 4-15 成功发布商品

4.2.2 商品标题

大家都知道买家买东西是通过关键词来搜索商品的,那么商品关键词的设置就显得尤为重要。只有所设置的关键词和买家的搜索习惯吻合时,你的商品被搜索到的概率才会更大,从而获得更多的曝光,促进更多的交易。

那么,该如何设置关键词才能让商品被搜索到的概率更大呢? 关键词越多越好,说不准哪一个关键词和买家用来搜索的关键词一样,这样商品的曝光概率就大了。

有了有效的关键词之后,接下来要考虑的就是商品标题了。好的商品标题可以吸引买家点击,这样就无形地宣传了你的店铺,示例如图 4-16 所示。

图 4-16 商品标题示例

那么如何设置商品标题才是好的呢?一个完整的商品标题应该包括 3 个部分。

一是"商品名称",这部分要让客户一眼就能够明白这是什么商品。

二是"感官词",感官词在很大程度上可以增加买家打开商品链接的兴趣。

三是"优化词",可以使用与商品相关的优化词来增加商品被搜索到的概率。

这里举一个商品标题的例子来说明,比如"【热销万件】2017 冬季新款男士短款鸭绒外套正品羽绒服",这个标题会让客户对产品产生信赖感。"鸭绒外套""男士短款""羽绒服"这 3 个词是优化词,能够让潜在客户更容易找到商品。

在商品标题中，感官词和优化词可以增加搜索量和点击量，但它们不是非要出现的，只有商品名称是雷打不动的，必须要给出商品名称。

4.2.3 商品图片

在网上开店有别于面对面交易，买家难以亲身感受商品的质地、做工、细节及商品的其他特点，在这种大环境下，商品图片就变得至关重要了。图片的好坏直接关系到交易的成败，一张好的商品图片能向买家传递很多东西，起码能反映出商品的类别、款式、颜色、材质等基本信息。

相信大家都知道，最吸引买家眼球的是商品图片。好的图片是吸引买家浏览你的商品的最直接因素，好的图片会起到事半功倍的效果。当然，图片也不要太失真，切忌不要太夸大商品的好处，以免引起不必要的纠纷。

那么，什么样的图片才能被称之为好呢？

第一，要保证图片清晰，能够一目了然，看清楚宝贝是什么。如果一张图片模糊，都看不清宝贝是什么，还会激起谁的购买欲望呢？如图 4-17 所示为清晰的图片。

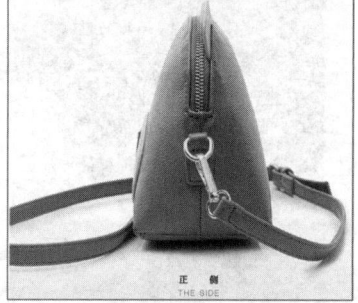

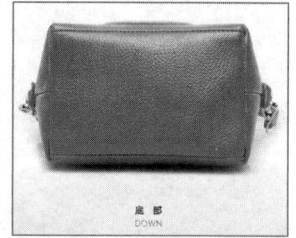

图 4-17 清晰的图片

第二，最好在宝贝图片上加一些细节图片，如图 4-18 所示。这样能够更好地展示宝贝，让买家从更多的方面了解宝贝，激起购买欲望。

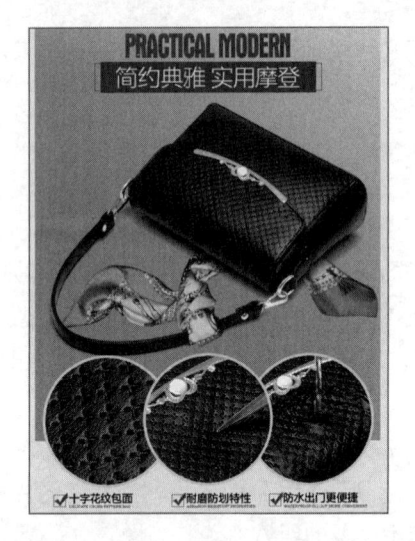

图 4-18　宝贝细节图片

第三，如果条件允许，最好是真人模特实拍，这样宝贝的各个方面都会被展示出来，如图 4-19 所示。

图 4-19　真人模特实拍

第四，拍照一定要选晴天、有阳光的时候，这样的光线是最适合照相的，大家要注意。

第五，为了防止他人盗用我们辛苦拍下的照片，一定要加上自己的水印，但是水印切忌过大，否则会遮住宝贝，结果就事与愿违了，如图 4-20 所示。

图 4-20　为宝贝加上水印

第六，宝贝的背景切忌杂乱，不要摆放太多的装饰物，否则会让买家分不清你卖的到底是什么。

4.2.4　商品描述

新手卖家常常会忽略在宝贝描述上下功夫，殊不知宝贝描述的详尽关系着宝贝的成交量。新手卖家往往有着快点将宝贝上架的急切心理，匆匆忙忙简单写了几句就上架。但是急急忙忙上传商品之后，带来理想中的效果了吗？事实却没有，店铺的生意依然平平，偶尔来一两个客户咨询，成交量也是很低的。如果你也属于这样的情况，那么就需要端正自己的态度，认认真真花点时间来优化商品描述。

下面是撰写商品描述的步骤。

1. 做一个精美的商品描述模板

最好有一个精美的商品描述模板，商品描述模板可以自己设计，也可以在淘宝网上购买，还可以从网上下载一些免费的商品描述模板。精美的模板除让买家知道掌柜在用心经营店铺外，还可以对宝贝起到衬托的作用，促进商品销售，如图4-21所示。

2. 吸引人的开头，快速激发客户的兴趣

商品描述的开头的作用是吸引买家的注意力，立刻唤起他们的兴趣。不管写什么样的商品描述，首先必须了解潜在客户的需求，了解他们在想什么，找到吸引他们的东西，看看怎么把自己的产品和客户的兴趣联系在一起。如图4-22所示的商品描述开头显示了聚划算的促销信息，吸引买家注意。

图 4-21　精美的商品描述模板　　　　　图 4-22　吸引人的开头

3. 突出卖点，给顾客一个购买的理由

找到并附加产品的一些卖点，加以放大。挖掘并突出卖点，每个卖点都是对买家增加说服力的砝码。商品描述能够吸引买家的卖点越多，就会越成功。如图 4-23 所示，在描述中突出超级爆款的卖点。

图 4-23　突出卖点

4．给顾客一个购买推动力，让对方尽快采取行动

当顾客已经产生了兴趣，但还在犹豫不决的时候，还需要给他一个推动力，不要让潜在顾客有任何对你说"考虑考虑"的机会。可以在商品描述中设置现在购买更优惠、抢优惠券、赠运费险，还有礼物赠送，让买家尽快采取行动，如图4-24所示。

图4-24　给顾客一个购买推动力

5．通过建立信任，打消客户的疑虑

将客户好评和聊天记录放在商品描述中，以增加说服力。第三方评价会让顾客觉得可信度更高，让买家说你好，其他顾客才会相信你。如图4-25所示，在商品描述中添加了客户评价截图。

图4-25　利用买家的评价

4.3 设置店铺

有了自己的店铺并发布商品后,接下来就可以设置店铺了。设置店铺不仅可以使店铺更美观,而且还能表现出卖家对店铺的重视程度,使买家觉得卖家在用心经营,从而提升买家对店铺的好感度。

4.3.1 基本设置

在店铺基本设置中包括店铺介绍和店标设置。所谓店标是指店铺的标志图片,一般放在店铺的左上角。店标也可以作为个人空间里的头像。店标分为静态和动态两种,图片格式为 GIF、JPG、JPEG、PNG 等。

店铺的基本设置步骤如下:

(1)登录淘宝网后台,单击顶部的"卖家中心"链接,进入卖家中心,单击"店铺管理"中的"店铺基本设置"链接,如图 4-26 所示。

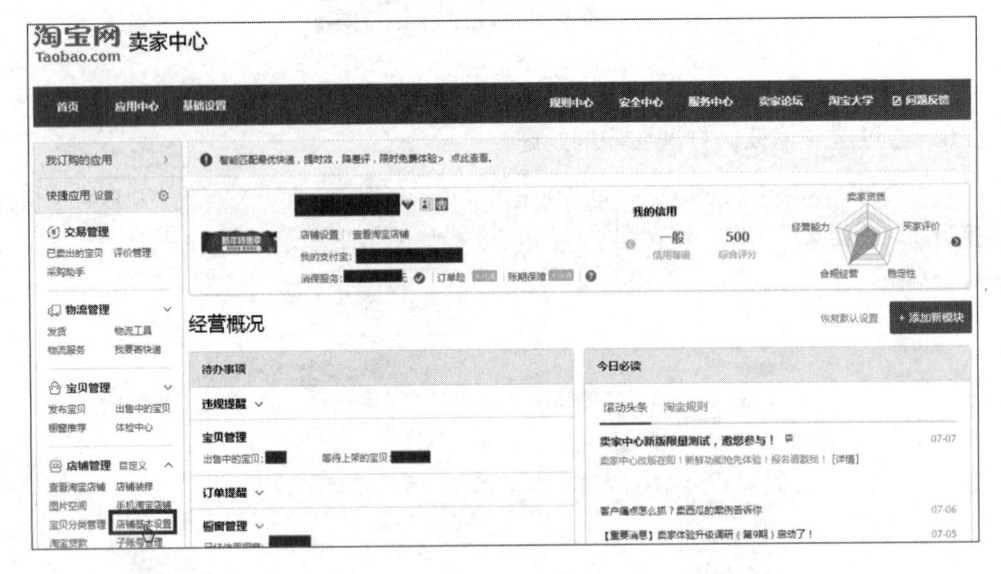

图 4-26　卖家中心

(2) 打开店铺基本设置页面，如图4-27所示。

图 4-27　店铺基本设置页面

（3）单击店铺标志下面的"上传图标"按钮，打开选择要加载的文件对话框，在该对话中选择店标文件，如图4-28所示。

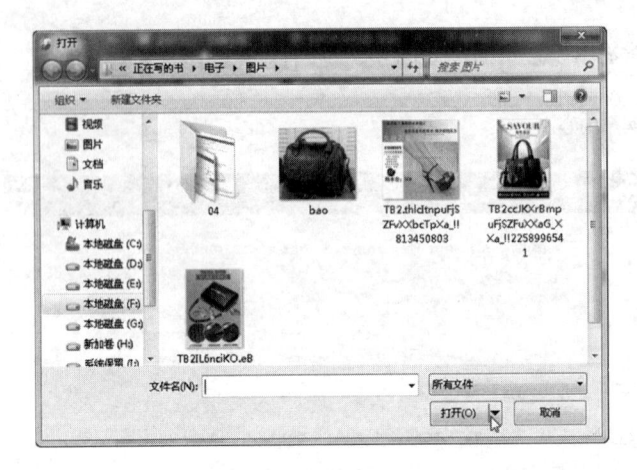

图 4-28　选择店标文件

（4）单击"打开"按钮，即可成功上传店标，如图 4-29 所示。单击"店铺类目"右边的下拉按钮，可以在弹出的列表中选择合适的店铺分类。设置好相关信息后，单击底部的"发布"按钮，即可成功设置店铺基本信息。

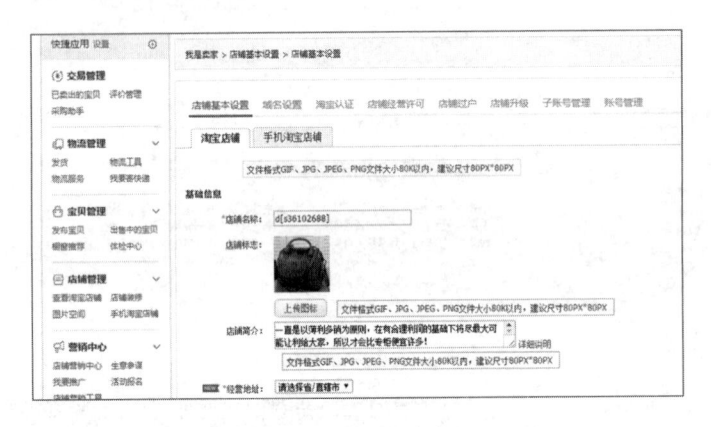

图 4-29　成功上传店标

4.3.2　宝贝管理

淘宝店铺管理平台提供了宝贝管理功能，在宝贝管理页面中，可以对商品信息进行修改，也可以下架商品，还可以对商品进行推荐。橱窗推荐宝贝会集中在宝贝列表页面的橱窗推荐中显示，每个卖家都可以根据信用级别与销售情况获得不同数量的橱窗推荐位。合理利用这些橱窗推荐位，将大大提高卖家宝贝的点击率。

店铺宝贝管理的具体步骤如下：

（1）登录淘宝网后台，单击顶部的"卖家中心"链接，进入卖家中心，单击"宝贝管理"中的"出售中的宝贝"链接，如图 4-30 所示，打开"出售中的宝贝"页面，如图 4-31 所示。

图 4-30　宝贝管理

图 4-31　"出售中的宝贝"页面

（2）选择宝贝，单击"下架"按钮，如图 4-32 所示，即可成功下架商品，如图 4-33 所示。

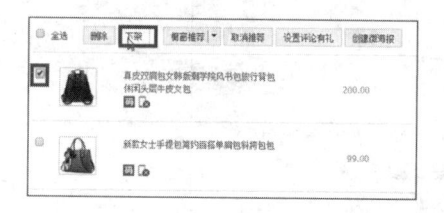

图 4-32　选择宝贝

图 4-33　成功下架商品

（3）单击宝贝右边的"编辑宝贝"超链接，如图 4-34 所示，即可打开发布宝贝时的页面进行编辑，如图 4-35 所示。

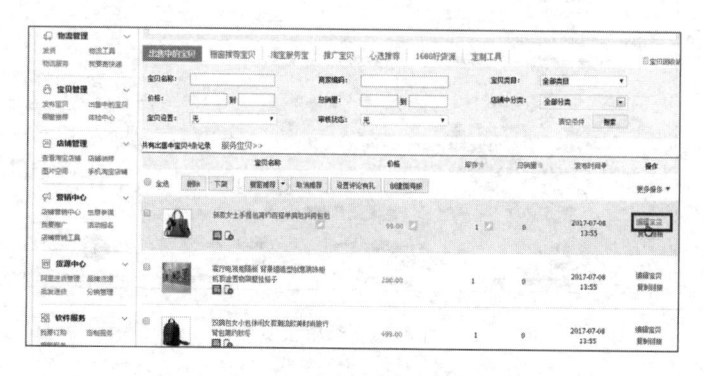

图 4-34　单击"编辑宝贝"链接

图 4-35 编辑宝贝

（4）打开"出售中的宝贝"页面，单击"橱窗推荐"，然后选择相应的宝贝，如图 4-36 所示，即可成功设置橱窗推荐位，如图 4-37 所示。

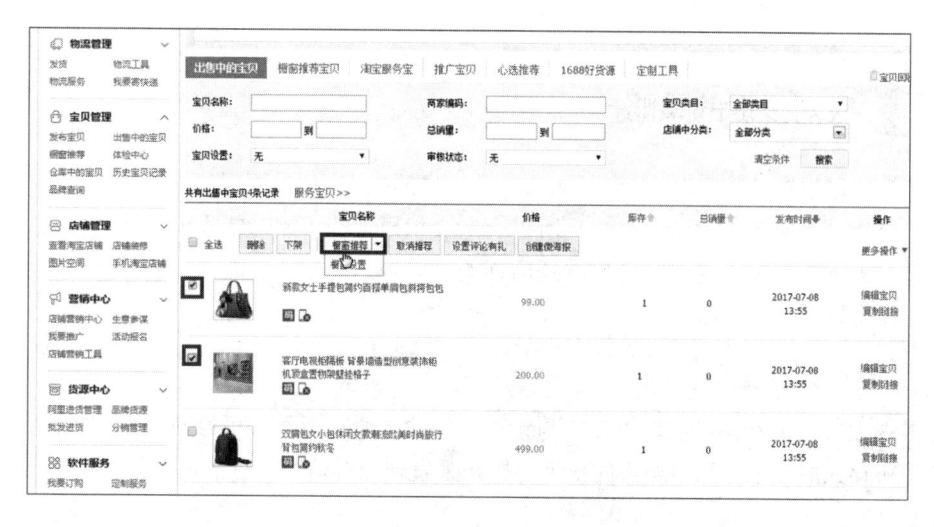

图 4-36　选择宝贝

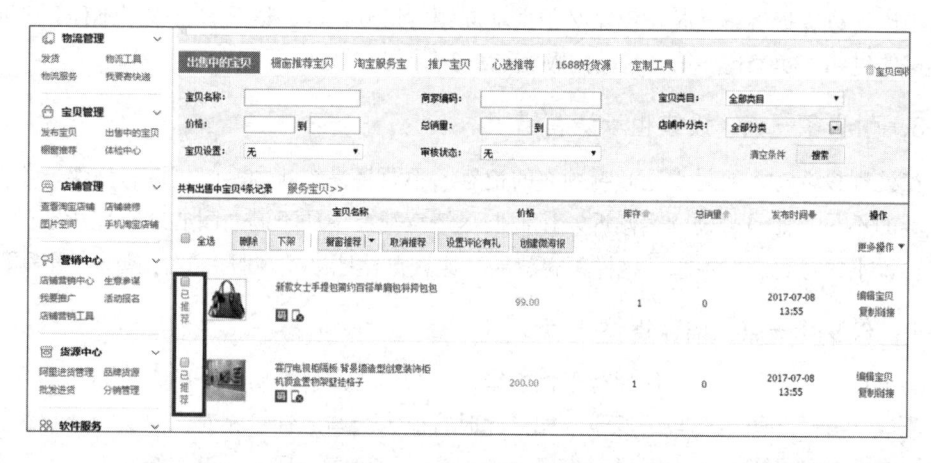

图 4-37　设置橱窗推荐位

4.4　网店日常管理

从商品上架到完成交易，收到货款，最后得到顾客的好评，在这个过程中要做很多重复而单调的工作，但不管这些管理工作多么枯燥无味，每一个店主都必须认真、负责地去做；否则顾客的好评就无法及时反馈，销售级别无法提升，成就感和满足感也就无从说起了。

4.4.1 应对投诉的策略技巧

在销售过程中,卖家可能会遇到顾客各种各样的投诉,如果不能正确处理顾客的投诉,那么将给店铺带来极大的负面影响。所以一定要积极地回应顾客的投诉,适当地对顾客做出解释,消除顾客的不满,让他们传播店铺的好名声,而不是负面消息。处理顾客投诉的策略主要有以下几个方面。

1. 重视顾客投诉

重视顾客投诉不仅可以促进卖家与顾客之间的沟通,而且可以诊断出卖家的内部经营与管理所存在的问题,利用顾客的投诉与抱怨来发现店铺需要改进的地方。

2. 及时道歉

当出现顾客投诉事件时,卖家必须主动向顾客道歉,因为给顾客带来了不便。即使不是卖家的过错,卖家也要第一时间向顾客道歉。

3. 耐心多一点,没错也承认有错

在处理投诉时,要耐心地倾听顾客的抱怨,不要轻易打断顾客的投诉与抱怨,不要批评顾客的不足,而是鼓励顾客倾诉,让他们尽情宣泄心中的不满。耐心地听完顾客的倾诉后,再说不好意思或对不起,这样顾客就能够比较自然地接受客服人员的解释和道歉了。

4. 态度好一点,语言得体一点

态度谦和、友好,会促使顾客平稳心绪,理智地协商解决问题。顾客对商品不满,在发泄不满的陈述中可能会言语过激,如果此时客服人员与之针锋相对,势必会恶化彼此的关系。在解释问题的过程中,措辞也应十分注意,要合情合理,尽量用婉转的语言与顾客沟通,即使顾客存在不合理的地方,客服人员也不要过于冲动,否则只会使顾客失望。

5. 倾听顾客的诉说

卖家应以关心的态度倾听顾客的诉说,然后用自己的话把顾客的投诉重复一遍,确保已经理解了顾客投诉的问题所在,并且对此与顾客达成一致。如果可能,则应告诉顾客自己会想尽一切办法来解决其提出的问题。面对顾客的投诉,应掌握好聆听的技巧,从顾客的投诉中找出顾客抱怨的真正原因,以及顾客对投诉期望的结果。

6. 正确、及时地解决问题

对于顾客的投诉,应该正确、及时地进行处理,拖延时间只会使顾客的投诉变得越来

越强烈。例如，顾客投诉产品质量不好，卖家通过调查研究发现，主要原因在于顾客使用不当，这时应及时通知顾客维修产品，告诉顾客正确的使用方法，而不能简单地认为与自己无关，不予理睬。如果经过调查发现产品确实存在问题，则应该给予赔偿，尽快告诉顾客处理的结果。

7．记录顾客投诉与解决的情况

对于较复杂的事件，需要详细询问顾客事件发生的缘由与过程，详细记录事件发生的时间、人物、经过等细节内容，理解顾客的心情，并给予顾客确定的回复时间。在处理顾客投诉时发现问题，如果是商品质量问题，则应及时通知厂家；如果是服务态度与沟通技巧问题，则应加强对客服人员的教育与培训。

8．追踪调查顾客对投诉处理的反映

处理完顾客的投诉之后，应与顾客积极沟通，了解顾客对卖家处理的态度和看法，增加顾客对卖家的忠诚度。

4.4.2 纠纷管理

当交易出现纠纷时，积极主动地处理问题往往可以息事宁人，并且还可能获得买家的赞誉。而加入消费者保障计划的卖家更需要重视这一点，如果没有很好地处理交易纠纷，淘宝网可能会使用冻结的保证金对买家进行先行赔付。

容易退货是对顾客采取购买行动影响最大的因素，甚至超过了对服务和商品的选择。因此卖家应该清楚地告诉消费者，在什么样的条件下可以退货，以及往返运输费用由谁来承担；否则，顾客会因为不清楚退换货的条件而犹豫是否购买。

买家要求退货，通常有 3 种情况：一是商品有缺陷，存在质量问题；二是商品本身质量完好，但是商品过时，技术落后，顾客买回来反悔了，特别是服装类商品，买家常常以"我不喜欢，款式不是图片上的"等理由来要求退货；三是在质量保证期或维修期内被退回，要求更换或者维修。

退货是每个商家必须面对的一个重要问题。那么商家应该如何预防退货，使得退货损失最小化呢？

1．制定合理的退货政策

对于退货条件、退货手续、退货价格、退货比率、退货费用分摊、退货货款回收等方面，以及违约责任应制定一系列标准，利用一系列约束条件平衡由此产生的成本和收益。

2. 加强验货

在进货等各个环节要加强验货，以确保尽可能在发货前发现商品存在的缺陷。

3. 引入信息化管理系统

现在管理基本是依靠手工和大脑的，无法准确、实时地把握商品管理的每个细节。淘宝网上专业化的或者说皇冠级卖家都引进了客户管理系统，只要买家报上他的名字或者会员名，就可以查看其具体的消费情况。现在很多皇冠级卖家都有自己的自动化退换货系统。

4. 采取"少进勤添"的进货方式，提高进货质量并把握好进货种类

加强每日销量的预测，不要一次进货太多，合理高效地安排供应货，少进勤添，以减少盲目进货，千万不要贪图进货量大就可以得到便宜的价格，如果销售不出去，资金就周转不了，那就更加困难了。

4.4.3 怎样预防恶意差评

在网上购物的人越来越多，但是在交易量和人数急剧增加的同时，也出现了越来越多的交易纠纷。一些不良买家钻空子对卖家进行恶意差评甚至投诉。下面介绍预防恶意差评的方法。

（1）在发布商品前先仔细核对商品价格，最好在商品描述里再提一下具体价格，做到双保险，万一发布的价格不对，在描述里也有据可寻。

（2）务必在店铺公告、介绍或者商品描述里写明注意事项，比如在本店购买商品前需要先和卖家沟通确认有无商品，"擅自拍下造成的一切后果由买家承担"等事项。即使买家恶意拍下，以后在投诉过程中将此注意事项出示给淘宝看，对卖家也会有很大的帮助。

（3）在做好以上两点后，万一还有不良买家要挟你，说要给差评、要投诉你，那么别怕，先客气地和买家协商。如果买家提无理要求，那么该义正词严的地方就义正词严，退缩反而助长了对方的嚣张气焰，但注意千万不要辱骂买家，这样做对方反而可以借题发挥了。

（4）看买家信誉，如果对方是没有信誉或者信誉很差的买家，那么这单生意不做也罢。

（5）看送货地址、电话、联系人等信息是否属实。在发货前，最好通过阿里旺旺或站内信确认一下，如果对方不在线，则打个电话核实一下。

（6）一定要把阿里旺旺记录保存好，务必学会截图，有了截图，当买家进行恶意投诉时，卖家就可以把阿里旺旺截图提供给淘宝看。

（7）如果已经遭遇恶意差评，则可以拨打淘宝客服电话进行投诉，截图留下所有交易、

聊天的记录作为证据。注意：一定要确保证据的一致性，确认此人的唯一身份，并讲明事情的严重性，淘宝定会受理。

4.4.4 处理客户的中、差评

网上的卖家都很关注自己的信用度，因此对买家的评价也越来越敏感，总希望对自己的评价永远是100%好评。一般而言，只要交易比较顺利，买家还是比较愿意给好评的。但是在网店经营中，难免会碰到一些挑剔的顾客给差评。作为卖家，莫名其妙地得到一个差评，会觉得冤屈。那么，如何面对中评和差评，就是卖家必须要考虑的问题了。

1．反思

碰到非好评，首先卖家应该自我反思，检查自己在交易过程中是否犯错、服务是否周到，而不要寻找借口为自己开脱。如果反思过后，发现自己确实有工作不到位的地方，那么就要吸取教训，并在以后的工作中逐渐改善。如果发现是顾客误解了，那么最好发信息给顾客，向其说明事实真相，但千万注意用词，不要因为占理而口无禁忌。

2．千万不要生气

面对非好评，如果错误在卖家自己，那么有理由生气吗？如果卖家诚实经营，即使发生了问题也能与顾客认真地沟通，那么就应该坦然面对非好评。正所谓："身正不怕影子歪"。你的工作已经全部做到位了，可顾客还是说三道四，那么此时千万不要为此生气，更不要说些难听的话去报复顾客。不如把时间和精力集中到其他顾客身上，努力用更多的好评去掩盖少数的非好评，其他买家照样会信任你。如果碰到恶意评价，则可以选择向网上交易平台投诉，以维护自己的应有权益。

3．及时回复

在买家给出评价以后，卖家的及时回复尤为重要。及时回复不仅能让买家觉得卖家重视他们，而且卖家也能及时看到买家给出的评价，解决不良评价。

4．客观解释

首先要针对所出现的问题给出合理的解释，因为每一条评价都会展示在其他买家面前，如果卖家对这些评价不理不睬，也不给出解释，那么其他买家怎么能相信你的商品不会再出现类似的问题呢？给出解释之后，别着急单击"提交"按钮，卖家不如借着"中、差评"这个展台，趁机打个广告。在给出解释时可以附上同款产品的其他买家的好评，要挑最有说服力的评价，或者写上最近店里开展的一些优惠活动，这样一来，这条不良评价不一定会对你有很大害处,或许可以给你带来更多的客源。

4.4.5 客户管理

客户管理对网店的运营非常重要,关系到网店能否发展得更好。记住客户的电子邮箱,在店铺促销期间给客户发个温馨提示,在一些重要的日子给客户发个祝福,这样能使客户感觉到我们真的是在用心服务他们,让顾客记住我们。

客户运营平台管理的具体操作步骤如下:

(1)登录到淘宝网后台,进入"卖家中心",单击左侧的"营销中心"中的"客户运营平台"链接,如图4-38所示。

(2)进入"客户运营平台"页面,单击左侧的"客户列表",打开如图4-39所示的页面。

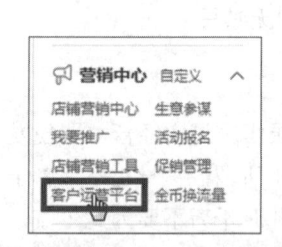

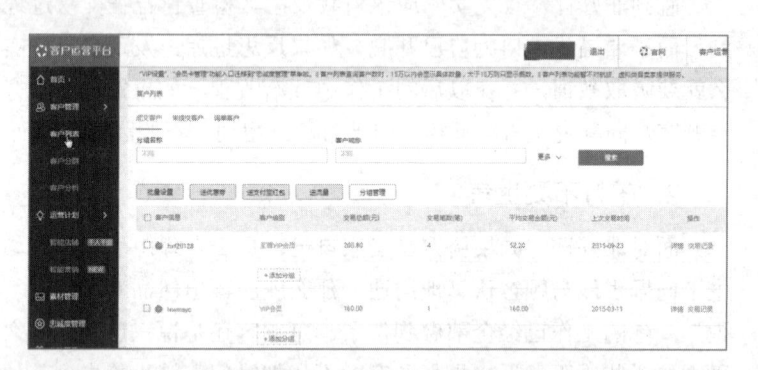

图4-38 单击"客户运营平台"链接　　　　图4-39 "客户列表"页面

(3)勾选"客户信息"复选框,单击"批量设置"按钮,弹出"批量修改"对话框,在该对话框中可以设置会员等级,如图4-40所示。

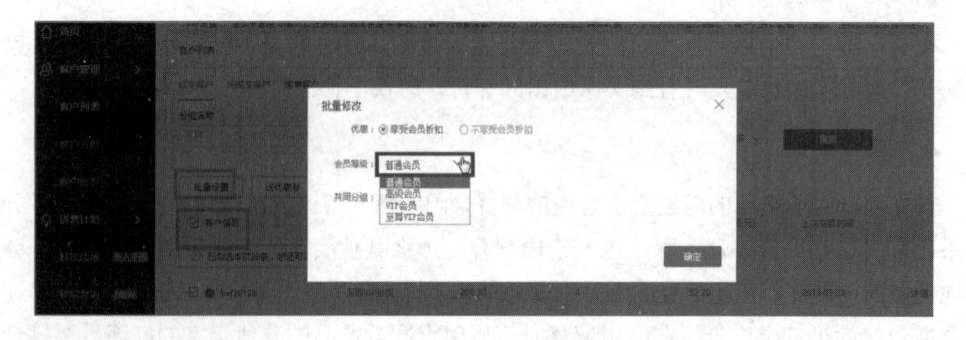

图4-40 设置会员等级

(4)单击"送优惠券"按钮,弹出"选择优惠券"对话框,如果没有订购优惠券工具,则单击"立即订购"链接,即可订购优惠券工具,如图 4-41 所示。

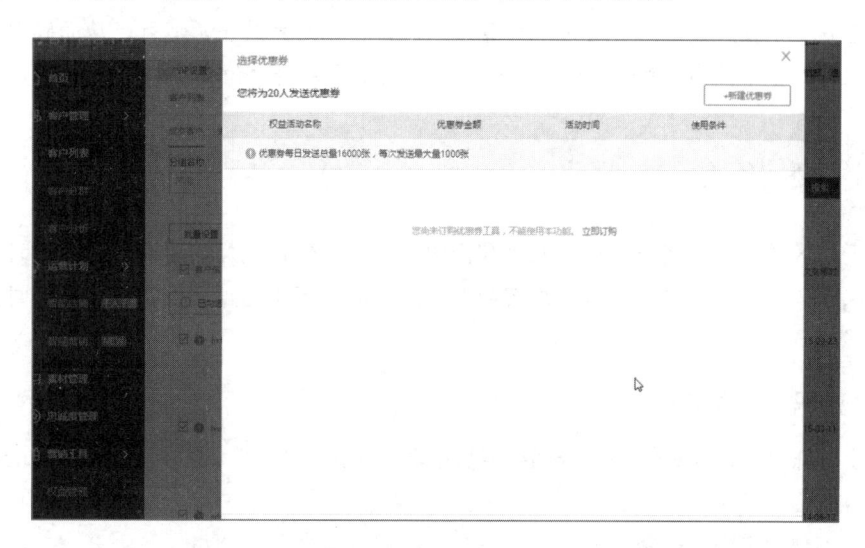

图 4-41　订购优惠券工具

(5)单击"送支付宝红包"按钮,弹出"支付宝红包"对话框,如果卖家尚未签约支付宝红包,则无法使用此功能,单击"立即签约"链接即可,如图 4-42 所示。

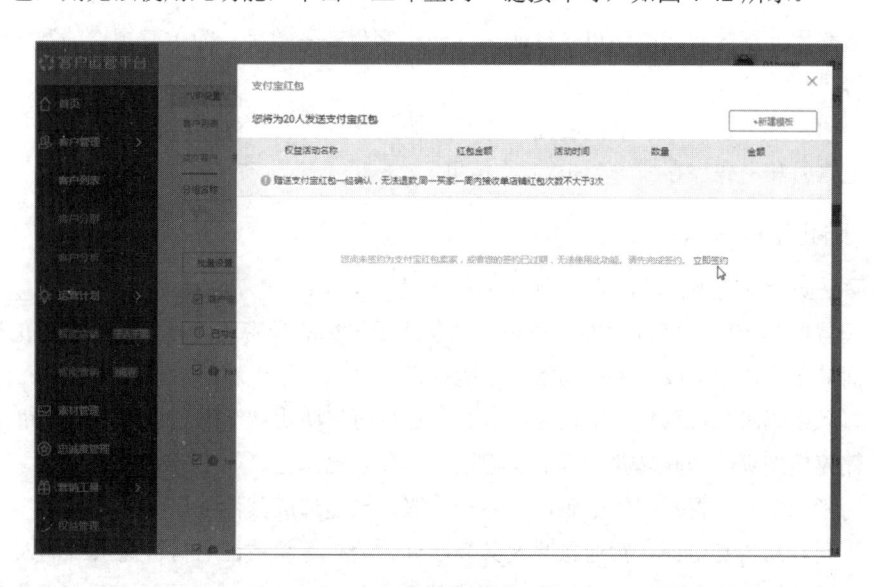

图 4-42　签约支付宝红包

4.5 网络安全常识

网络安全是指通过采用各种技术和管理措施，使网络系统正常运行，从而确保网络数据的可用性、完整性和保密性。网络安全的具体含义会随着"角度"的变化而变化。

4.5.1 交易安全

对于广大的淘宝网用户来说，账号和密码被盗是一件最头痛的事情，而在平时的操作中账号和密码安全问题又是最容易被忽视的，总以为自己不会那么倒霉，到被盗时方才悔恨。

1. 密码安全莫忽视

淘宝网账号、密码设置原则：安全+容易记忆。使用英文字母、数字及特殊符号的组合，如 WsdeDone889@%。

千万不要像下面这样做：

- 密码和会员登录名完全一致。
- 密码和联系方式"电话号码""传真号码""手机号码""邮编""邮箱"的任何一个一致。
- 密码用连续的数字或字母，密码用同一个字母或者数字、简单有规律的数字或者字母排列。
- 密码用姓名、生日、单位名称，或者其他任何可轻易获得的信息。
- 把账号和密码保存在一个 TXT 文档里。

2. 防止密码被盗

下面是防止密码被盗的注意事项。

- 设置安全密码；尽量设置长密码。设置便于记忆的长密码，可以使用完整的短语，而非单个的单词或数字作为密码，因为密码越长，被破解的可能性就越小。
- 输入密码时建议用复制+粘贴的方式，这样可以防止被键盘记录木马程序跟踪。
- 建议定期更改密码，并做好书面记录，以免自己忘记。
- 为不同账户设置不同的密码，以免一个账户被盗造成其他账户同时被盗。
- 不要轻易将身份证、营业执照及其复印件、公章等相关证明材料提供给他人。
- 通过软键盘输入密码。软键盘也叫虚拟键盘，用户在输入密码时，先打开软键盘，然后用鼠标选择相应的字母输入，这样就可以避免木马记录击键信息。

4.5.2 防骗知识

随着网络开店交易的迅猛发展，网络诈骗也随之而来，下面总结了网上常见的具有代表性的诈骗形式，提醒卖家谨防上当受骗。

1．不安全的网址不要进入，防止账号被盗

不安全的网址不要进入，更不要输入任何账号和密码。一般骗子会用"我想买你的东西，你的这个商品链接打不开，然后发过来一个和淘宝网链接类似的网址"这种形式。

2．金蝉脱壳——发货在先陷阱多

在交易时，卖家切不可着急发货。有的买家谎称自己不会使用支付宝，收到货后用银行汇款，只要货一发出，买家就"人间蒸发"了。一定要强烈支持支付宝，或者款到发货。

谎称付款：卖家切记，在发货前要查看交易状态，买家是否付款。有些买家在旺旺上留言谎称已付款，有些粗心的卖家不看交易状态就轻易相信，造成损失。

真传假汇：有的买家把银行的汇款单传真过来，卖家要在查清汇款是否到账后再发货，因为有些传真过来的汇款单是假的。

3．瞒天过海——同城交易有猫腻

有的买家与卖家同城交易后，却申请支付宝退款，理由是"没有收到货"，卖家自然是无法提供发货凭证的，只好吃哑巴亏。

提醒卖家：为了杜绝任何受骗的可能，同城交易时最好让对方写下收据，并防止假钞。

4．移花接木——退货之后藏隐患

如果买家要求退货，那么一定要在收到货后再退款。如果先退款，则可能再也见不到你的货了。一定要严格按流程走，收到退货后再退款或换货。为了防止买家在货物上做手脚，一定要当着快递面拆开，确认货物没问题，再签字。

5．借刀杀人——木马钓鱼网站搞破坏

所谓"钓鱼网站"是一种网络欺诈行为，指不法分子利用各种手段，仿冒真实网站的 URL 地址以及页面内容，或者利用真实网站服务器程序的漏洞在站点的某些网页中插入危险的 HTML 代码，以此来骗取用户银行卡或信用卡账号、密码等私人资料。在淘宝网上使用钓鱼网站的骗术有以下几种。

（1）当你在骗子店铺购买了商品后，骗子让你在另外一个网站提交一份订单才会给你

发货。你去他的网站下了这样的订单，就等于告诉他你的账号和密码。

（2）骗子拍下商品，借口说没有支付宝，不放心和卖家交易，需要卖家在另外一个担保网站做个担保，否则就不予交易。这是骗子盗取账号和密码的伎俩。卖家不要轻易在其他网站提交自己的淘宝网账户和银行账户的任何信息。

（3）邮件欺诈：骗子拍下宝贝，声称已经付款，让卖家查收邮件看看是否已经付款。一旦卖家点击了邮件中的链接，输入账号和密码，密码会立刻泄露。

（4）骗子声称已通过网上银行转账付款成功，让卖家查询是否到款。这时应注意提防骗子伪造银行页面进行盗号。一定要熟悉各类银行网址，谨防被骗。

（5）骗子伪装成买家，发送带有木马、病毒的文件，如果点击了，很可能账号和密码就会被盗取。警惕接收一切可疑文件，避免电脑被木马、病毒所侵袭。

6．中奖信息诈骗

中奖信息诈骗是指骗子通过QQ、淘宝旺旺等网络聊天工具，以及网络在线游戏、电子邮件等途径，向网友群发虚假中奖信息，提示人们登录活动网站主页或拨打咨询热线及时领取奖金。而当网友拨打领奖热线后，对方会告知须先交个人所得税或缴纳邮寄费用等款项，致使一些不明真相的网友受骗。

类似于这种中奖信息诈骗的骗术太多了，千万不可相信。对于无故中奖，只要多想想、多看看就不容易上当了。在此提醒大家：天下没有白吃的午餐。请记住这句话，不要登录他们的网站，更不要透露个人资料。

4.5.3 识骗能力

随着网络技术的普及，越来越多的人开始利用网上银行来处理个人资金，如查询、转账、支付或交易。但是，网络安全性又成了不少人的担忧。

为尽可能保障资金安全，避免不必要的损失，下面总结了一些防范招式，希望对广大网上银行用户在进行风险防范时能有所帮助。

1．核对网址

要开通网上银行功能，通常事先要与银行签订协议。进行网上购物或进入网上银行交易时，应留意核对所登录的网址与协议书中的网址是否相符。不要通过来历不明的网页链接访问银行网站。谨防假网站索要账号、密码、支付密码等敏感信息，银行在任何时候都不会通过电子邮件、短信、信函等方式要求用户提供这些信息。

2．妥善选择和保管密码

应避免密码与个人资料有关系，不要选用如身份证号码、生日、电话号码等作为密码。建议采用字母、数字混合的方式，以提高密码破解难度。应妥善保管密码，不要轻易告诉别人。尽量避免在不同的系统中使用同一个密码，否则密码一旦遗失，后果将不堪设想。

3．管好数字证书

网上银行和支付宝都推出了安全性极高的数字证书，这是目前保障账号安全最有力的方式之一。目前银行的数字证书一般需要花钱购买；支付宝的数字证书只要通过实名认证就可以免费申请使用。

4．交易明细定期查

应对通过网上银行办理的转账和支付等业务做好记录，定期查看"历史交易明细"，定期打印网上银行业务对账单。这样做能够尽早发现问题，以便尽早解决问题。

5．及时确认异常状况

如果在陌生的网站上不小心输入了银行卡号和密码，并遇到"系统维护"之类的提示，则应当立即拨打相关银行的客户服务热线进行确认。万一资料被盗，应立即进行银行卡挂失和修改相关交易密码。

6．运用网上银行增值服务

如可以申请开通银行的短信服务，无论存取款、转账、刷卡消费还是投资理财，只要账户资金发生变动，在第一时间就能收到手机短信提醒，以实现对个人账户资金的实时监控。如果发现异常，应立即与银行联系，避免损失。

7．坚持"四不"原则，提高防范意识

一是不轻信。一般政府机关、银行或公共事业单位不会直接致电持卡人交谈涉及费用的问题，更不会直接"遥控指挥"持卡人去 ATM 等没有银行工作人员在场的地方进行转账。

二是不回应。对可疑的电话或短信不要回应，应直接致电相关公共事业单位或发卡银行客服热线询问。

三是不泄露。注意保护身份资料、账户信息，而且在任何情况下也不要泄露银行卡密码。

四是不转账。为了确保银行卡资金安全，对陌生人"指导"进行 ATM 或网上银行转账要谨慎，谨防上当受骗。

4.6 练习题

1. 填空题

（1）大家都知道买家买东西是通过_____来搜索宝贝的，那么_____的设置就显得尤为重要。

（2）在网上开店有别于面对面交易，买家难以亲身感受商品的质地、做工、细节及商品的其他特点，在这种大环境下，_____就变得至关重要了。

（3）新手卖家常常会忽略在宝贝描述上下功夫，殊不知_____的详尽关系着宝贝的成交量。新手卖家往往有着快点将宝贝上架的急切心理，匆匆忙忙简单写了几句就上架。

（4）所谓_____是一种网络欺诈行为，指不法分子利用各种手段，仿冒真实网站的 URL 地址以及页面内容，或者利用真实网站服务器程序的漏洞在站点的某些网页中插入危险的 HTML 代码，以此来骗取用户银行卡或信用卡账号、密码等私人资料。

2. 简答题

（1）如何设置宝贝标题？
（2）什么样的图片才能被称之为好呢？
（3）撰写商品描述的步骤有哪些？
（4）处理顾客投诉的策略主要有哪几个方面？
（5）怎样处理客户的中、差评？

第5章

网店工具的运用

本章导读

　　在淘宝网开店,工作非常繁杂,大到上架宝贝,小到一张图片的处理,都是由一个一个细节工作拼起来的。俗话说:"工欲善其事,必先利其器"。在淘宝开网店也是一样的,新手开店必不可少的是利用好工具,特别是官方提供的开店工具,这样会事半功倍。本章就介绍常见的网店工具的运用。

5.1 在线沟通工具

阿里旺旺是淘宝网的即时交流工具，可以轻松实现在线沟通。同时，还可以通过阿里旺旺上的快捷入口，直接进入淘宝店铺和交易页面进行管理。在淘宝网使用阿里旺旺沟通交流，主要是因为一旦出现交易争议或纠纷，如果使用外部聊天工具，淘宝网将无法核实会员的真实身份和对话记录的真实性，难以确保纠纷处理的公正性。

买家版的称为阿里旺旺，卖家版的称为千牛工作台，在登录千牛工作台的同时也可以登录旺旺。

5.1.1 设置个性化头像

在使用千牛工作台之前，对头像进行设置，能更好地让买家记住你，同时也能体现店铺的个性化。

设置个性化头像的具体操作步骤如下：

（1）在千牛工作台中单击头像，如图 5-1 所示。

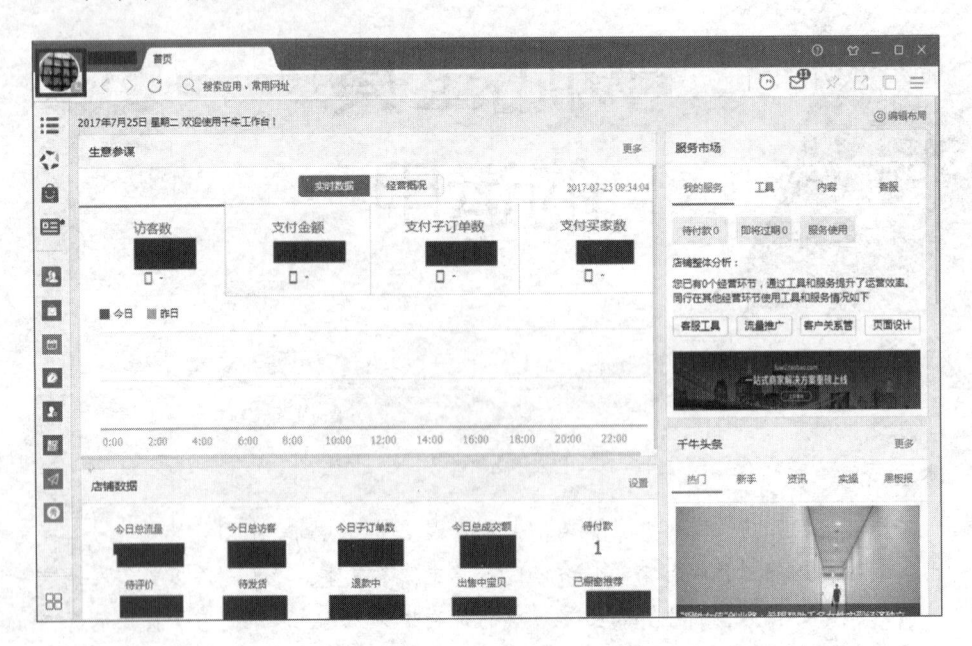

图 5-1　单击头像

（2）弹出"我的资料"对话框，单击"修改头像"按钮，如图 5-2 所示。

第 5 章　网店工具的运用 | 87

（3）打开"修改头像"对话框，单击"选择文件"按钮，如图 5-3 所示。

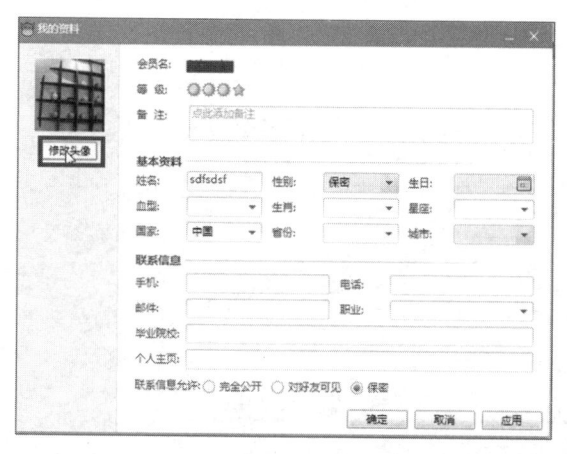

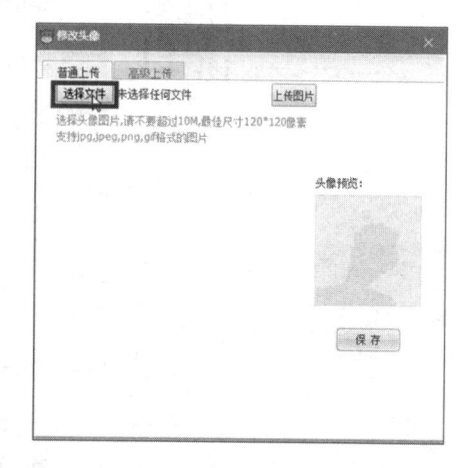

图 5-2　"我的资料"对话框　　　　　　图 5-3　"修改头像"对话框

（4）弹出"打开"对话框，选择想要上传的头像文件，单击"打开"按钮，如图 5-4 所示。

（5）返回到"修改头像"对话框，单击"上传图片"按钮，即可预览头像效果，如图 5-5 所示。

图 5-4　"打开"对话框　　　　　　图 5-5　上传头像图片

（6）单击"保存"按钮，返回到"我的资料"对话框，头像即可设置成功，如图 5-6 所示。

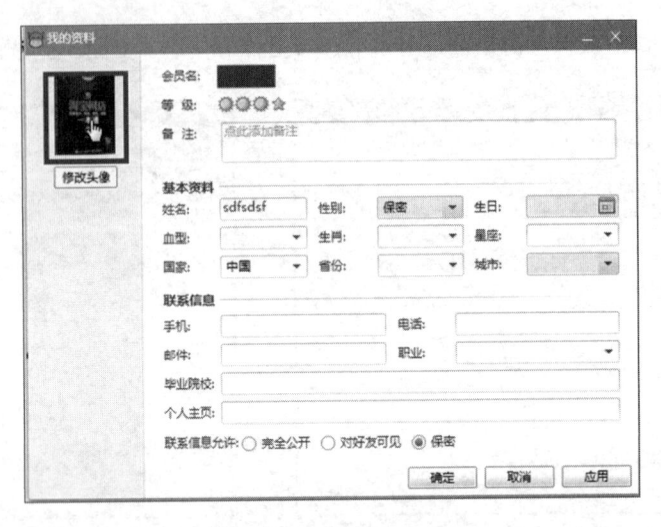

图 5-6　设置头像成功

5.1.2　备注联系人信息

借助千牛工作台上的编辑联系人信息功能为交流对象做一些简单的备注是很有必要的。同时，这种方式不仅有利于养成良好的工作习惯，还能够提高工作效率。

打开工作台的"接待中心"，单击联系人，打开消息框，单击顶部的联系人名称，打开"***的资料"对话框，即可在"备注"中修改联系人信息，如图5-7所示。

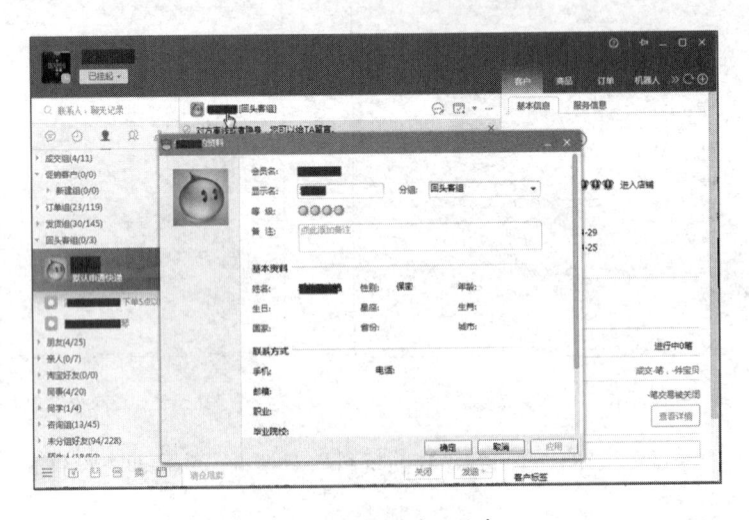

图 5-7　编辑联系人信息

5.1.3 旺旺群

可以通过创建客户群来增加店铺的凝聚力，利用群公告及时推广新产品和优惠促销信息，也可以通过加入兴趣群或朋友群来加强互动，联络感情。大家在群里互相学习，一起聊经验诀窍，聊生活感悟，交流工作经验，不仅可以借此了解更多优秀店铺的成功经验，还能通过一些商业信息淘到物美价廉的宝贝。

创建启用旺旺群的具体操作步骤如下：

（1）登录千牛工作台，单击右上角的"接待中心"按钮，如图 5-8 所示。

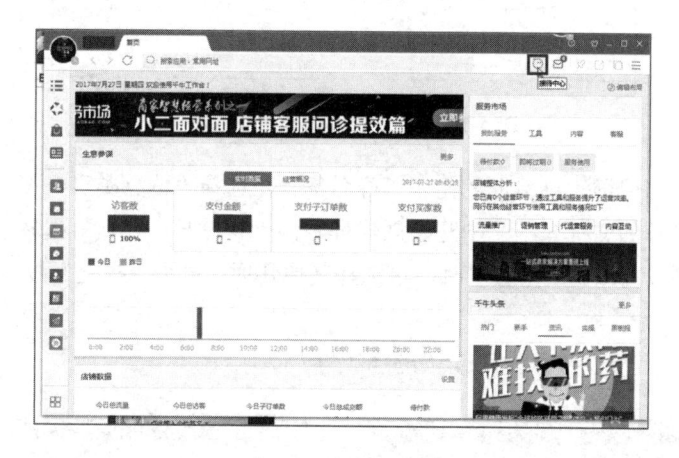

图 5-8　千牛工作台

（2）打开"接待中心"对话框，单击左上角的"我的群"按钮，如图 5-9 所示。

图 5-9　接待中心

(3)可以看到"我拥有的群",双击"立即双击启用群",如图 5-10 所示。

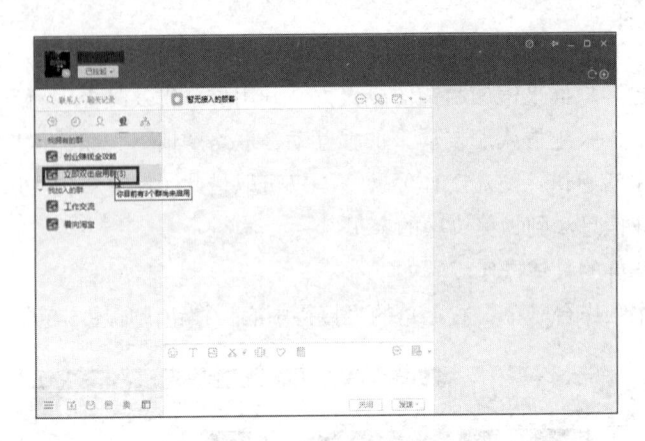

图 5-10 双击"立即双击启用群"

(4)弹出"启用群"对话框,输入"群名称",选择"群分类",在"群介绍"框中可以输入一些简单的文字介绍,刚开始创建群时,"身份验证"最好选择"允许任何人加入该群",等群成员达到一定数量时,再选择其他几项,单击"提交"按钮,如图 5-11 所示。

(5)提示"您已成功启用群",如图 5-12 所示。

图 5-11 "启用群"对话框　　图 5-12 已成功启用群

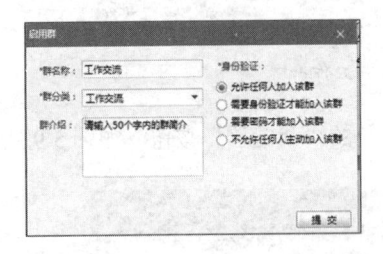

5.1.4 群遍天下

群遍天下是指将阿里旺旺群状态发布在互联网上,单击"群聊"可以进入卖家的群,和其他买家一起探讨购物经验,也可以看到卖家在群里发布的一些促销信息等。群遍天下的具体操作步骤如下:

(1)打开淘宝网首页,单击右侧的旺旺头像,如图 5-13 所示。

图 5-13　单击右侧的旺旺头像

（2）打开"阿里旺旺"页面，单击右上角的"旺遍天下"链接，如图 5-14 所示。

图 5-14　单击"旺遍天下"链接

（3）上方是"旺遍天下"，往下拉是"群遍天下"，4种风格任选其一，选择自己想要的风格，如图5-15所示。

（4）填写文字提示信息，填写群号，输入文案，如图5-16所示。

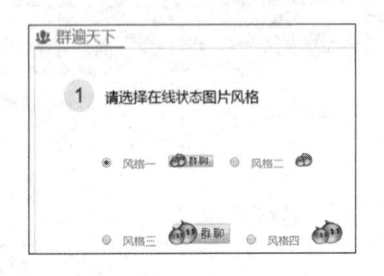

图 5-15　选择风格　　　　　　　　　图 5-16　填写文字提示信息

（5）生成网页代码，如图5-17所示。

（6）完成，查看效果，如图5-18所示。

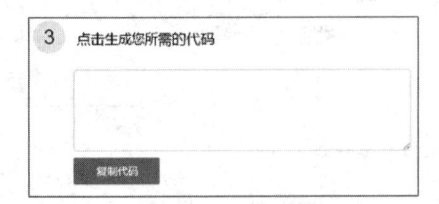

图 5-17　生成网页代码　　　　　　　　图 5-18　查看效果

5.1.5　E客服

E客服是提供给淘宝掌柜的在线客户服务系统，旨在让淘宝掌柜更高效地管理网店，及时把握商机消息，从容应对繁忙的生意。仅使用一个主账号来回答买家的提问是不够的，开通并使用旺旺E客服，不仅可以让众多买家的咨询分流，使买家的提问得到及时的解答，还可以让子账号来做更多的事情，增加店铺管理人手，有效提高工作效率。

创建子账号的具体操作步骤如下：

（1）登录淘宝网的台，进入"卖家中心"，单击左侧的"店铺管理"下面的"子账号管理"链接，如图5-19所示。

第 5 章 网店工具的运用 | 93

图 5-19 单击 "子账号管理" 链接

（2）进入子账号管理页面，单击左侧的 "免费领取" 按钮，如图 5-20 所示。

（3）弹出 "领取基础版" 对话框，勾选 "我已阅读并同意 子账号基础版服务协议" 复选框，单击 "确定" 按钮，如图 5-21 所示。

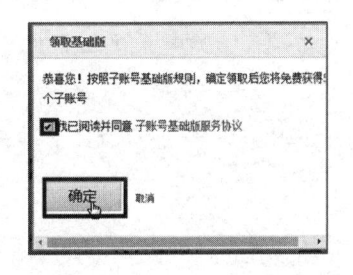

图 5-20 创建子账号　　　　图 5-21 "领取基础版" 对话框

（4）单击 "新建员工" 按钮，如图 5-22 所示。

（5）打开 "部门结构" 页面，填写 "新建员工" 的基本信息，填写完毕后，单击右上角的 "确认新建" 按钮，如图 5-23 所示，即可新建成功。

图 5-22　单击"新建员工"按钮　　　　　　图 5-23　填写基本信息

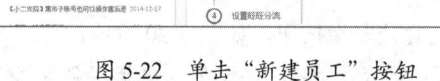

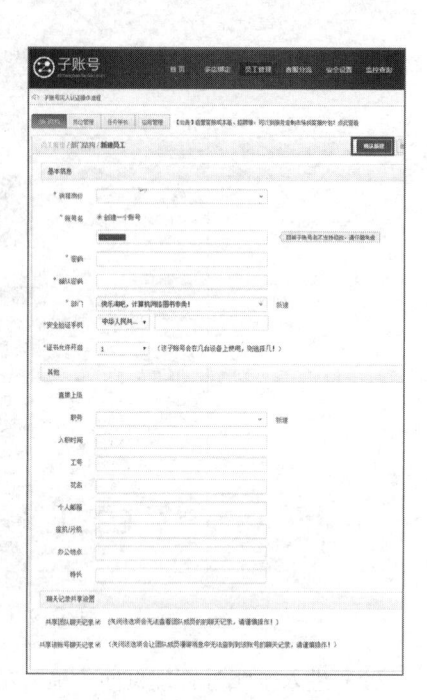

（6）单击"岗位管理"按钮，在其下方单击"新建自定义岗位"按钮，如图 5-24 所示。

（7）选择分类，输入"名称"和"备注"，单击"保存"按钮，弹出"提示"框，提示"确认保存岗位信息？"，单击"确认"按钮即可，如图 5-25 所示。

图 5-24　单击"新建自定义岗位"按钮　　　　图 5-25　设置岗位信息

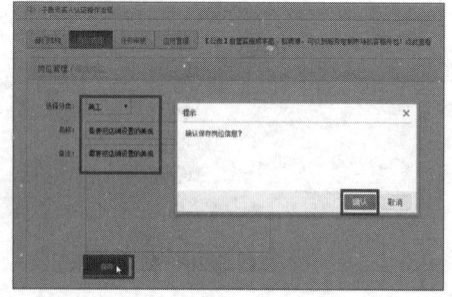

（8）设置"客服分流"信息，单击"客服分流"，在页面中进行相应的设置，单击"保存"按钮即可，如图 5-26 所示。

图 5-26 设置"客服分流"信息

5.1.6 旺遍天下

旺遍天下是一个把阿里旺旺图标设置在各种自定义页面中的工具,如店铺首页、分类页页、宝贝描述页面的某个特定位置。旺旺图标设置在多处、多个位置展现在买家面前,有助于提高买家咨询。

设置旺遍天下的具体操作步骤如下:

(1)进入旺遍天下页面,选择风格,填写文字提示信息,单击"复制代码"按钮,如图 5-27 所示。

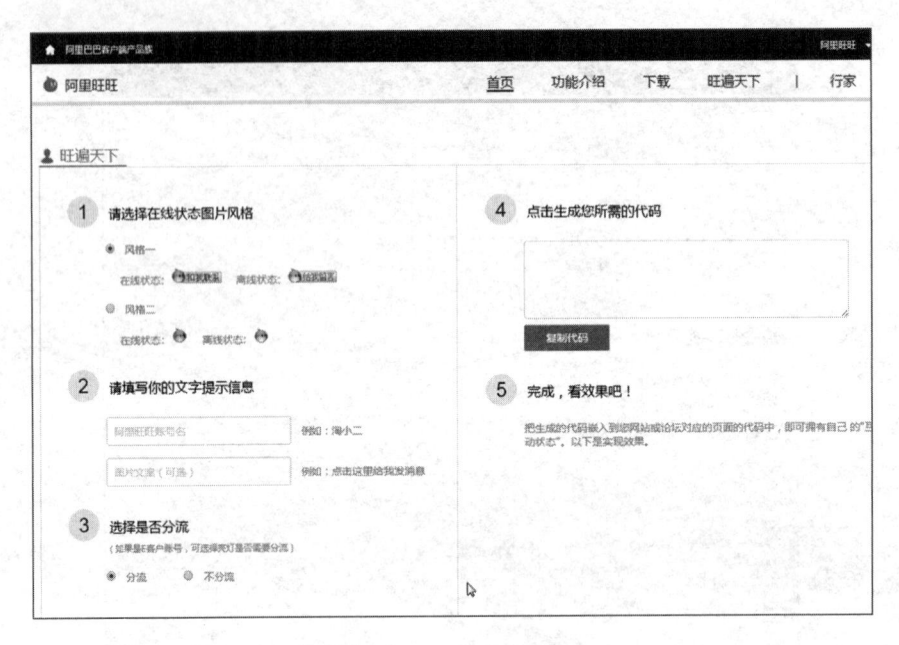

图 5-27　旺遍天下页面

（2）进入"出售中的宝贝"页面，单击"编辑宝贝"，进入编辑宝贝页面，单击"源码"按钮，进入编辑状态，将所复制的代码粘贴到相应的位置，如图 5-28 所示。

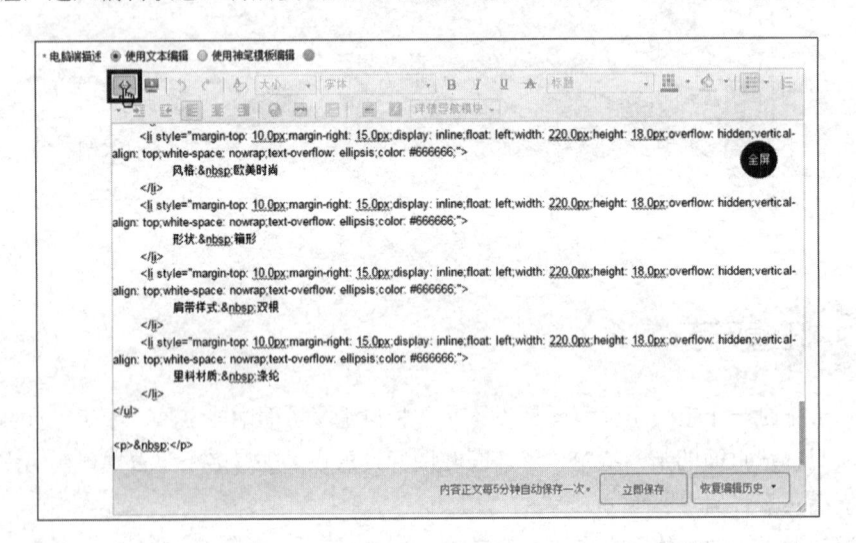

图 5-28　粘贴代码

（3）单击"立即保存"按钮，旺遍天下设置成功，效果如图 5-29 所示。

图 5-29　旺遍天下效果

5.1.7　巧妙设置千牛状态信息为店铺做广告

在淘宝网开店的卖家，每天首先要做的事情就是登录千牛工作台与买家交流，进行交易管理。登录千牛工作台后，在操作界面中就可以看到联系人及其自定义的状态信息，如图 5-30 所示。很多卖家运用自定义状态来宣传店铺的优惠活动或热销商品。

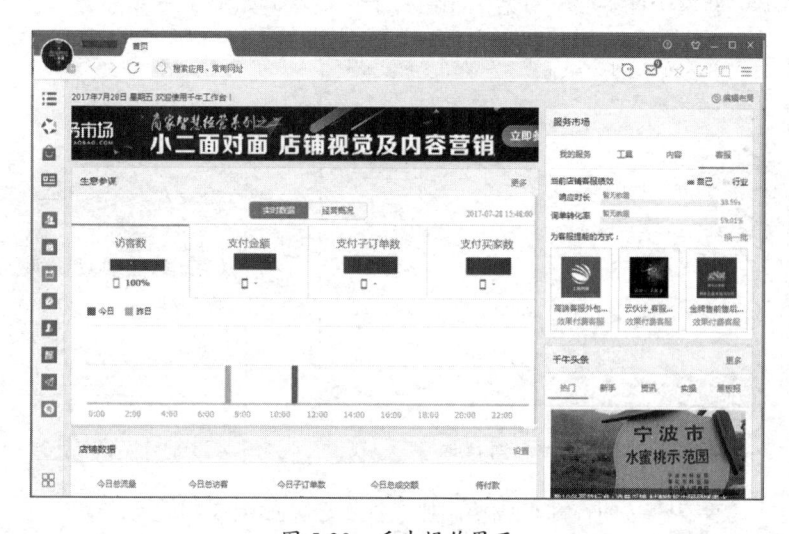

图 5-30　千牛操作界面

要设置滚动的自定义状态广告，首先要设置好两条或者两条以上的信息。使用千牛设置滚动的自定义状态广告的具体操作步骤如下：

（1）在千牛操作界面中，单击右上角的 ≡ "设置"，如图5-31所示。

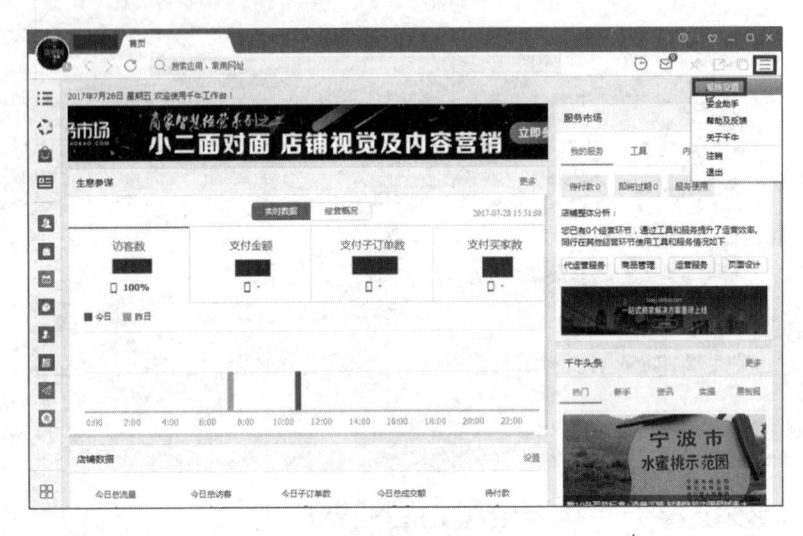

图5-31　单击"设置"

（2）打开"系统设置"对话框，单击左侧列表中的"个性设置"，单击右侧的"新增"按钮，如图5-32所示。

（3）打开"新增个性签名"对话框，输入个性签名，如图5-33所示。

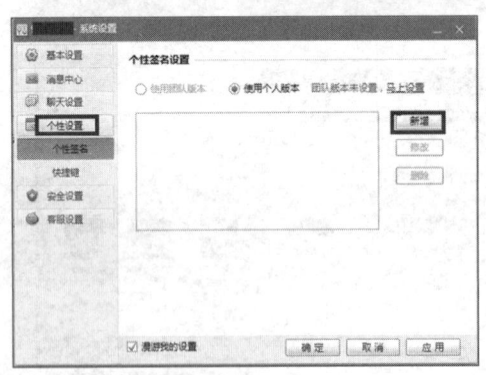

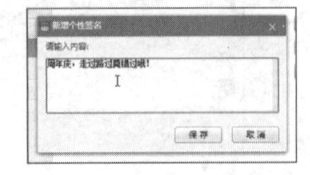

图5-32　"系统设置"对话框　　　　图5-33　"新增个性签名"对话框

（4）单击"保存"按钮，即可成功添加个性签名，如图5-34所示。

（5）通过步骤（2）~（4）再添加一个个性签名，如图5-35所示。

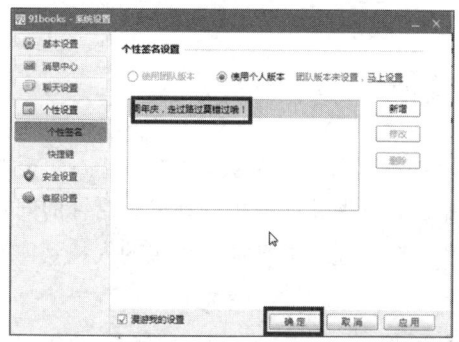

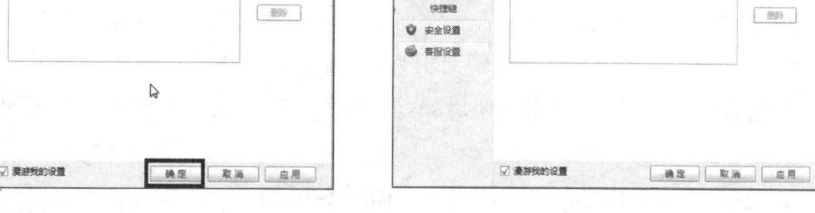

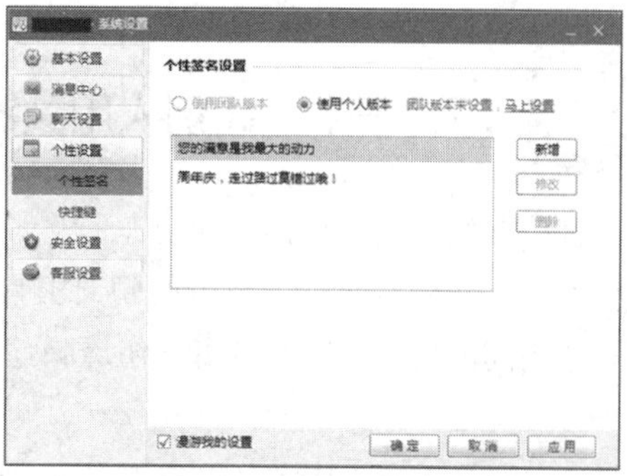

图 5-34　成功添加个性签名　　　　图 5-35　成功添加广告信息

（6）单击"确定"按钮，即可成功添加广告信息。

5.1.8　使用千牛工具增加流量的技巧

千牛是一个非常好的交流工具，很多生意都是通过千牛达成的。利用好千牛是在淘宝网开店的基本功。潜心研究千牛的功能，可以获得很多经验。下面是应用千牛工具增加流量的一些技巧。

- 设置开机后千牛自动登录功能，可以及时看到所有信息，免除忘记打开千牛而漏掉生意的遗憾。
- 在我的好友中建立顾客群，留下所有交流过的买家的千牛名。多与买家交流，询问买家对于店铺商品的意见，这样就留住了老顾客。
- 加入人气比较旺的千牛群，多交友，多交流。朋友多，可以互相帮忙顶帖，增加生意，交流买卖经验对大家都有好处。而且遇到谈得来的好友，可以相互建立个人空间的友情链接，这样别人访问你的店铺的机会也会大大增加。
- 在有些情况下不能安装千牛工具，这时应急的办法是使用千牛页面与客户交流。
- 设置好千牛的自动回复功能。当店主有事需要离开几分钟时，如果这时刚好有客户，那么千牛可以自动回复，这样可能就会挽留住客户。
- 不定期检查聊天历史记录，可以发现无意中漏掉的一些客户留言。
- 有空多摸索千牛的其他一些功能，很有用处。
- 在千牛名后面显示店铺的最新优惠信息，可以大幅度增加店铺浏览量。
- 建立千牛群，邀请朋友、买家以及和生意有关的人到群里，增加群的人气。

5.1.9 巧设千牛，让别人用关键词找你

目前在淘宝网开店的卖家越来越多，千牛已经不仅仅作为买卖交易的工具，更多的人已经把它当作生活中不可缺少的聊天工具了。那么怎样做才能在更好地推销店铺的同时找到志趣相同的朋友，让很多店家伤透脑筋，现在就介绍通过关键词让更多的人找到你的方法。

（1）登录千牛工作台，单击用户名，如图 5-36 所示。

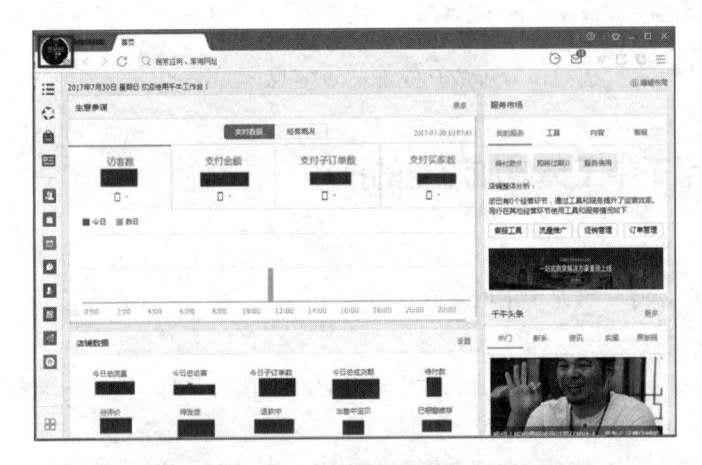

图 5-36　千牛工作台主界面

（2）在"我的资料"里面找到"备注"栏，设置你所在的行业或者你希望哪类朋友可以找到你的关键词，单击"确定"按钮，剩下的就是等待了，如图 5-37 所示。

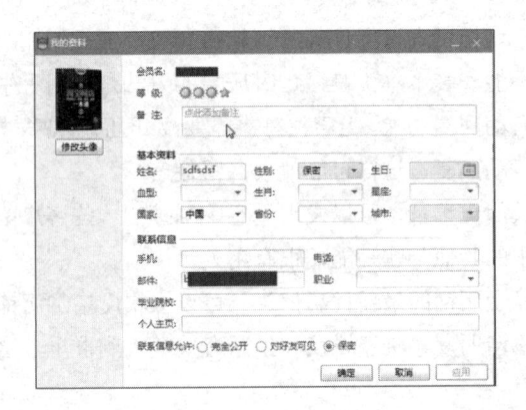

图 5-37　设置个人资料

5.1.10 千牛工具的安全特性

千牛工具具有以下一些安全特性。

1. 支付宝控件保护密码安全

支付宝控件采取银行级安全保护方案，在千牛登录 ID 和密码输入框中添加了具有高强度的密码功能，可以彻底保护千牛密码不被键盘精灵等木马窃取。用户输入登录密码后通过使用 128 位加密法，使千牛账号和密码更加安全，不怕被黑客和木马破解，从而可以安全购物，方便沟通。

2. 恶意网址自动识别，过滤骚扰信息

为了减少用户被垃圾消息所干扰，千牛特地为用户提供了可自由定制的垃圾关键词列表。用户可以自行输入需要被屏蔽的关键词，今后就不会被该类信息所干扰了，如图 5-38 所示的网址为安全链接。可以在"安全检查"中设置恶意网址自动识别，如图 5-39 所示。

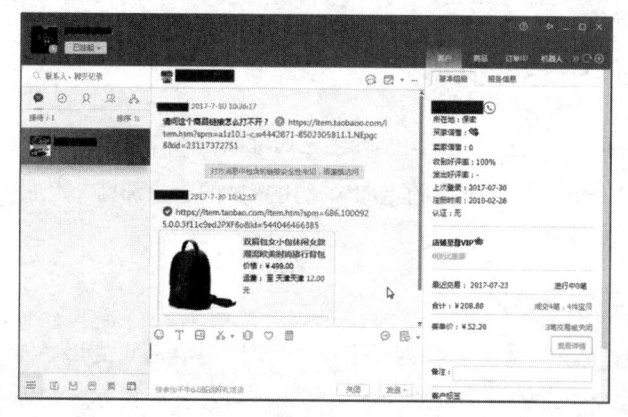

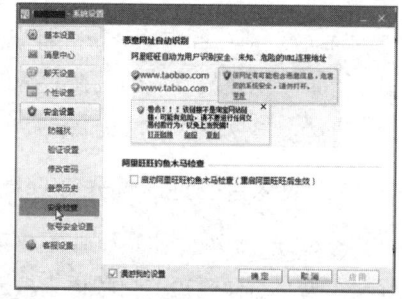

图 5-38　安全链接　　　　图 5-39　设置恶意网址自动识别

3. 举报

千牛工具会及时提醒用户最新的安全注意事项，提高用户的防范意识，用户只需要右键单击聊天内容，在弹出的右键菜单中选择"举报"选项，即可轻松完成举报工作。旺旺将直接传送被举报的旺旺 ID 以及信息，让你的举报更轻松，如图 5-40 所示。

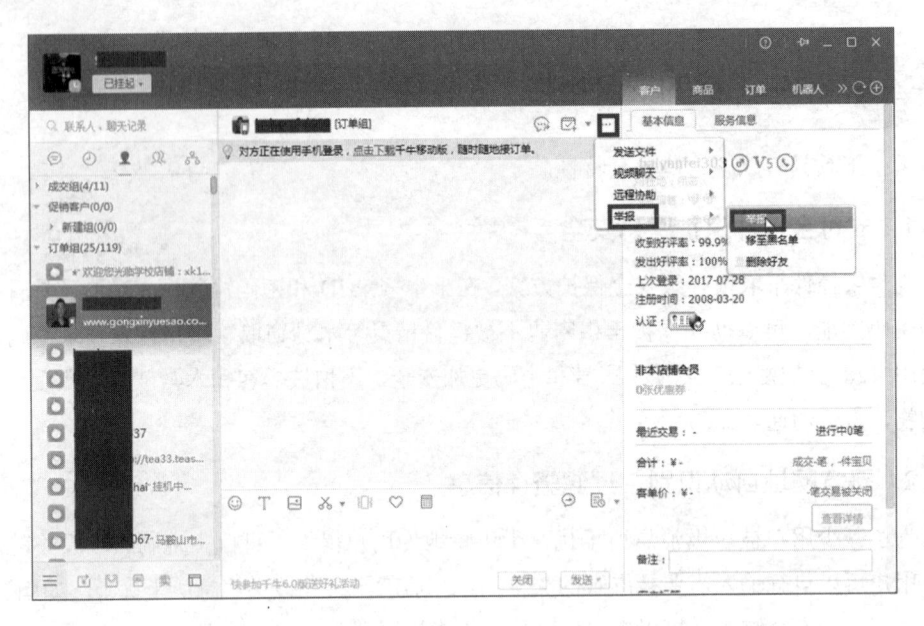

图 5-40　举报

5.1.11　巧妙利用千牛群推广中的"私聊"

"私聊"即在群内逐一打开群成员的对话框，一对一对话。实践证明，目前这种方法在千牛群推广中是最有效的。在私聊中，更易控制推广的走向，采用巧妙的语言和流程化的操作方法，可以最大化地提高推广的覆盖面及转化率。

1. 淡化目的性，优先处理高转化率群体

与对方"私聊"时千万别第一句话就是"你好，我为你推荐一个网站"。应该先用"你好，在吗"这样简短的招呼语来拉近与对方的距离。别小看这句招呼语，它能替你过滤掉目前正处于忙碌状态的人或者有些不和陌生人说话的人，降低推广中可能浪费的时间和精力。

2. 巧设"陷阱"，引导话题走向

打完招呼后，如果对方回复了，那么你可以先设计一个巧妙的"陷阱"。例如，对于美容护肤类群中的用户可以说："你加入这个群，应该对保养很感兴趣吧"，大多数人会回复"是啊，怎么了"或者"还行吧"。此时话题便开始逐渐被导向目标，接下来可以进一步引导对方，比如可以说："我在网上建了一个美容知识学习网站，群里面已经有不少

朋友加入了"。到了这里，得到的回复可分为以下几种：很感兴趣、不怎么感兴趣、没兴趣等，或者无回复。

3. 分析目标群体特征，设置吸引点

美容护肤这一类群体以女性为主，她们大都对免费试用装很感兴趣，可以用赠送试用装的形式来吸引她们。对于很感兴趣和不怎么感兴趣的人，可以直接将注册地址和活动信息发给她们；对于其他的人，则先将活动信息发给她们，得到肯定的回复后，再将网址发给她们。

从一开始寻找切入点，到引导话题，再到表明来意，要注意每个阶段的用语，尽可能淡化广告色彩。这就是细节创造的魅力，处理好的话，它能让一个陌生人心甘情愿地走进你设置的"陷阱"，但自己却浑然不知。

总之，在私聊推广中，最重要的便是对话题的导向控制，让对方进入你的"领域"，将话题控制在"领域"之内。要做到这些，需要在实践中发现细节，再整合细节。也许一个不起眼的细节处理就能让你豁然开朗，收到意想不到的效果。

5.1.12 巧用恰到好处的千牛表情，促使交易过程顺利进行

在整个交易过程中，从售前到售后每一个环节都是不可忽视的，在与买家的交谈过程中，卖家的回答与处理方式都是决定交易成功的主要因素。

在回答买家的咨询时，一定要用礼貌用语，如"您好，欢迎光临小店！"（"您"这个称呼一定要习惯用上，有时"你"的称呼会让买家感觉非常不舒服）"亲，您好""您请稍等，我看一看库存有没有货""不好意思""抱歉，请您谅解"等，效果是非常显著的。

礼貌、热情的回答是必需的，而在此基础上巧用千牛表情，也是非常有用的。千牛表情是与客户沟通的好帮手，它能很快地制造出轻松的气氛，拉近与买家的距离。但是有些表情使用不当会很容易引起误会，所以在使用的时候要谨慎。

5.2 支付工具

有些电子商务交易平台，只需要开通网上银行，就可以直接用网上银行的电子钱进行网上购物了。但在淘宝交易平台，为了保证买家的实际利益，则要求交易双方都要成为支付宝会员，资金流通的不是网上银行的电子钱，而是支付宝账户里的电子钱。

5.2.1 支付宝

支付宝（中国）网络技术有限公司是国内领先的第三方支付平台，致力于提供"简单、安全、快速"的支付解决方案。支付宝公司始终以"信任"作为产品和服务的核心。旗下有"支付宝"与"支付宝钱包"两个独立品牌。

支付宝是以每个人为中心，拥有超过 4.5 亿实名用户的生活服务平台。支付宝已发展成为融合了支付、生活服务、政务服务、社交、理财、保险、公益等多个场景与行业的开放性平台。

除提供便捷的支付、转账、收款等基础功能外，通过支付宝还能快速完成信用卡还款、充话费、生活缴费等。通过智能语音机器人一步触达上百种生活服务，不仅能享受消费打折，跟好友建群互动，还能轻松理财，累积信用。

在"我的支付宝"页面不仅能够实现充值、提现、转账，看到最近一个月的支出情况，还能查看目前的交易记录，以及收支明细和充值、提现记录，清楚地知道自己的支付宝财务状况，如图 5-41 所示。

图 5-41 "我的支付宝"页面

支付宝最初作为淘宝网解决网络交易安全所设的一个功能，该功能为"第三方担保交易模式"，买家将货款打到支付宝账户，支付宝向卖家通知发货，买家收到商品确认后支付宝将货款放给卖家，至此完成一笔网络交易。

买家使用支付宝的好处如下：
- 货款先由支付宝保管，收货满意后才付钱给卖家，安全放心。
- 不必跑银行汇款，网上在线支付，方便简单。
- 付款成功后，卖家立刻发货，快速高效。
- 经济实惠。

卖家使用支付宝的好处如下：
- 无须到银行查账，支付宝即时告知你买家付款情况，省力、省时。
- 账目分明，交易管理帮你清晰地记录每一笔交易的详细信息，省心。
- 支付宝认证是卖家信誉的有效体现。

5.2.2 网上银行

网上银行又称网络银行、在线银行或电子银行，它是各银行在互联网中设立的虚拟柜台，银行利用网络技术，通过互联网向客户提供开户、销户、查询、对账、行内转账、跨行转账、信贷、网上证券、投资理财等传统服务，使客户足不出户就能够安全、便捷地管理活期和定期存款、支票、信用卡及个人投资等。

网上银行的特点是客户只要拥有账号和密码，便能在世界各地通过互联网进入网络银行处理交易。与传统银行业务相比，网上银行的优势体现在以下几点。

（1）大大降低了银行经营成本，有效提高了银行盈利能力。网上银行主要利用公共网络资源，不需要设立物理的分支机构或营业网点，减少了人员费用，提高了银行后台系统的效率。

（2）无时空限制，有利于扩大客户群体。网上银行业务打破了传统银行业务的地域、时间限制，能在任何时候（Anytime）、任何地方（Anywhere），以任何方式（Anyhow）为客户提供金融服务，这既有利于吸引和保留优质客户，又能主动扩大客户群，开辟新的利润来源。

（3）有利于服务创新，向客户提供多种类、个性化服务。通过银行营业网点销售保险、证券和基金等金融产品，往往受到很大限制，主要是因为一般的营业网点难以为客户提供详细的、低成本的信息咨询服务。利用互联网和银行支付系统，容易满足客户咨询、购买和交易多种金融产品的需求，客户除办理银行业务外，还可以很方便地在网上买卖股票、债券等，网上银行能够为客户提供更加合适的个性化金融服务。

如图 5-42 所示为中国工商银行网上银行便捷的支付方式。

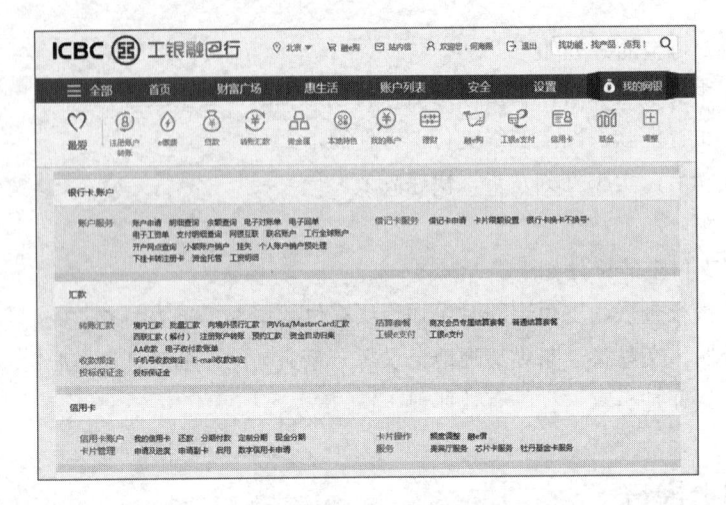

图 5-42 网上银行便捷的支付方式

5.3 淘宝助理

淘宝助理是一款功能强大的客户端工具软件,它提供了一个方便的管理界面,可以帮助商家快速创建新商品、离线编辑商品信息、上传和下载商品进行管理、批量打印快递单、批量发货和好评,如图 5-43 所示。

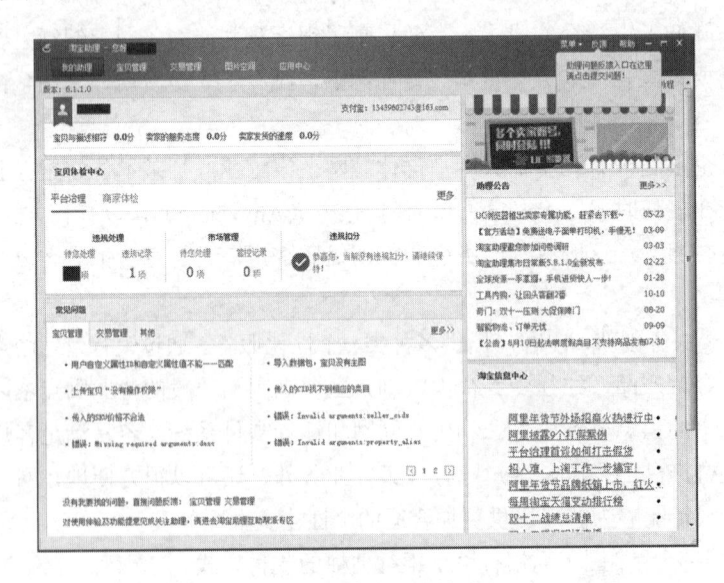

图 5-43 淘宝助理界面

淘宝助理是一个非常方便的管理工具，因为淘宝网为其开放了专门的数据接口，所以它不仅可以与平台的升级变化同步更新，而且还可以即时反映出商家的后台管理数据，以确保数据对接的准确性。

5.3.1 新建上传宝贝

选择"创建宝贝"下面的"新建空白宝贝"栏目，如图 5-44 所示。填写宝贝"基本信息"页面上的每一个选项，然后单击"宝贝描述"选项卡，继续编辑，编辑完成后单击"保存"按钮，上面的列表中就出现了这个新建的宝贝。

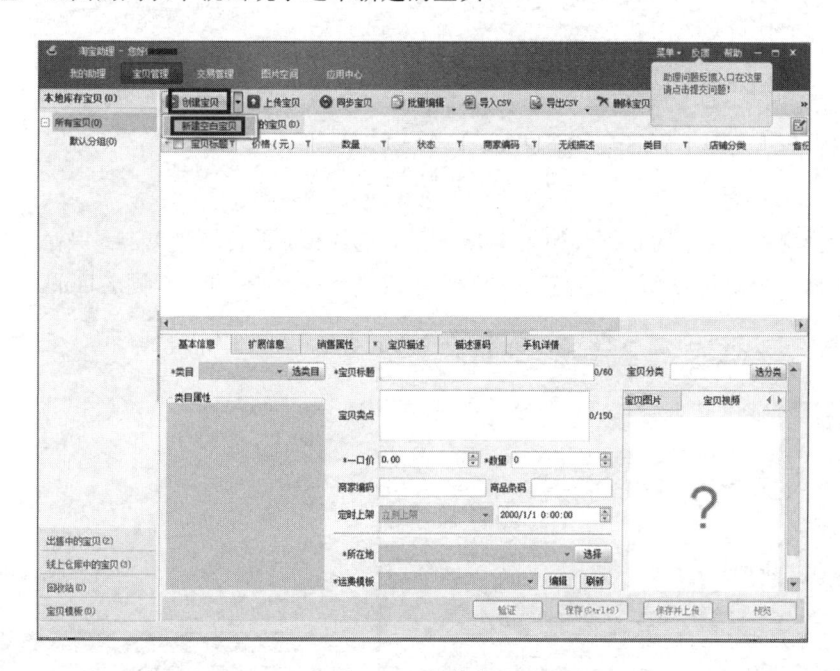

图 5-44　新建宝贝

5.3.2 淘宝数据的导入与导出

为了方便用户备份数据或转移数据，淘宝助理提供了导入和导出数据的方法。

导出数据的具体操作步骤如下：

（1）在宝贝列表中选择要导出的宝贝，单击顶部的"导出 CSV"，如图 5-45 所示。

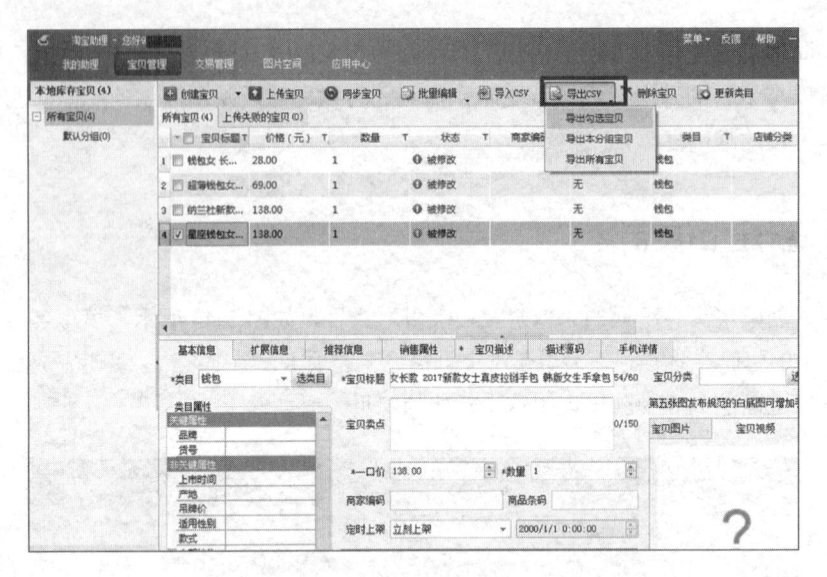

图 5-45 单击"导出 CSV"

（2）弹出"保存"对话框，如图 5-46 所示。选择相应的位置，单击"保存"按钮，即可保存数据，如图 5-47 所示。保存成功后会生成一个 .csv 文件和一个同名目录。

图 5-46 "保存"对话框　　　　图 5-47 成功保存数据

导入数据的具体操作步骤如下：

（1）在淘宝助理界面左侧的列表中选择"本地库存宝贝"，如图 5-48 所示。

（2）弹出"打开文件"对话框，如图 5-49 所示。选择相应的文件，单击"打开"按钮，即可导入数据。

第 5 章　网店工具的运用 | 109

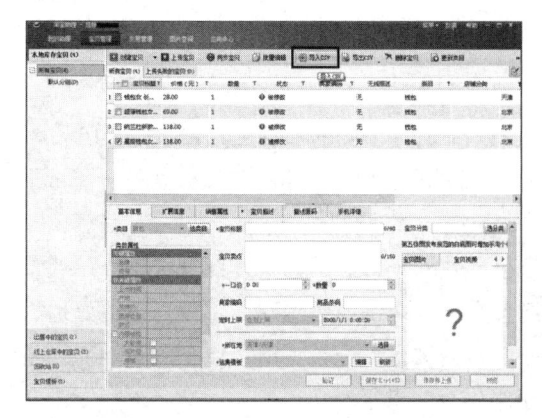

图 5-48　选择"本地库存宝贝"　　　　　图 5-49　"打开文件"对话框

5.3.3　批量编辑宝贝

首先选中要批量编辑的宝贝，然后单击"批量编辑"，在下拉列表中有可以批量编辑的各种信息，如图 5-50 所示。

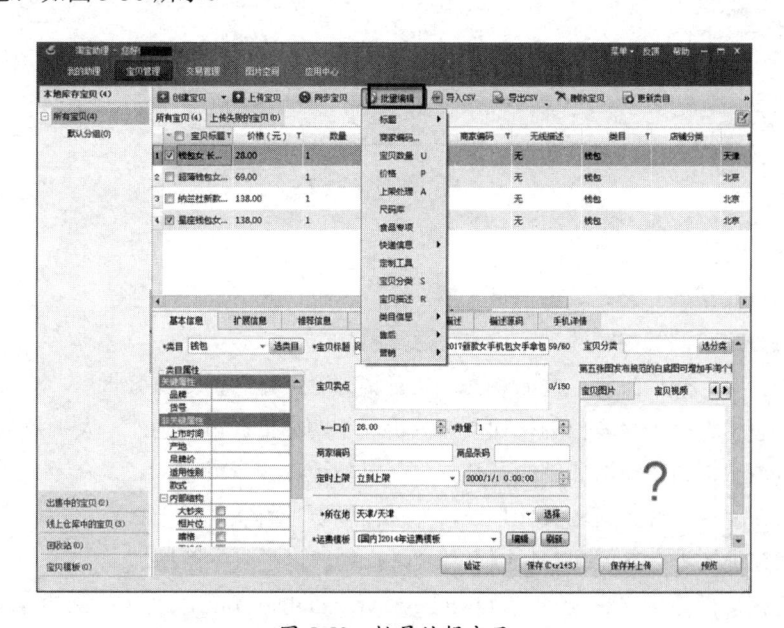

图 5-50　批量编辑宝贝

如果要修改单个宝贝，则单击这个宝贝，在下方的基本信息处即可修改。

5.4 生意参谋

生意参谋诞生于 2011 年，最早是应用在阿里巴巴 B2B 市场的数据工具。2013 年 10 月，生意参谋正式走进淘系。2014—2015 年，在原有规划的基础上，生意参谋分别整合了量子恒道、数据魔方，最终升级成为阿里巴巴商家端的统一数据产品平台。

生意参谋是阿里巴巴重兵打造的首个商家统一数据平台，面向全体商家提供一站式、个性化、可定制的商务决策体验。它集成了海量数据及店铺经营思路，不仅可以更好地为商家提供流量、商品、交易等店铺经营全链路的数据披露、分析、解读、预测等功能，还能更好地指导商家数据化运营。如图 5-51 所示为生意参谋平台。

图 5-51　生意参谋平台

生意参谋的核心功能如下。

- 首页：店铺核心关键数据一目了然。
- 实时直播：洞悉实时数据，抢占生意先机。
- 经营分析：提供流量、商品、交易、营销等全链路店铺经营分析。
- 市场行情：提供全方位的行业数据分析，帮助你把握市场动态，发掘市场先机。
- 自助取数：自助获取店铺经营数据，随时随地，想查就查。
- 专题工具：专注经营的具体环节，专项问题专项解决。

卖家怎样进入生意参谋呢？从以下几个入口均可以进入生意参谋。

（1）直接访问生意参谋网址：https://beta.sycm.taobao.com/，进入生意参谋登录页面，如图 5-52 所示。

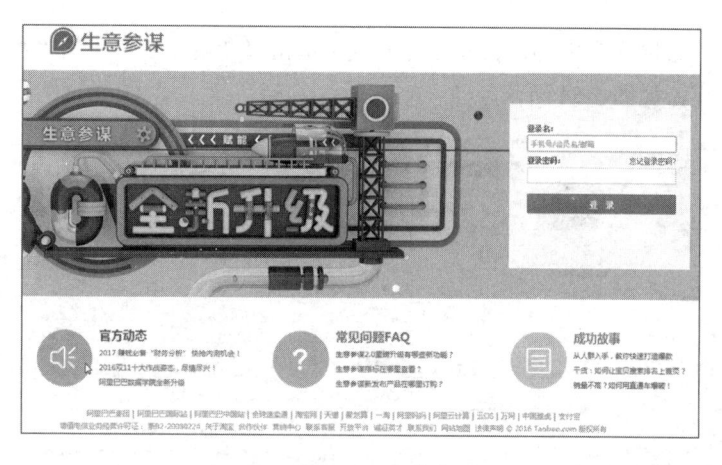

图 5-52 直接访问生意参谋网址

（2）进入淘宝网卖家中心，找到"店铺数据"，如图 5-53 所示，即可进入生意参谋。

图 5-53 通过"店铺数据"进入生意参谋

（3）进入淘宝网卖家中心，在左侧导航栏中单击"营销中心"下的"生意参谋"，即可进入生意参谋，如图 5-54 所示。

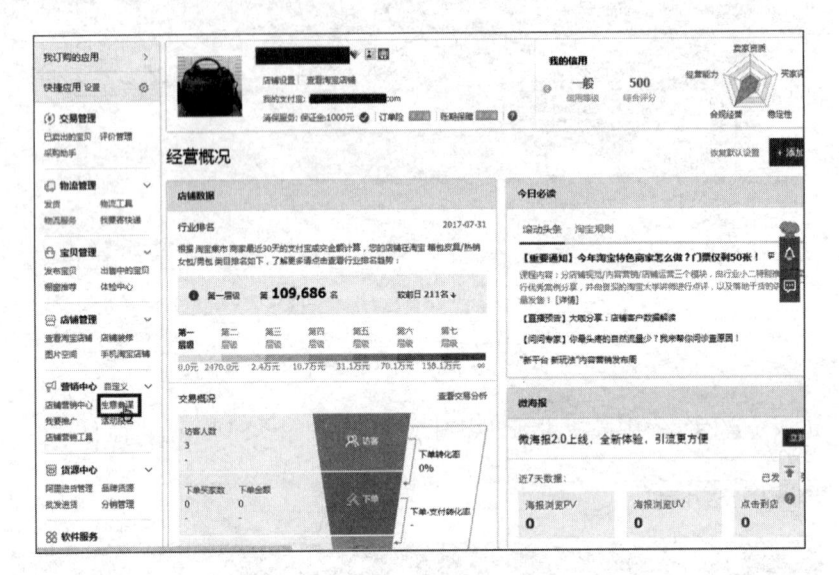

图 5-54　单击"生意参谋"

（4）在千牛卖家工作台，将鼠标指针指向左侧的 ▦（常用网址），在其列表中单击"生意参谋"即可进入，如图 5-55 所示。

图 5-55　千牛卖家工作台

5.4.1 实时直播抢占生意先机

生意参谋特有的实时直播更有利于时时刻刻观测数据,调整策略。生意参谋实时直播中的数据对于店铺运营发展有很大的帮助。一方面,可以跟踪宝贝的推广引流效果,观测实时数据,发现问题及时优化调整策略;另一方面,可以实时查看宝贝的具体效果,如果转化率和点击情况不好,同样可以及时调整推广力度。

1. 实时概况,总览所有终端的数据

实时概况提供了实时的店铺概况数据,主要包括实时支付金额、实时访客数、实时买家数及对应的排名和行业平均值,还提供了实时趋势图,并提供了与历史数据的对比功能,所有数据都可以通过全部终端、PC端、无线端三种模式查看,其中还有超炫的实时数据大屏功能,如图5-56所示。

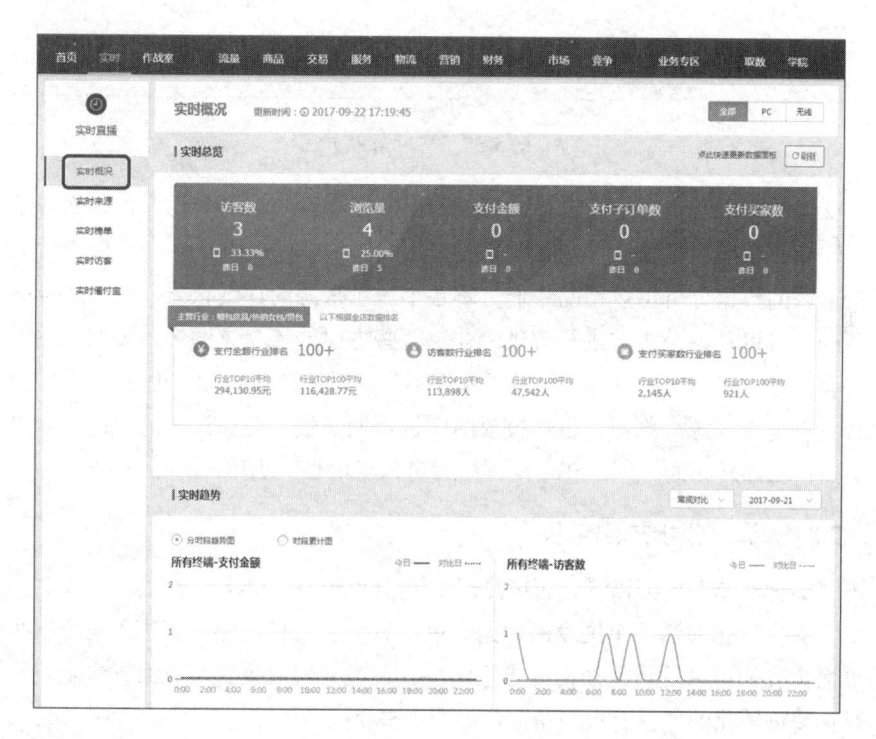

图 5-56 实时概况

2. 实时来源,分析地域和流量来源

在生意参谋中,可查看到的实时来源数据划分为 PC 端来源分布、无线端来源分布和地

域分布，如图 5-57 所示。在生意参谋中不仅可以查看到所有终端的数据，还可以切换到 PC 端及无线端查看对应的数据。

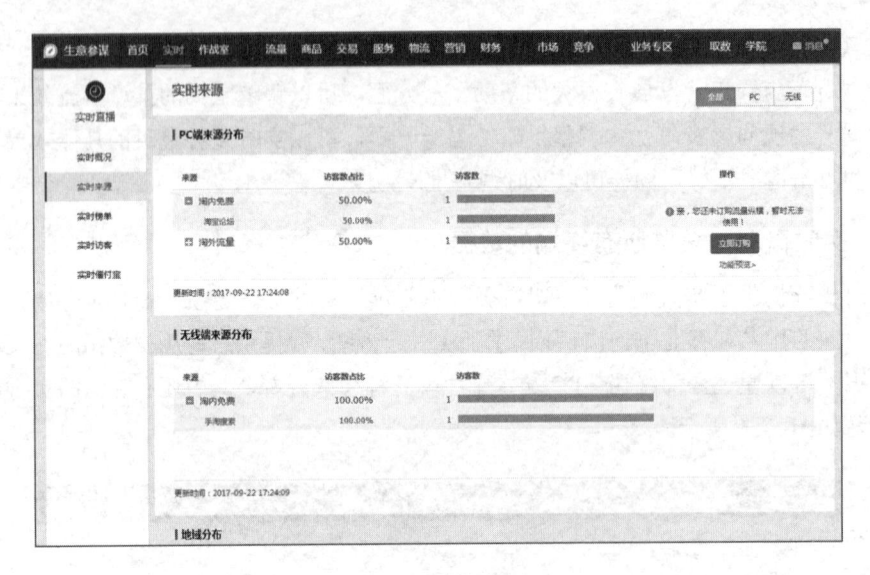

图 5-57 实时来源

根据支付买家数与访客数的比值，可以得出各个不同城市的转化率，那么对于流量大且转化率较高的城市，可以加大力度进行推广。

流量来源的数据分析可以帮助我们了解各个流量来源的详细报告，这对店铺的运营是极为有利的，可以从各个细节进行突破。知道哪些方面的流量来源多，哪些方面的流量来源少，进而反思对流量来源少的方面是否做得不足，对流量较大的方面还可以进行优化。

实时查看地域来源，判断是否和投放的广告预期一致。对高流量的地区，可以考虑突出商品卖点；对高转化的地区，在定向推广时可以考虑加大力度。

3. 实时榜单，分析热门宝贝

单击"实时榜单"，可以看到店铺热门宝贝 TOP50 的浏览量、访客数、支付金额、支付买家数、支付转化率这五个维度的数据。单击右边的宝贝温度计可进入单个宝贝的详情页分析页面，我们可以从页面结构、描述图片、关联导购效果三个方面查看宝贝详情页的问题，对详情页转化的提升有很大帮助，如图 5-58 所示。

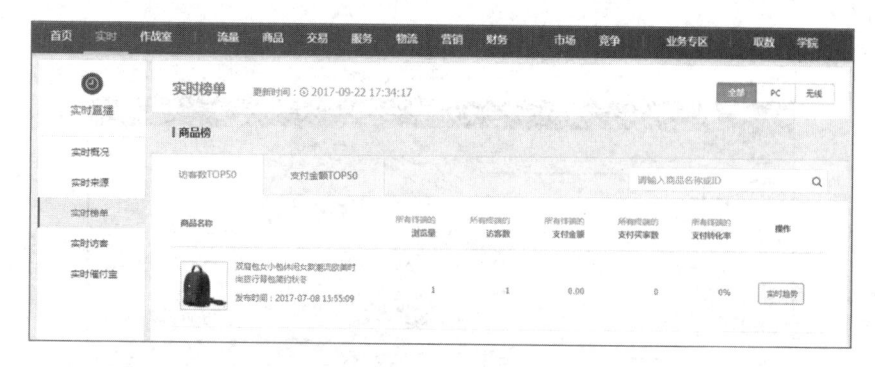

图 5-58　实时榜单

4．实时访客，分析客户信息及访问习惯

实时访客主要提供了店铺的实时访客记录，我们能实时了解到店铺访客的浏览情况，如图 5-59 所示。目前实时访客只有 PC 端的数据，后期也会引入无线 APP 端、无线 WAP 端的数据。

图 5-59　实时访客

5.4.2 用好流量分析，生意突飞猛进

流量分析提供了全店流量的概况、流量地图、来访访客时段、地域等特征分析，以及店铺装修的趋势和页面点击分布分析，可以帮助我们快速盘清流量的来龙去脉，在识别访客特征的同时，了解访客在店铺页面上的点击行为，从而评估店铺的引流、装修等状况，更好地进行流量管理和转化。

店铺整体流量情况能够帮助我们了解店铺整体的流量规模、质量、结构，并了解流量的变化趋势。单击"流量"下的"流量概况"，进入流量概况页面，从流量的总规模可以知道店铺的浏览量、访客数及其变化情况，如图5-60所示。

图 5-60　流量概况

从流量来源排行TOP10、商品流量排行TOP10可以知晓店铺流量的整体布局，如图5-61所示。

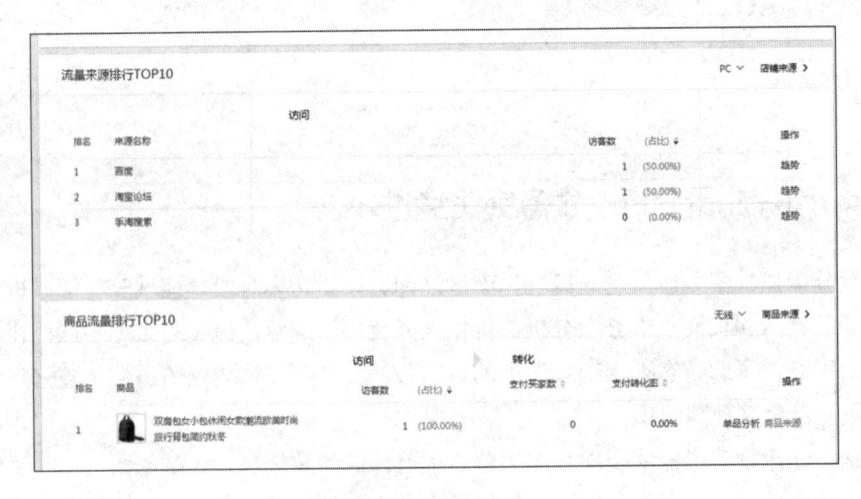

图 5-61　流量来源

5.4.3 商品分析，助力商家打造爆款

商品分析提供了店铺商品的详细效果数据，包括商品概况、商品效果、异常商品、分类分析、单品分析等功能模块，让你轻松识别哪个宝贝有潜力，轻松打造爆款。

1. 商品概况，分析店铺所有商品情况

通过商品信息总况、商品销售趋势、商品排行概览让你分分钟了解店铺商品情况，而且数据解读帮你一眼发现商品问题，获取解决方案。

商品信息总况如图 5-62 所示，从流量相关、访问质量、转化效果三个维度来展现店铺商品数据，在时间周期上提供了最近 1 天、最近 7 天、最近 30 天，以及日、月的时间选项，并且可以按所有终端、PC 端、无线端来详细分析。

图 5-62 商品信息总况

销售趋势分析是店铺运营管理中很重要的一个环节。商品销售趋势如图 5-63 所示，让你看清楚最近 7 天、最近 30 天、每个月的商品销售是涨了还是跌了。

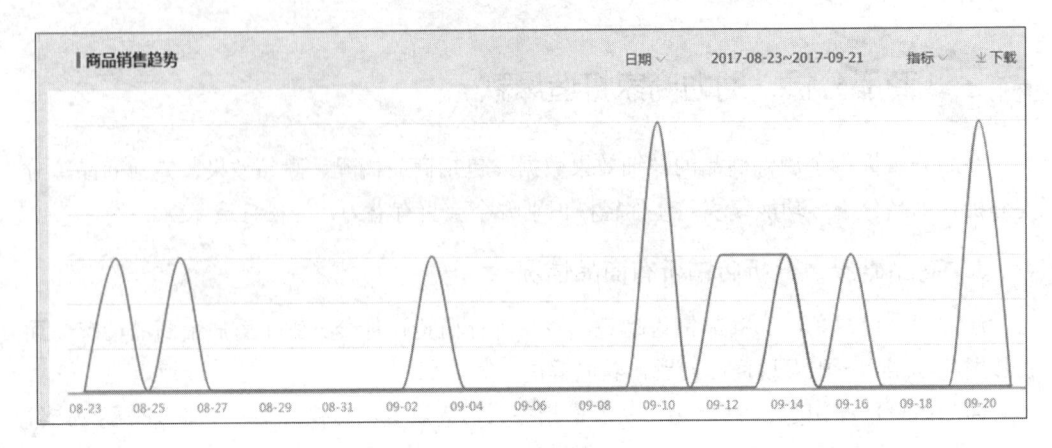

图 5-63　商品销售趋势

商品排行概览如图 5-64 所示，根据支付金额排行 TOP15 和访客数排行 TOP15，展现商品排行榜。

图 5-64　商品排行概览

2. 商品效果，展现店铺所有商品的详细数据

如图 5-65 所示为商品效果页面，展现了店铺商品的详细数据，包括已发布在线的商品，以及 30 天已下架但有数据的商品信息。如果店铺商品太多，则可以按自定义分类和商品类目进行筛选，或者输入单个商品名称或 ID 查看。

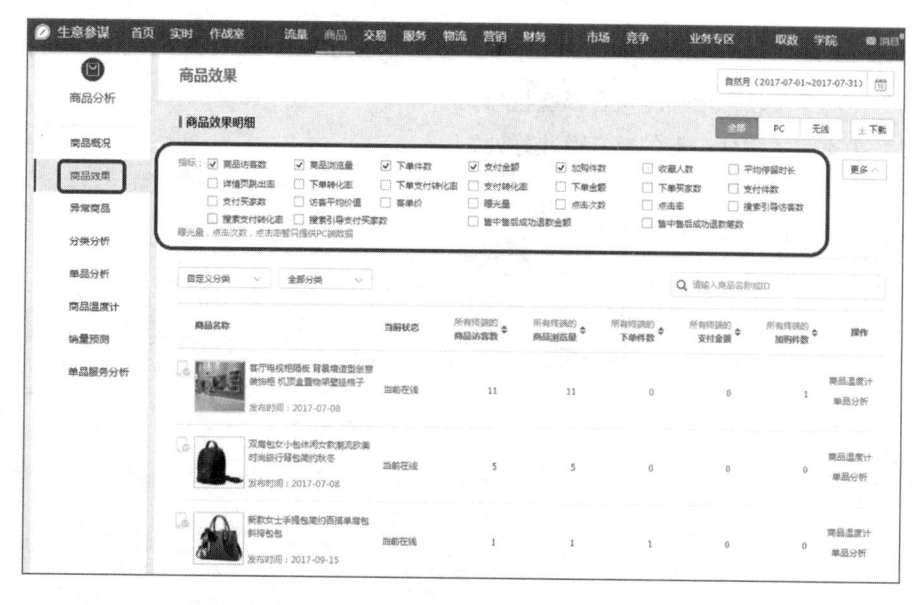

图 5-65　商品效果

5.5　练习题

1. 填空题

（1）在淘宝网使用＿＿＿＿＿＿沟通交流，主要原因是一旦出现交易争议或纠纷，外部聊天工具将无法取证，因为作为纠纷处理的主管部门，淘宝无法在外部聊天工具上核实会员的真实身份和对话记录的真实性，难以确保纠纷处理的公正。

（2）＿＿＿＿＿＿是指将阿里旺旺群状态发布在互联网上，单击"群聊"可以进入卖家的群，和其他买家一起探讨购物经验，也可以看到卖家在群里发布的一些促销信息等。

（3）仅使用一个主账号来回答买家的提问是不够的，开通并使用＿＿＿＿＿＿，不仅可以让众多买家的咨询分流，使买家的提问得到及时的解答，还可以让子账号来做更多的事情，增加店铺管理人手，有效提高工作效率。

（4）＿＿＿＿＿＿是一个把阿里旺旺图标设置在各种自定义页面中的工具，如店铺首页、分类页面、宝贝描述页面的某个特定位置。旺旺图标设置在多处、多个位置展现在买家面前，有助于提高买家咨询。

（5）＿＿＿＿＿＿是一个非常方便的管理工具，因为淘宝网为其开放了专门的数据接口，所以它不仅可以与平台的升级变化同步更新，而且还可以即时反映出商家的后台管理数据，以确保数据对接的准确性。

2．简答题

（1）使用千牛软件增加流量有哪些技巧？

（2）买家和卖家使用支付宝有哪些好处？

（3）生意参谋有哪些主要功能？

（4）卖家怎样进入生意参谋？

第 6 章
商品拍摄与网店美化

本章导读

　　大家都知道,网店销售最重要的特点就是商品是通过图片形式来展现的,买家首先看到的不是你的店,也不是商品说明,而是商品图片。一张好的图片,是吸引买家点击和购买的最重要因素。所以说拍摄出漂亮、真实的图片是网店销售至关重要的一个环节。只要掌握好技巧,就完全可以拍摄出精美的、吸引人的图片。

6.1 数码相机基础

网店不同于实体店,因为在网店上买家无法看到真实的物品,只能通过图片来看商品。为了增加商品的成交率,卖家就需要在图片的拍摄与处理上下一番功夫了。

6.1.1 数码相机的选购

在数码时代,数码相机更新换代越来越快,面对琳琅满目、品种繁多的数码相机产品,究竟选择哪款产品更适合呢?下面介绍选购数码相机时的注意事项。

1. 品牌

影响相机成像效果的主要因素是厂家在成像质量方面的整体技术水平,像佳能、索尼、三星、尼康等厂家在相机整体成像技术上做得都比较专业。不要买刚推出的新品,而是要买在市场上推出时间比较长的机型,因为新的机型价格高、降价空间大,而成熟的机型降价空间小。

2. 像素

现在主流的数码相机的像素都达上千万。当然像素越高,照片质量会越好,但是网络图片使用 2000 万像素的相机就足够了。市场上大部分相机的像素都在 2000 万以上。如图 6-1 所示为佳能 EOS M5 套机。

图 6-1 佳能 EOS M5 套机

3. 购买时要在电脑中观看

在选购数码相机时,购买者一般都会随便拍几张照片,在数码相机的液晶屏上看过后觉得效果可以就行了。其实这种方法是不正确的，因为数码相机的液晶屏很小，并不能看出来效果的好坏。正确的方法是拍出来后要在电脑屏幕上确认，并注意看照片有没有偏色。因此，应尽量到配备有电脑的经销处购买数码相机。

4．尽量选择品牌的镜头

数码相机的镜头往往比像素和 CCD 更加重要，尽量选择品牌的镜头，如佳能、尼康、美能达等，变焦控制在 3~4 倍以内。有些定焦的效果可能会更好，因为镜头变焦越大，镜头镜片的数量就会越多，从而影响画质，更可怕的是，会造成更大的眩光、噪点、丢失暗部细节，以及影响整个变焦范围的画质。

5．外形

数码相机最好便于携带，大部分人喜欢卡片机，就是因为携带非常方便，而有些个头较大的相机，就不太受欢迎了。

当然，在购买的时候，也要注意商家是否是正规经销商、产品是不是正品行货、产品是否全国联保等，这些都是解除我们后顾之忧的保障。

6.1.2 数码相机的日常保养

很多人对相机的保养知识并不是很了解，总是等到机器出问题了才四处寻找维修站，询问该如何保养自己的相机。如果你掌握了数码相机的日常保养常识，则可以大大延长数码相机的寿命，提高数码相机的利用价值。

1．严格按照说明书操作

数码相机是精密的仪器，操作复杂。因此，必须严格按照说明书上的操作步骤进行操作，否则极易出现故障和死机等情况。

2．保护存储卡

数码相机的存储卡很小，而且很薄，极易折断，而且其上的金属接口片极易被污染和划伤，所以最安全的保护方法就是将存储卡放入专用包装盒内和相机内。平时一定要将存储卡保存在干燥的环境中，已存有图像文件的存储卡还要尽量避磁、避高温存放。

3．防尘、防湿

在雨雪天气使用相机会把外壳弄湿，而且夹杂着许多尘土，在擦拭过程中极易对外壳造成损坏。在恶劣天气拍摄时，应尽量用防水罩套住相机，避免相机受到雨淋、水溅；否则容易引起电路故障。在拍摄过程中，暂时不用时应盖好镜头盖，尽量减少外界灰尘和湿气对相机的损害。

4. 勿摄强光

为保证拍摄质量和成像器件不受到损伤，不要直接拍摄太阳或强烈的灯光；否则，可能会损害图像传感器，或者使照片上出现白色模糊部分。

5. 防震

单反相机采用高精密的电子系统和光学系统，无论是操作还是运输，都要避免强烈震动和碰撞。

6. 防静电

北方的冬季非常干燥，静电情况很严重，瞬间释放的静电会对相机的电子系统造成损坏，因此建议在接触相机之前，先触摸其他金属物体释放静电。

7. 电池使用注意事项

对数码单反相机来说，电池是最重要的附件之一。虽然使用电池时不需要特殊的技术，但建议还是应该经常用布清洁电池触点，或者检查电池外壳是否出现破损。

即使有些电池与专用电池的形状相近，也是禁止使用的。非专用电池在最严重的情况下可能会导致相机机身损坏，购买备用电池时务必选择正确型号的原厂产品。

长时间不使用相机时，必须将电池从相机或充电器中取出并将其完全放电，存放在干燥、阴凉的环境中。

8. 保护液晶屏

一般数码相机都有液晶显示屏，在使用过程中，它可能会粘上一些不易拭去的指纹或者其他污垢，除用软布轻轻擦干净外，还可将透明膜粘贴在液晶显示屏上，以免屏幕被刮伤而影响观看图像。

9. 连接计算机时要断电操作

如果要将数码相机中的图像下载到计算机上，需要将数码相机与电脑用数据线连接起来。在连接之前一定要关闭电脑和数码相机，以免带电操作而损坏数码相机。

10. 注意环境温度

冷、热天气也会对相机造成影响。如果相机原来在空调房间内，现在立刻放在一个较热、潮湿的环境中，那么镜头和取景器上就会有雾点出现。这时需要用合适的薄纸或布来清洗。如果带着相机从寒冷、干燥的室外进入室内,则最好先把相机放在包里面预热,然后再拿出放在屋子里。并且要小心镜头,看它是不是"出汗"了,如果"出汗"了要立即擦干净。

11. 保持相机干净

镜头上的污渍会严重降低图像质量,出现斑点或减弱图像对比度。在使用时手指碰到镜头是不可避免的,并且灰尘和沙砾也会落到光学装置上。

这就是为什么需要对相机进行清洗的原因。清洗工具非常简单,可以使用镜头纸或带有纤维布的精细工具、镜头刷和清洗套装。千万别用硬纸、纸巾或餐巾纸来清洗镜头。

6.2 通用的拍摄技术

图片是商品的灵魂,一张漂亮的商品照片可以直接刺激到顾客的视觉感官,让他们产生了解的兴趣和购买的欲望。而一张成功的商品照片又与拍摄技术密不可分。

6.2.1 光圈与景深

光圈是一个用来控制光线透过镜头,进入机身内感光面的光量的装置,通常位于镜头内部。它还承担着改变照片效果的重任,甚至对图像的品质也有某种程度的影响。对于已经制造好的镜头,我们不可能随意改变它的直径,但是可以通过在镜头内部加入多边形或者圆形,并且面积可变的孔状光栅来达到控制镜头通光量的目的,这个装置就叫作光圈。

光圈由位于镜头内部的可活动的金属叶片组成,它通过改变光学镜头的有效孔径,控制光线通过镜头的能力,如图 6-2 所示。在单位时间内,光圈打开的孔径越大,进入的光线就越多;光圈打开的孔径越小,进入的光线也就越少。

图 6-2 光圈

光圈中心开口的大小代表光圈的数值，通常用 f 系数来表示。数值越小，孔径的开口越大，进光量越多；反之，进光量越少。通常在拍摄时所说的"开大光圈"，是指把光圈的数值调小，把光孔开大，如从 f5.6 调大一级到 f4 或二级到 f2.8 等。同样，"关小光圈"是指把光圈的数值调大，把光孔缩小，如从 f5.6 关小一级到 f8 或二级到 f11 等。这种习惯上的说法和镜头上所标识的光圈数值正好相反，注意不要弄错。

我们平常所看见的光圈标识通常为 f/2.8、f/4、f/5.6、f/8、f/11，如图 6-3 所示为各种不同光圈的大小。

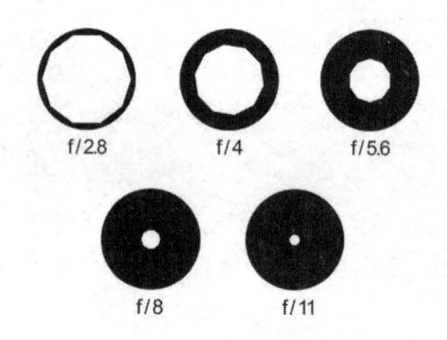

图 6-3　各种不同的光圈大小

光圈 f 值=镜头的焦距/镜头光圈的直径

从上面的公式可知，要达到相同的光圈 f 值，长焦距镜头的口径要比短焦距镜头的口径大。每两挡相邻光圈值之间的进光量相差 1 倍。例如，光圈从 f5.6 调整到 f4，进光量便多 1 倍；从 f4 到 f2.8 又多 1 倍。

光圈的一个很重要的作用就是控制画面的景深。通俗地讲，景深就是照片焦点前后清晰的范围。在拍摄照片时，对焦点位置的景物是最清晰的。但实际上，清晰并非一个绝对的概念，对焦点前后一定距离内的景物也可以是最清晰的，这个前后范围的总和，就叫作景深。也就是说，在这个范围之内的景物，都能清晰地辨别。

一张合影，如果对焦准确，一排人的脸部都很清晰，但人群前面的鲜花和人群后面的建筑物就比较模糊。这张照片的清晰区域只限于人群，我们就说此照片景深较浅（短）。如果用最小光圈来拍合影，除人物清晰外，人群前的鲜花和后面的建筑物也比较清晰，照片的清晰区域很广，我们就说此照片景深很长。

浅景深的照片，只有焦点部分才会清晰地显示，景深外的地方显得十分模糊，常用来拍摄人像或静物，把前景和背景分离，更好地突出主体，如图 6-4 所示。

图 6-4　浅景深的照片

长景深的照片，所有景物都显得十分清晰，一般适合用来拍摄风景，如图 6-5 所示。

图 6-5　长景深的照片

景深是由下面三个因素决定的。
- 光圈大小：光圈越大，景深越短；光圈越小，景深越长。
- 镜头焦距的长短：焦距越长，景深越短；焦距越短，景深越长。
- 离被摄物体的距离：距离越近，景深越短；距离越远，景深越长。

6.2.2 白平衡功能

相信使用过数码相机的人都会发现,在室内拍摄的照片往往给人一种偏绿、偏蓝或偏红的感觉,而在户外拍摄的照片则会表现出偏红或偏黄的结果,此时还有许多其他偏色的现象。为了解决这些偏色问题,下面将告诉大家如何设置相机,才能让所拍摄的照片最接近物体原有的色彩表现。白平衡控制就是通过图像调整,使在各种光线条件下拍摄出的照片色彩和人眼所看到的景物色彩尽量准确。

一般白平衡有多种模式,适合不同的场景拍摄,如:自动白平衡、日光、阴影、阴天、白炽灯、白色荧光灯、闪光灯、用户自定义等。下面以佳能550D为例来学习白平衡模式的切换方法。

在相机背面找到白平衡选择按钮,标WB者,如图6-6所示,按下此按钮,即可设置白平衡,如图6-7所示。

图6-6　找到白平衡选择按钮　　　　图6-7　设置白平衡

虽然数码单反相机提供了很多预设的白平衡模式,但是其并不能够满足所有的拍摄要求。当在不同类型的多种光源照明下拍摄时,用现有的白平衡控制有时可能无法正确再现真实的色彩。此时,可使用自定义白平衡功能,让相机记住希望拍摄成白色的部位所对应的光源特性(色温),通过修正,使该部位再现白色,最终完成拍摄。

自定义白平衡需要在拍摄时随身携带一张标准的白纸,或者在镜头盖的内部装一张白色卡纸。这样,只需在现场环境下拍摄白纸,并启动手动白平衡设置,使相机参照白纸设置白平衡即可。相机的生产商家和型号不同,自定义白平衡的方式也有所区别,用户可以参照相机的使用手册来学习自定义白平衡的操作方法。如图 6-8 所示为佳能 550D 的自定义白平衡。

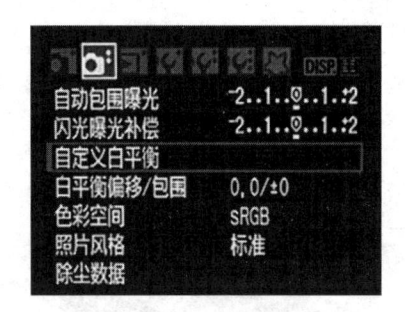

图 6-8　自定义白平衡

6.2.3　室内场景拍摄布局

要获得一张成功的商品照片，除相机本身的功能过硬外，人为地创造辅助拍摄条件也很重要，这就是下面将要介绍的拍摄室内场景的布置。

1. 为什么要布置场景

在室内拍摄商品和在专业摄影棚里拍摄商品有很大区别：第一，室内拍摄环境既复杂又简单，背景杂乱，需要花费不少力气处理；第二，没有专用工作台，开展工作不方便；第三，缺少必要的专用拍摄工具，需要找到合适的代用品。

布置场景的过程，就是解决拍摄前遇到困难的过程，为商品创造最佳的拍摄环境。图 6-9 所示为没有布置场景拍摄的照片；图 6-10 所示为布置好场景拍摄的照片。

图 6-9　没有布置场景拍摄的照片 　　　图 6-10　布置好场景拍摄的照片

2. 使用反光板布置场景

反光板是我们常用的补光设备。常见的是金银双面可折叠的反光板，携带方便。同时，这种反光板的反光材料的反光率比较高，光线强度大，光质适中，适用于多种主体摄影。不过，这种便携性反光板在使用的时候，需要有一个人配合。反光板还可以改变主体的色温，比如用金色反光板，在某些情况下可以使主体更加突出。如图 6-11 所示的反光板，一般价格在几十元左右。

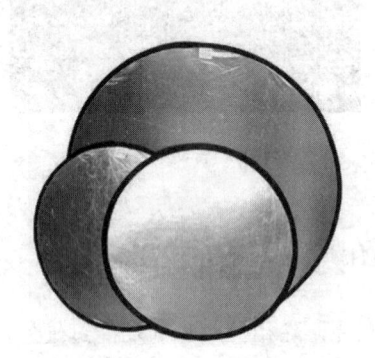

图 6-11　反光板

3. 使用墙纸、背景纸布置场景

在生活中能够用于布置场景的材料很多，要拓展思路，寻找各种道具。例如，美化家居用的花纹墙纸非常适合用来充当小件商品照片的背景画，通常装饰市场就有大量的墙纸专卖店。图 6-12 所示为使用精美墙纸布置场景的效果。也可以使用背景布或背景纸，感觉很干净，也能明显地突出主体。图 6-13 所示为使用背景布布置场景的效果。

图 6-12　使用精美墙纸布置场景的效果 　　　　图 6-13　使用背景布布置场景的效果

6.3 小件商品的拍摄

不同的商品会有不同的拍摄方法，我们简单地根据外形尺寸来进行区分，将这些被拍摄物品分为小件商品和大件商品。能够放进微型摄影棚进行拍摄的都属于小件商品，如首饰、化妆品、皮夹、相机、手机等，这些小件商品在拍摄时的构图和布光等都大同小异。

6.3.1 摄影棚和灯光的布置

下面就介绍摄影棚和灯光的布置方法。

首先，按照摄影棚使用说明书上的说明将其搭建好，并将摄影棚放置在平稳的桌面上，尽量保证光线可以从不同的方向投射到商品上。

其次，进行灯光的布置。比较标准的摄影棚一般要配置 3~5 盏灯，可以让光的效果更丰富。但是初学的朋友千万别以为灯越多越好，因为灯越多，越难控制。图 6-14 所示就是常见的灯光布置方案。将商品放置在摄影棚中，然后在摄影棚的左右两侧分别打开两盏灯，此时可以通过调整两盏灯的强度来调节光线，最后进行拍摄。

图 6-14 常见的灯光布置方案

光线的方向不同，所拍摄出来的商品效果也是不一样的。顺光可以体现出商品的质感；侧光可以体现出商品的立体感；逆光可以体现出商品的轮廓；角度较低的逆光能够体现出透明商品的透明感；角度较高的逆光可用于拍摄商品的轮廓形态。

6.3.2 小件商品的拍摄技巧

对小件商品进行拍摄的方法有很多种，例如可以放在盒子里拍、让模特拿着或者戴着拍等，但需要把握住一点，那就是一定要体现出商品，而不是衬托商品的背景和其他杂物。下面就以拍摄首饰类商品为例介绍小件商品的拍摄技巧。

1．选择正确的对焦点以突出商品

可以将首饰和包装一起放入摄影棚中，拍摄时需要注意对焦点的选择，对焦时一定要将对焦点对到需要表现的地方。在拍摄时对焦点应在首饰上，同时还要注意对对焦点的控制，如图6-15所示。将精美的包装盒一起拍摄下来有时候能够提升商品的档次。

2．设计精美的造型

在拍摄小件商品时，也需要注意商品的造型。例如，将项链摆成一个圆形，这就是摄影构图中的一种，能给人带来一种雅致的感觉，如图6-16所示。

图6-15　选择正确的对焦点　　　　图6-16　注意商品的造型

3．其他拍摄技巧

首先，背景很重要，背景要与主体反差鲜明。可以在颜色、材质等上形成反差效果，切忌平淡或者将商品淹没于背景中。要根据商品的特点搭配合适的背景，如图6-17所示。

图 6-17　搭配合适的背景

其次，要多拍些特定部分，以给人一种精致的感觉。

最后，要有光泽，必须要有光源，且光源尽量是无色的。

6.4　服装类大件商品的拍摄

对于在网上销售服装的卖家来说，衣服多起来之后，就很难抽出时间对照片进行后期处理了。因此，真正的好照片，在拍摄时就已经考虑好构图、明暗等因素，后期顶多加点文字说明之类的内容。争取一步到位，不要寄希望于后期的处理。

6.4.1　常见的拍摄环境

在户外拍摄常用的道具有太阳镜、太阳帽、纱巾、毛公仔、花、手机、椅子和沙发等，当然石头、树枝、汽车、摩托车、自行车甚至灯杆等也可以利用。在场景的选择方面，类似于柳树、草坪、花丛、走廊、墙壁及柱子的场景也容易得到好照片。道具和环境的配合，应根据商品来处理，选择更能发挥出模特最美一面的道具进行组合。

在选择场景的时候，一定要选择在比较漂亮、清爽的地方拍摄，因为这些美丽的景色都是宝贝图片的背景。无论你计划在哪里拍摄，在拍摄前一定要对拍摄场地有充分了解。

1．在公园拍摄

寻找一些可以免费进入的公园进行拍摄，毕竟现在稍微有些名气的公园景点票价都不低。而且公园面积通常都比较大，最好能开车前往，这样既解决了模特换衣服的困扰，也不必担心东西太多拿不了。在公园随处设立的长凳可以成为理想的拍摄场地，如图 6-18 所示为在公园长凳上拍摄的照片。

图 6-18 在公园长凳上拍摄的照片

2．在河边拍摄

  河边也是很好的拍摄地点，阳光可以带来特殊的颜色和场景。在黄昏，夕阳西下，阳光能将物体变得金黄，这些都是好的照片需要的元素，如图 6-19 所示。

图 6-19 在河边拍摄的照片

3．在商场拍摄

  在商场可以拍摄出一些具有都市气息的模特逛街照片，而且比较贴近生活，给人一种十足的亲近感，有利于商品的销售。但是，在拍摄时要注意画面的干净、简洁，尽量不要将不相关的东西拍摄进去，因为在这类场景中拍摄很容易犯这样的错误。最后要注意的是，在拍摄时因为周围的照明光线比较复杂，有时候因为色温的缘故会使商品颜色出现偏差，所以尽量不要选择在过于偏黄的光线下拍摄。

4．在树林中拍摄

寻找一些树林，在秋天的时候拍摄，可以很好地烘托出秋冬的气氛。在色调方面也比较好搭配，不太容易出现不协调的色彩，如图6-20所示。

图6-20　在树林中拍摄的照片

5．在花草丛中拍摄

在公园里，花草植物会比较多，所以在选择具体的拍摄地点时要考虑到服装鞋帽及配饰的颜色是否和背景（花草）相配。另外，让模特与背景之间保持一定的距离，将背景虚化也是不错的选择。需开启微距拍摄功能，并尽量拉近与被拍摄者之间的距离，留意相机和手是否挡住了自然光线，因为它会影响被拍摄者的亮度。如图6-21所示为在花草丛中拍摄的照片。

6．在大学里拍摄

首先，可以尝试在背景中加入一些学生的活动场面，这样很容易体现出具有校园风的服装鞋帽的特色。其次，大学里的一些大型建筑（如图书馆、主教学楼）也是不错的场景，使用镜头广角端拍摄，将大型建筑的线条和模特一并清楚地拍摄下来，也十分具有视觉冲击力，如图6-22所示。另外，大学里面的运动球场通常都比较空旷，也是很好的拍摄场景。

图 6-21　在花草丛中拍摄的照片　　　　图 6-22　在大学里拍摄的照片

7. 在酒吧街拍摄

一般酒吧街的装修都比较有格调，在街上可以拍出异国风，但要注意背景不要过于杂乱，尽量选择比较单一的背景（如窗台、大门、太阳伞下）。如果有相熟的酒吧，进入里面拍摄也是不错的选择，无形中增加了许多时尚元素。一般下午前去，店里不会有很多客人，既不会影响店家，也可以获得不错的拍摄环境，但是要注意室内的光线，可以考虑在窗口附近拍摄或使用闪光灯补光。如图 6-23 所示为在酒吧里拍摄的照片。

图 6-23　在酒吧里拍摄的照片

8．在室内拍摄

如图 6-24 所示，在室内搭建实景进行拍摄更具有立体感、现场感和真实感，对比也更加强烈，我们可以充分利用室内的每一个角落、每一件家具来布景，也可以放置一些自制的木板箱、小柜子、几何体和小装饰物等道具。但是这类布景必须充分考虑道具颜色与拍摄主体的协调性，而且不能喧宾夺主。

图 6-24　在室内拍摄的照片

6.4.2　道具的搭配效果

在拍摄时适当地加入一些小装饰物作为配景可以使构图显得饱满、均衡、不单调。虽然也可以在图片的后期处理中添加上装饰素材、漂亮的边框和水印来进行美化，但是都没有在拍摄时加入小配景显得自然，在操作上灵活性也要差很多。如图 6-25 所示的服装图片，店主在摆放衣服时选择了不同的配饰。

图 6-25　服装配饰效果

用于拍摄构图的搭配装饰物的选择余地很大，我们身边的各种生活用品都可以当作拍摄时的配景小装饰品。当然，如果有搭配穿着的引导效果会更好，甚至可以根据这些搭配材料，为每一次上新款设计一个表现主题，例如运动风格、休闲风格等。

不同的服装要用不同的配饰来搭配。在摆放衣服时，一要有搭配，二要摆得生动，三可加一些小花之类的做点缀。如果店主的服装想走清新风格的，则可以选择一些可爱的小饰品、清新的花朵等做点缀；如果想走爵士摇滚风格的，则可以加礼帽、乐器等进行搭配。不同的搭配会带给买家不同的购物感受。

6.4.3 服装挂拍技巧

在拍摄服装时，可以选择三种服装拍摄方式：挂拍、平铺和穿在模特身上。挂拍看上去虽然简单，但其实是非常需要技巧的。

如果使用衣架辅助拍摄，则最好选择木质地板或者墙壁为背景，这样拍摄出来的衣服在画面上不会显得呆板，同时可以让衣服显得时尚。

图 6-26 所示的服装挂拍效果，卖家直接将衣服挂在衣架上拍摄，没做任何修饰，拍出来的图片显得很沉闷。这种图片会直接影响到买家的购买欲望。

图 6-27 所示的服装挂拍效果，卖家花了很多心思，衣服看上去虽然很普通，但是让买家觉得很舒服。将衣服挂在窗户边拍摄，用自然光来辅助细节，是聪明的选择。

图 6-26 没做任何修饰的挂拍效果　　图 6-27 花心思的挂拍效果

服装挂拍，可以在墙上或者地上添加小装饰物来增加构图的美感，漂亮的衣架、鲜花、玩具、书籍、小家具都是不错的选择，甚至可以直接将服装挂在白色或者原木的小架子上，利用架子的摆放角度来打破贴墙悬挂时呆板的横平竖直的构图。

6.4.4 服装平铺拍摄注意事项

在拍摄服装时，背景要简洁，皱皱巴巴和黯淡的背景会让买家看了不舒服。可以根据衣服的颜色，采用色彩的高反差来突出衣服的效果。如图 6-28 所示，白色的衣服和黑色的底板就形成了鲜明的对比。

图 6-28 采用色彩的高反差来突出衣服的效果

不是每个店铺都有请模特的条件，也不是每个店主都具备做模特自拍的条件，所以平铺拍摄是大多数实物的最佳选择。那么怎样才能把一件平铺的衣服拍得既美观又真实呢？

1．光线均衡

由于拍摄平铺衣服需要的场地比较大，经常会出现光线不均匀的现象。所以，在室内拍摄时建议用 2~3 盏台灯，这样光线会比较均衡。

在室外拍摄时，可选择天台、空旷的公园等场地，这些地方周围没有阻挡光源的物体，被拍摄的衣服可以很均衡地吸收光线，不会产生枯燥点、阴影。注意：不要在阳光强烈的时候进行拍摄。

2．适当点缀

为了避免画面单调、无趣，可以使用一些点缀物，如用帽子、眼镜、包包、饰品、鞋子等进行搭配。注意：选择一两件点缀物就可以了，不要太复杂，否则容易产生喧宾夺主的感觉。

3. 平整舒适

背景布要平整。可以选择一些不容易皱的背景布，如果还是不够平整，那么在拍摄前可以先将背景布烫平。不要在乎这点时间，这会减少你不少的后期工作量。

不要急于摆设准备拍摄的衣服，要先将衣服熨平整一些。新衣服一般都有折痕，直接摆出来很影响美观度。

4. 细节放大

平铺衣服的整体图一般只能看到款式，料子的质地就要用细节图来表现了。看不到细节图，不知道衣服是什么布料的，买家往往很难下定决心去买它。

6.4.5 模特拍摄技巧

除最常见的平铺拍摄和挂拍外，在衣服的展示上最好还是使用模特，这样才能完全展现出衣服的立体造型，从而激起买家的购买欲望，如图 6-29 所示。毕竟，放在地上的衣服和穿在身上的衣服给人的感觉是完全不同的。

图 6-29 模特拍摄

如今在网上开店，图片越来越重要，很多有实力的卖家都使用模特进行实拍，那么如何才能使用模特拍摄出好的服装图片呢？

在使用模特拍摄时，首先要计划到底想拍什么感觉的照片。如果事先不做任何计划，只按照临时想法或单纯依靠模特，那么不但会拖延拍摄时间，也无法得到满意的效果。而且使用模特的时间越长，费用越高，会增加经济上的负担。

（1）模特的头部和身体忌成一条直线。若两者成一条直线，则难免会有呆板之感。因此，当模特的身体正面朝向镜头时，头部稍微向左或向右转一些，就会显得优雅而生动；同样的道理，当模特的眼睛正对镜头时，让身体转成一定的角度，会使画面显得有生气和动势，并能增加立体感。

（2）模特的双臂和双腿忌平行。无论模特是持坐姿还是站姿，都千万不要让双臂或双腿呈平行状，因为这样会给人一种僵硬、机械之感。妥当的做法是一曲一直或两者构成一定的角度，这样，既能体现出动感，姿势又富于变化。

（3）尽量让模特的体型曲线分明。对于女性模特来说，表现其富于魅力的体型曲线是很有必要的。通常的做法是让一条腿支撑全身的重量，另一条腿稍微抬高些并靠着站立的那条腿，臀部要转过来，以显示其最窄的一面，胸部则通过腰部的曲线，尽量显示出高耸和丰硕感。

（4）坐姿忌陷。在表现模特的坐姿时，不要让模特像平常一样将整个身体坐进椅子里。如果这样，模特的大腿就会呈现休息的状态，以至于腿上端多脂肪的部分隆起，使腿部显得粗笨。正确的做法是让其身体向前移，靠近椅边坐着，并保持挺胸收腹。

（5）镜头宜远不宜近。一般来说，拍人像照，距离远些总比近些好。因为当镜头（尤其是短焦距的镜头）离模特很近时，会出现畸变现象。因此，在拍摄时应选择合适焦距的镜头，并让镜头和被拍摄者保持一定的距离。

（6）表现好模特的手姿。模特的手在画面中所占的比例不大，但若摆放不当，将会破坏画面的整体美。在拍摄时要注意手部的完整，不要使人产生变形、折断、残缺的感觉。如手叉腰或放到口袋里时，要露出部分手指，以免给人以截断的印象。

6.4.6 表现质感和细节的拍摄技巧

拍摄商品免不了要展现商品的细节特写或者商标，在拍摄服装类商品时，更是需要采用特写放大来呈现商品的款式和工艺，此时，使用微距功能就可以帮助我们拍摄出符合要求的放大图片。

微距拍摄是指所拍摄出来的图像大小比实物的原始尺寸要大，一般两者之比应大于1：1。微距功能在拍摄拉链、针脚、洗标、质感等商品细节方面有着巨大的优势，现在很多民用级的低端数码相机也都配置了微距，甚至超微距功能，微距拍摄已经逐渐成为数码相机的最大亮点之一。

如图 6-30 所示，除拍摄整体效果外，我们还可以使用相机的微距功能拍摄出衣服的特写细节图，以体现服饰的材质和做工，让顾客对这件衣服是正品更加信服。一般来说，只需要拍摄出买家最关心的几个位置就可以了，例如衣领、衣袖、扣子、拉链等。要想展示出服饰细节，需要使用到相机的微距功能。

图 6-30　拍摄细节图

6.5　图片处理基础

　　一张漂亮的图片可以让店铺的宝贝脱颖而出，为店铺带来人气，让买家心情愉悦、怦然心动。

6.5.1　调整曝光不足的图片

　　通常，由于技术、天气、时间等原因或条件所限，拍摄出来的图片有时会不尽如人意，最常见的问题就是曝光过度或者曝光不足。下面就向大家介绍如何在 Photoshop 中处理曝光不足的图片，简单而有效。

　　（1）打开一张曝光不足的图片，如图 6-31 所示。

　　（2）选择"图像"→"调整"→"曝光度"命令，弹出"曝光度"对话框，如图 6-32 所示。

图 6-31　曝光不足的图片　　　　　　　图 6-32　"曝光度"对话框

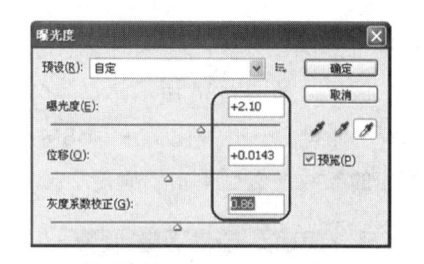

（3）将曝光度的值增大，然后单击"确定"按钮，即可调整图片的曝光度，如图 6-33 所示。

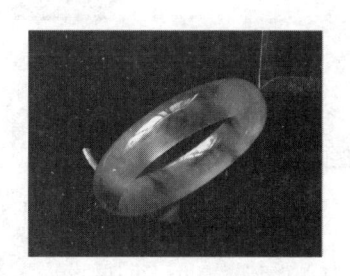

图 6-33　调整曝光度后的图片

6.5.2　调整图片的清晰度

用数码相机或手机拍照，难免会因为各种原因使得图片效果不尽如人意，其中最常见的是图片模糊。使用 Photoshop 调整图片清晰度的具体操作步骤如下：

（1）打开一张模糊图片，如图 6-34 所示。

（2）选择"图像"→"模式"→"Lab 颜色"命令，调整图片模式，如图 6-35 所示。

图 6-34　模糊图片　　　　　　　图 6-35　选择 Lab 颜色

（3）打开"图层"调板，在该调板中将"背景"图层拖动到"创建新图层"按钮上，复制"背景"图层，如图 6-36 所示。

（4）选择"滤镜"→"锐化"→"USM 锐化"命令，弹出"USM 锐化"对话框，根据需要设置相应的参数，然后单击"确定"按钮，如图 6-37 所示。

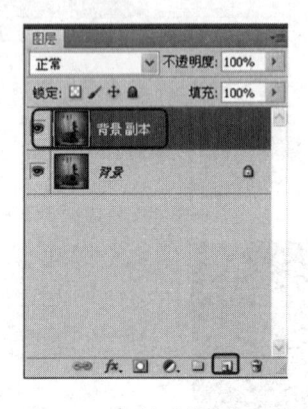

图 6-36 复制"背景"图层 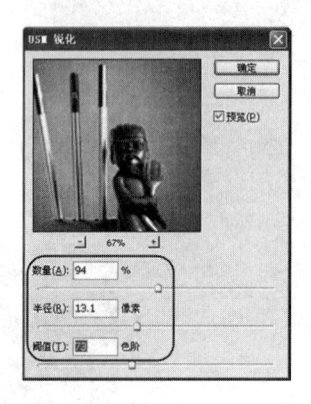　　图 6-37 "USM 锐化"对话框

（5）将图层混合模式设置为"正常"，不透明度设置为"70%"，如图 6-38 所示。

（6）如果还是不够清晰的话，则可以复制相应的图层，直到调整清晰为止，如图 6-39 所示。

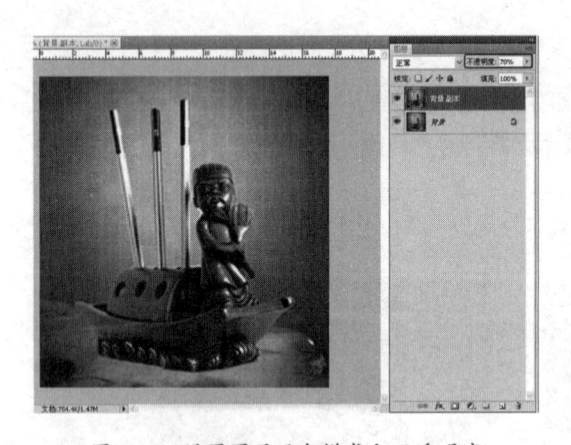

图 6-38 设置图层混合模式和不透明度 　　图 6-39 调整清晰度后图片的效果

6.5.3　调整图片大小

上传到店铺中的图片需要设置一定的尺寸才能完美地显示，有些图片直接缩小并不能

达到想要的效果。下面介绍如何将图片自由裁剪到想要的尺寸。

（1）启动 Photoshop CS 5，打开图片，选择工具箱中的"裁剪工具"，如图 6-40 所示。

（2）按住鼠标左键拖动，以选择要保留的区域，如图 6-41 所示。

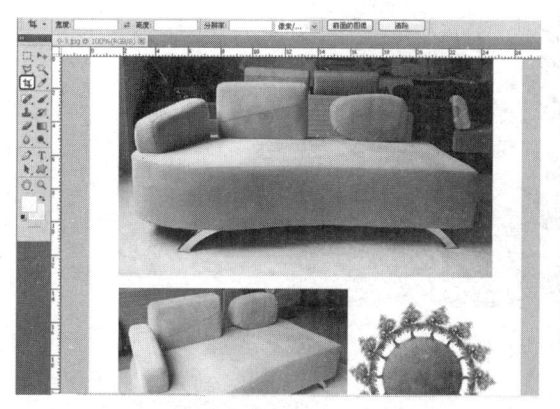

图 6-40　选择"裁剪工具"　　　　　图 6-41　选择区域

（3）选好后，双击鼠标左键确定裁剪区域，即可得到想要的图片尺寸，如图 6-42 所示。

图 6-42　调整大小后的图片效果

6.5.4　添加水印

为了吸引顾客，通常卖家会采用各种方法把店铺中的商品拍得更加漂亮，做了很多准备工作，可以说每一张商品图片都是卖家的劳动成果。为了防止别人盗用自己的图片，最好的方法是为图片添加水印。具体的操作步骤如下：

（1）打开一张图片，如图 6-43 所示。

图 6-43　待添加水印的图片

（2）选择工具箱中的"横排文字工具"，在图片上输入文字"馨动家纺"，如图 6-44 所示。

（3）打开"图层"调板，将不透明度设置为"40%"，可以看到添加了一个水印，如图 6-45 所示。

图 6-44　选择"横排文字工具"输入文字　　　　图 6-45　添加水印

6.5.5　添加边框

光影魔术手是一个改善图片画质和个性化处理的软件。它简单、易用，通过它每个人都能制作出精美的相框、艺术照、专业胶片效果，而且完全免费。为图片添加边框的具体操作步骤如下：

（1）打开光影魔术手，如图 6-46 所示。

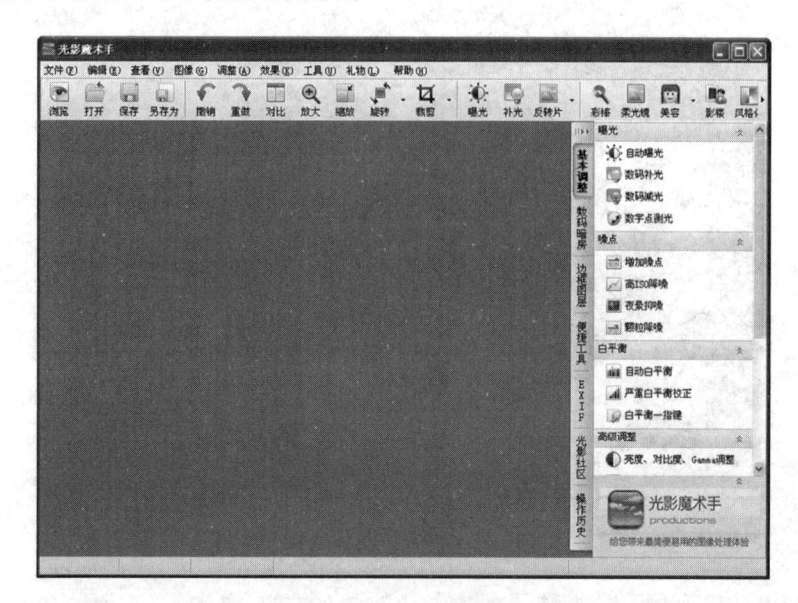

图 6-46　打开光影魔术手

（2）单击"打开"按钮，在弹出的"打开"对话框中选择相应的图片文件，如图 6-47 所示。

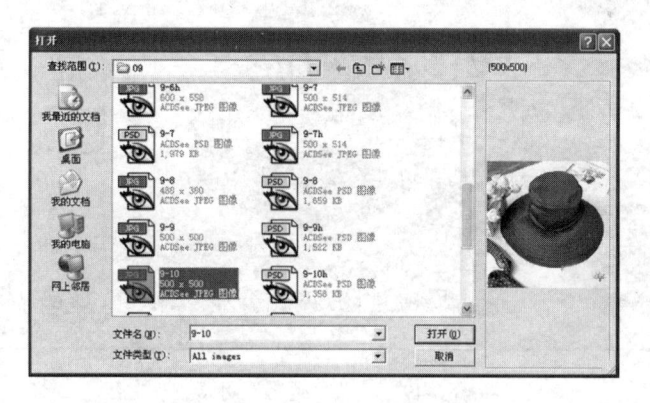

图 6-47　"打开"对话框

（3）单击右边的"边框图层"按钮，在弹出的列表中单击"花样边框"，如图 6-48 所示。

图 6-48 单击"花样边框"

（4）弹出"花样边框"对话框，选择相应的边框样式，如图 6-49 所示。

图 6-49 "花样边框"对话框

（5）单击"确定"按钮，即可为图片添加边框，如图 6-50 所示。

图 6-50 添加边框

6.6 练习题

1. 填空题

（1）_____是一个用来控制光线透过镜头，进入机身内感光面的装置，通常位于镜头内部。它还承担着改变照片效果的重任，甚至对图像的品质也有某种程度的影响。

（2）_____是我们常用的补光设备。_____还可以改变主体的色温，比如用金色反光板，在某些情况下可以使主体更加突出。

（3）在拍摄服装时，可以选择三种服装拍摄方式：_____、_____和_____。

（4）_____是一个改善图片画质和个性化处理的软件。它简单、易用，通过它每个人都能制作出精美的相框、艺术照、专业胶片效果，而且完全免费。

2. 简答题

（1）在选购数码相机时应注意哪些事项？
（2）如何对数码相机进行日常保养？
（3）拍摄时为什么要布置场景？
（4）怎样才能使用模特拍摄出好的服装图片？

第 7 章
免费推广与营销

本章导读

开网店容易,但是想要经营好网店,并且一直有源源不断的客户却不是一件容易的事。在网上开店有的店主月收入几十万元甚至上百万元,也有的店主几个月只能卖出几件东西。网店推广分为付费和免费两种,对于刚进入淘宝网开店的卖家来说,免费推广是最好的方式。本章就介绍一些免费的而且效果还不错的推广方式。

7.1 淘宝站内流量

淘宝网不仅是一个交易平台，而且是一个网站，拥有庞大的流量。对于一个网站来说，流量是有价值的，何况这里都是"网购人群"呢？

7.1.1 自然搜索流量

自然搜索流量是指来自搜索引擎的非付费流量。自然流量是搜索的主要来源，对于小卖家来说，这部分流量弥足珍贵。面对淘宝网的个性化搜索大潮，卖家应该如何脱颖而出，赚得流量，以及影响自然搜索流量的因素有哪些呢？

1．店铺动态评分

在店铺信用评价里有一个淘宝店铺动态评分，在店铺动态评分中有三个评分标准，它们分别是宝贝与描述相符、卖家的服务态度和卖家的发货速度。淘宝网根据这里的分数与同行业的平均水平相比较，得到一个参数值，通过这个参数值给店铺、宝贝分配权重。这个分数是买家给予的，卖家的服务态度好，买家打的分数就会高。

现在在淘宝搜索规则中对服务的要求越来越高，从搜索来看，前几个页面中出现的商家的描述相符、服务态度和物流服务都是在平均水平之上的，如图 7-1 所示。

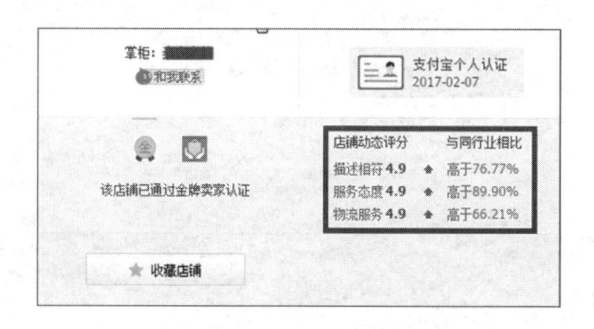

图 7-1 店铺动态评分

2．遵守规则

店铺或者产品违规被扣分过于严重的商家是基本进入不了前几页排名的，如图 7-2 所示为违规提醒情况。

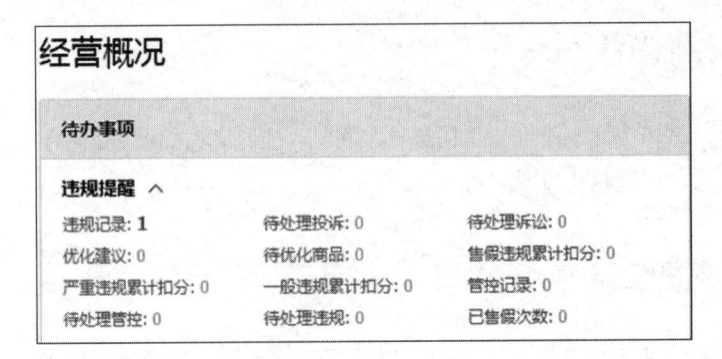

图 7-2　违规提醒情况

3. 店铺好评率/单品好评率

中、差评过多，或者单品的评分低，都会影响单品的搜索展现，特别是当卖家要做爆款时，一定要注意好评率。如图 7-3 所示为中、差评。

图 7-3　中、差评

4. 旺旺在线时间长

在搜索结果的前几页基本很难看到旺旺不在线的商家，而旺旺在线时间及旺旺的回复响应时间都是影响搜索的因素。这就要看卖家的反应速度了，如果实在太忙，则完全可以给旺旺设置一个自动回复。

5．天猫优先，有消保的其次，无消保的最后

天猫商家每年得给淘宝网交不少的服务费，每笔成交还得给淘宝网提成。所以天猫商家排名靠前也是很正常的。如图 7-4 所示，在搜索时天猫商家排在首页。

图 7-4　天猫商家排在首页

那些没有消保服务的店家，赶紧申请加入消保服务吧，没有消保服务是不会有好排名的，买家也很难信任你。

6．发货速度

买家可以对卖家的发货速度进行评分。卖家有现货时，买家拍下宝贝付款之后，卖家就可以立即把快递单写好，在淘宝网上面单击发货。然后买家就会收到"卖家已经发货"消息，买家会认为你的发货速度非常快，宝贝的这项评分就会高。如果没有现货，那么卖家一定要在承诺的时间内发货。如果承诺在 5 天内发货，能在 3 天内发货的一定不要拖到第 5 天，买家收货的速度越快，宝贝的这项评分越高。发货时一定要选一个评价服务比较好的快递，这样买家收到货的速度比较快，对宝贝的这项评分也是有好处的。发货速度也影响搜索流量，如图 7-5 所示，在淘宝网搜索结果前面的宝贝的发货速度都比较快。

图 7-5 在淘宝网搜索结果前面的宝贝的发货速度都比较快

7. 标题与产品的相关性

标题与产品的相关性越强，产品被搜索到展现的可能性越大，产品的质量分就越高，特别是在做直通车推广时。完善的商品属性可以让买家对产品了解得更清楚，如图7-6所示，但是不要乱写，写错了淘宝网会算作违规扣分。

图 7-6 标题与产品的相关性

8. 橱窗推荐

店铺的橱窗推荐位有限，要合理地利用橱窗推荐位，特别是店铺要推爆款时更要利用好，有推荐的产品对自然流量也会产生一定的影响。不同的店铺可以分得不同数量的橱窗推荐位，好好利用它，能起大作用。

9. 价格

产品的价格设置不合理，会使产品被屏蔽。产品的价格对搜索也有影响，淘宝网很少会把一个价格高或者低得离谱的产品放在搜索结果的前两页，而定价趋向合理的产品在首页总是比较受欢迎。

检测产品的价格设置是否合理的方法是：在搜索框中输入查询产品的类目主关键词，然后在价格这个单维度条件下查看产品的价格区间，只要产品的价格设置在这个价格区间就不会被屏蔽。

10. 违规扣分

类目放置错误、标题与内容不符等都会造成违规扣分。其实要避免违规扣分也很简单，认真一点、仔细一点，最好把淘宝网的规定熟读几遍。

11. 库存量

产品上架之后，一定要经常检查产品的库存。对于库存量比较少的产品，展现在靠前位置的可能性比较小，一般排名靠前的产品的库存量都比较大。如图 7-7 所示，该产品的库存量巨大。

图 7-7　该产品的库存量巨大

12. 转化率

淘宝转化率，就是指所有到达淘宝店铺并产生购买行为的人数和所有到达你的店铺的人数的比率。假设你的店铺今天有 10 个人浏览，成交 3 笔，那么转化率就是 30%。只有提高转化率，才能让你的投入产生最大的价值。

13. 虚假交易等降权或屏蔽

比如宝贝图片或标题有问题，或刷过信誉，或在交易过程中宝贝改价幅度过大，宝贝更改过名字（名字改动词语多了，会被认为是偷换宝贝炒作销量）等，都会导致宝贝被降权或屏蔽，可以通过卖家中心中的"宝贝体检中心"来查看具体原因。

查看自己的宝贝是否因为炒作信誉被降权的方法是：搜索一个关键词，然后按照销量单维度排序，如果是因为刷信誉导致的宝贝降权，那么该宝贝将会在该维度下排在销量为 0 的宝贝后面或者直接被屏蔽。虚假交易的屏蔽期是 30 天，也就是从淘宝网系统查出来到恢复正常 30 天将销售记录归零。

14. 滞销品

所谓的滞销品就是指 90 天无销售记录的宝贝，在淘宝网上将不会再搜索到该宝贝。可以通过淘宝网卖家中心中的"宝贝体检中心"来查看宝贝是否是滞销品。

解决滞销品的方法是：将宝贝下架再上架即可。为了让宝贝不再重蹈覆辙，建议下架后适当修改滞销宝贝的价格和标题，使宝贝"复活"。需要注意的是，在修改标题时，要从优化的角度来处理，不要修改产品的基本属性。

15. 热销商品靠前

热销商品就是指在单位时间内卖得比较多的产品。所以在淘宝网搜索商品时，排在前面的商品销量很大，如图 7-8 所示。

16. 回头客比例

回头客就是老顾客，回头率高的店铺淘宝网认为其服务态度好、发货速度快、宝贝质量好，这样顾客才可能一直回头购买。已经买过的顾客大多都了解你的产品，如果好感度比较强的话，他们会重复不间断地购买，此时有经验的卖家也要不时地通过各种方式给老顾客一些优惠和照顾，让其觉得你的店还是不错的，以不断地产生重复购买的行为。

图 7-8　排在前面的商品销量很大

7.1.2　淘宝活动流量

做活动就是为了吸引大量的免费流量，并且最大化利用流量实现赚钱的过程。淘宝活动的流量是获取免费流量的重中之重，想很快打造一个超级爆款离不开活动，大家常常看到的 30 天销量上万件的宝贝一般都参加了活动。如图 7-9 所示，参加活动的宝贝吸引了大量流量，成交量很大。

图 7-9　参加活动的宝贝吸引了大量流量

淘宝活动分为三种类型。

- 平台型：淘宝网促销平台的活动有很多，例如聚划算、天天特价、淘金币等。
- 类目型：淘宝网的不同类目定期组织相应类目的活动，例如主题活动等。
- 全站型：全站式大型促销，例如"双11"、"双12"、年终大促、年货等。

参加淘宝活动要注意的事项如下：

（1）弄清楚自己做活动的目的，是清库存还是提高店铺人气。卖家更多的是为了增加销量，培养人气宝贝，树立客户口碑等，但不管出于什么样的目的，宝贝质量要放在第一位。

（2）要先把自己的产品页面及产品主图优化好。即使把大量的流量引到店铺，但是产品的图片拍得不好，详情安排不合理，顾客也就失去了购物的冲动。所以要把图片拍成顾客一看到就会产生购买冲动的效果，既要漂亮，也要符合实际，力求实拍，尽量少PS，以还原产品本身的色彩。

（3）注意引流以后的关联销售。比如一条裙子，平时卖89元，在做活动时可以卖69元，做活动不要想着赚大钱，当然也要尽量不亏钱。做活动主要是为了培养爆款，提高店铺其他产品的销量。如图7-10所示为关联销售产品。

（4）看自己实力够不够，准备是否充分，应量力而行。要注意分析有

图7-10 关联销售产品

些活动是否适合自己参加，有些活动不一定适合自己的宝贝，比如参加了活动，但是表现很差，小二有压力，那么下一次再上活动就比较难了。

（5）在做活动时，还有一件事情一定要注意，那就是客服的回答语言，对买家的咨询一定要温柔一些，以增加他们的好感。

（6）在报名活动时一定要仔细看规则，如果不了解规则，就很难报名活动成功。要选择店铺中销量最多的产品，要用最低的价格来报名，这样可以提高通过率。

7.2 免费的自然流量——淘宝搜索拉客之道

在流量为王的今天，可以说流量代表着一切，而对于广大中小卖家来说，没有太大的实力做直通车、聚划算或者大的活动，往往店铺的流量来源都是自然流量。

7.2.1 在淘宝网开店要做好三大指标

淘宝网店有流量，就意味着有销量，访客数×转化率×客单价=销售额。

1．主图

大型网店对主图的制作要求是非常高的，无论是产品图还是推广图起到的作用都是视觉营销。大卖家利用直通车不断为产品替换主图进行测试，测试的目的就是想知道买家对哪种主图更容易接受，从而增加网店的流量，提高转化率。不过，主图的替换也不能太频繁，两三天换一次即可。

2．详情页

详情页可多参考大卖家的，记下他们设计详情页的特点，比如：注重产品的特点、注重产品的细节图、特写产品品牌等。设计产品详情页需要做到拥有自己的特点、要真实、描述与产品一致，这些关系到店铺的动态评分。

3．客单价

客单价指的是每一个客户在你的网店中的平均消费金额。我们知道，店铺的销售额是由客单价和顾客数所决定的，因此，要提升店铺的销售额，除尽可能多地吸引客户进店、增加客户交易次数之外，提高客单价也是非常重要的途径。

7.2.2 打造爆款、人气宝贝必胜攻略

何谓"人气"？顾名思义，人气是指宝贝的受欢迎程度。买家在搜索时，宝贝和搜索关键词的相关程度，称为相关性。目前主要根据两个因素来进行人气排名，即相关性和人气分。

1．相关性

如果相关性不好，即使有再高的人气分，这个宝贝也不会排名靠前，或者根本没有展现的机会。决定相关性的因素有三个：类目属性、宝贝标题、搜索关键词。

（1）关键词和类目属性的相关性。买家在搜索时，已经有了较为明确的意图。例如搜索"凉鞋"，搜索结果会优先呈现"凉鞋"类目的所有宝贝，而关于篮球服、连衣裙等类目的宝贝基本不会出现。所以一个宝贝的类目属性，很多时候会直接决定了其排名位置。

（2）关键词和宝贝标题的相关性。目前在淘宝网搜索的主要内容是宝贝标题。

2．人气排名

每个卖家都希望自己的宝贝人气排名靠前，但是能排在首页的只有 40 多个宝贝，即便将前三页全包括在内，也仅仅有 120 多个宝贝而已，而且还包括了为天猫卖家、直通车卖家预留的几个位置。因此，对于大多数卖家尤其是中小卖家来说，人气排名总是不够理想。所以中小卖家要积极行动起来，提升宝贝的人气排名，多动脑筋，从各种渠道尽可能多获取流量。

3．人气排名优化建议

下面给出人气排名优化建议。

- 保证你的宝贝没有违规。人气宝贝不要有任何违规的动作。
- 确保类目属性正确。这一点很重要，在淘宝网上有不少宝贝类目设置有问题。如果不知道如何设置，那么搜索一下，看看竞争对手或者大卖家是如何设置的。
- 优化具体的关键词。一个宝贝最好能重点确定一两个关键词，然后看看关键词的搜索结果有哪些，这些结果就是你的竞争对手的产品，每天多优化和关注自己的排名。
- 不要分散人气分。很多卖家为了增加曝光率，用不同的方式发布同一个宝贝（颜色、型号不一样等），这样做一方面可能会被识别为重复铺货；另一方面也容易分散宝贝的人气分。
- 适当做一些推广。推广有多种方式，除直通车、淘宝客、钻石展位和焦点图等付费

的推广方式以外，还有很多免费的推广方式。只要多花些精力，还是可以得到不少流量的。

- 提高客户的转化率。每天关注人气宝贝，如果发现浏览量大但咨询量少，则可能是由于宝贝描述不够吸引人；如果咨询量大，但成交量低，则可以采用送小礼品、包邮等方式来提高转化率。总之，要想办法提高客户的转化率。如果客户的转化率低，那么排名也会逐渐下降。
- 多使用支付宝交易。从技术的角度来讲，用支付宝交易，对积累人气分有好处。

7.2.3 在不同时期优化宝贝标题要选用不同的词

标题优化，是一个长期要做的细活儿，在不同的销售状态下，宝贝也一定要用不同的词来做标题。一般而言，根据不同的销售量，宝贝会有新品期、成长期和爆款期。在这几个时期要使用不同的标题。

1．新品期

新品期宝贝的特点是：没销量、没评价、没人气。这时一定要选用最贴切的词，用"精准词＋类目词"的方式来命名宝贝，特别要注意"精准词"的应用。

比如一款鞋子，它的特点就是短靴、狐狸毛、平跟、女雪地靴、人造长毛绒、2018年秋季，所以给它用了这样一个标题："秋季女鞋短靴狐狸毛女平跟女雪地靴子"。

由于是新手卖家，目前销量比较低，去争"雪地靴"这种热门关键词肯定不会有好的排位。而现在用的这个标题，大量使用精准形容词，让它在被搜索的时候，能有好的排位。当然，这些词的搜索量肯定不会太高，但使用精准词，其曝光率一定远远高于热搜词。

2．成长期

当宝贝销量达到 50~100 件时，它就开始处于上升的成长期了。这个时期的宝贝特点是：有一定的销量，但不够高，有评价，宝贝气场不足。这时可以增加一些热搜词的配额，一般可以把热搜词的比例提升到 40%~50%，然后再用搜索量略高一些的精准词来配合。

3．爆款期

当宝贝销量达到几百甚至几千件时，它已经算是一个爆款了。它现在销量高，有大量的评价，这时就选用那些搜索量最高的词，让宝贝尽可能被更多的人搜索到，获得巨大的曝光率。

7.3 相互收藏店铺增加人气

生意场上的竞争者既是对手也是老师，有时候还是指引你前进的明灯，让你少走很多弯路，让你在淘宝路上事半功倍。因此可以找几家店铺作为关注对象。

从店铺店标下面的"收藏"栏里可以了解买家收藏了哪些宝贝，因为如果有买家收藏，则说明这些宝贝是买家需要的。收藏别人店铺的具体操作步骤如下：

（1）进入淘宝网首页，在搜索栏中输入店铺类型来搜索店铺，然后单击店标、店名或会员名，打开需要收藏的店铺，单击"收藏店铺"按钮，如图7-11所示。

图 7-11　单击"收藏店铺"按钮

（2）弹出"确认收藏该店铺？"页面，如图7-12所示。

（3）单击"确认"按钮，提示成功收藏，如图7-13所示。

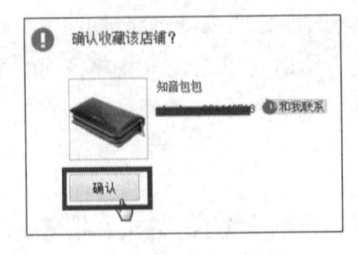

图 7-12　确认是否收藏店铺　　　　图 7-13　收藏店铺成功

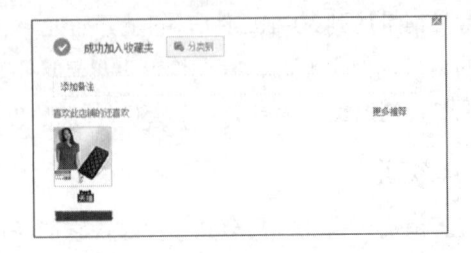

7.4 灵活运用信用评价也是推广的妙招

在淘宝网上，广告可以说无处不在，而且可以免费做广告的地方有很多，就连给买家的"信用评价"，也可以成为宣传、展示店铺及商品的地方。

网上商店会员在使用支付宝服务成功完成每一笔交易后，双方均有权对对方的交易情况做出相关评价。卖家可以针对订单中每笔交易卖出的宝贝给买家进行好评、中评、差评。这些评价统称为信用评价。

在"已卖出的宝贝"页面中，找到需要给买家评价的交易。单击"评价"按钮，然后在评价页面中会看到"好评""中评""差评"。在"发表评论"的文本框中可以输入评论，还可以加上店铺的宣传广告语，这样就免费宣传了自己的店铺。

除通过信用评价可以做广告外，在"我要解释"选项里也可以做广告，如图 7-14 所示。

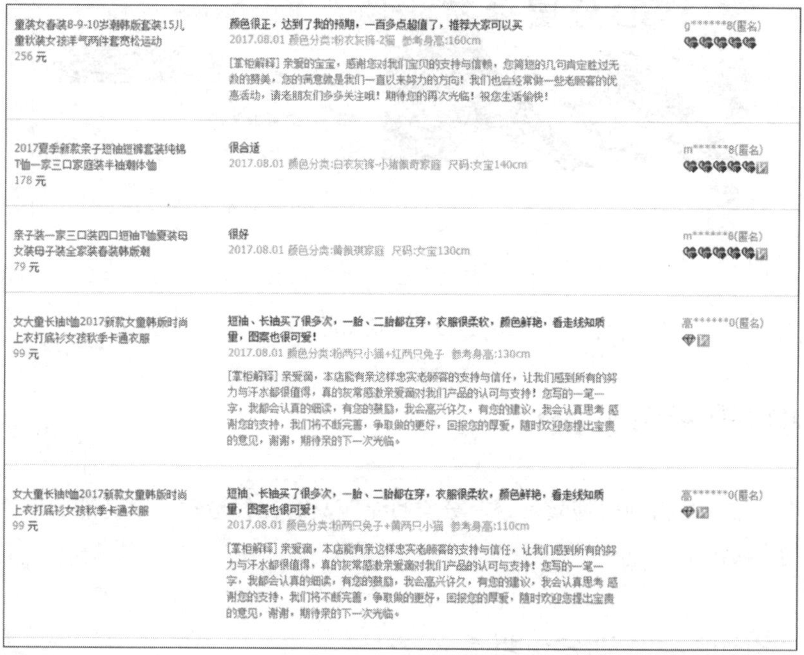

图 7-14 评价解释

7.5 使用店铺优惠券，与淘宝网一同促销

店铺优惠券是虚拟电子现金券，是卖家在开通营销套餐后，额外给卖家开通的一个超

强促销工具，卖家可以在不用充值现金的前提下针对新客户或者不同等级的会员发放不同面额的店铺优惠券。买家在购买宝贝时可以使用所获得的店铺优惠券抵扣现金。店铺优惠券是淘宝网推出的新功能，与淘宝网抵价券的用法相近，购物时可抵扣现金。店铺优惠券是由某一店家赠送给本店买家的，因而只能在本店中使用。

店铺优惠券具有更大的灵活度和选择权利，完全由卖家支配发放的面额、对象及数量，专门用于本店促销活动。如图 7-15 所示为店铺优惠券。

图 7-15　店铺优惠券

7.6　利用搜索引擎推广

搜索引擎推广是指利用搜索引擎、分类目录等具有在线检索信息功能的网络工具进行网店推广的方法。

7.6.1　将网店提交到各大搜索引擎

在网上开店，如何使自己的店铺让别人知道，是开店成功与否的关键。登录搜索引擎的目的就是为了更有效地进行网店推广。登录新浪、搜狐、百度、谷歌等一些大的搜索引擎网站，会给你带来意想不到的效果。如图 7-16 所示为百度搜索引擎登录页面。

图 7-16　百度搜索引擎登录页面

把自己的网店提交到各个搜索引擎，这样在搜索引擎中就能找到你的店铺了。虽然不是全都能通过，但是勤劳一点总是会有几个通过的。方法很简单：首先在浏览器中打开搜索引擎网站的登录口，然后把你的网店地址输入进去就行了。

百度搜索引擎网站登录口：http://zhanzhang.baidu.com/sitesubmit/index

7.6.2　如何让搜索引擎快速收录自己的网店

做过网上销售的人都知道，从搜索引擎来的流量是很有价值的，因为主动用户的目的很明确，需求也较强烈，因此成交率很高。作为一个普通的网店经营者，通过一些简单、有效的手段让搜索引擎快速把你的网店和宝贝收录进去，对经营网店还是大有好处的。

那么如何使网店能被搜索引擎快速收录呢？首先搜索引擎必须知道你的网店，然后它才会访问你的页面，并把页面抓到数据库里，最后才有可能被访问者搜索到。怎么让搜索引擎知道你的网店存在呢？可以采用主动向搜索引擎提交的办法。还有一种有效的做法是：在已经被搜索引擎收录的其他网站上发布你的网店链接，让搜索引擎通过链接找到你的网店。你发布链接的网站的重要性越高，搜索引擎对它的访问越频繁，你的网店就被收录得越快。那么有哪些地方可以让你发布链接呢？推荐以下几个地方。

1. 可以免费发布网店信息的网站

搜索引擎认为首页是一个网站最重要的页面，也是它访问最频繁的页面。尤其是大网站的首页，一个链接顶得上内页的几十个链接。所以说首页是发布链接的首选。其他类似的还有自助友情链接、交换友情链接、免费广告信息发布等。

2. 论坛发帖

选择一些大论坛，如支付宝社区、百度贴吧、淘宝社区、阿里妈妈社区等，在合适的板块发布一些有价值的信息，同时注明你的店铺链接，这样对于搜索引擎的收录，同样有很大的价值。需要注意的是，不要发垃圾广告，因为容易招人反感而被删除，那样就白费精力了。

3. 网摘

网摘也是一个不错的推广办法。这里推荐和讯，因为其 RSS 被很多网站引用，一次发布可能就会把你的页面传播到很多地方。网摘的发布者非常多，你发布的内容沉得也非常快，因此需要隔段时间就发布一次。

4. 博客

相信不少朋友都有自己的博客，在博客上为网店做个链接，甚至把宝贝发布到博客上是不错的做法。选择一些知名度高的博客，理由很简单，因为它们的域名在搜索引擎的眼里等级非常高，因此搜索引擎对它们的更新也更勤快。

7.6.3 搜索引擎优化与竞价排名

我们知道，在搜索引擎中检索信息都是通过输入关键词来实现的，所以说关键词非常关键。它是整个网店登录过程中最重要的一步，是进行网页优化的基础。如果关键词选择不当，很少有人去搜索，那么流量也不会大。因此，选错关键词会影响整个网店的流量。选择关键词需要注意下面几点。

1. 揣摩顾客心理

要仔细揣摩潜在顾客的心理，设想他们在查询信息时最可能使用的关键词，并一一将这些关键词记录下来。不必担心列出的关键词会太多；相反，你找到的关键词越多，覆盖面就越大，就越有可能从中选出最佳的关键词。

2．选择有效的关键词

关键词是用来描述你的商品及服务的词语，选择适当的关键词是建立一个高访问量店铺的第一步。选择那些人们在搜索时常用到的关键词，是选择关键词的一个重要技巧。

3．选择相关的关键词

对商家来说，所选择的关键词必须与自己的商品或服务有关。不要听信那些靠毫不相干的热门关键词能吸引更多访问量的宣传，那样做会浪费很多资金，而且毫无意义。

4．关键词竞争度要适中

要想在短时间内见效，最好不要把竞争非常激烈的词语作为主关键词，因为这些关键词要想在搜索引擎中获得好的排名，是非常不容易的，并且你要有足够的时间和耐性。应该选择一些竞争度适中的关键词，这些关键词不仅容易排名靠前，而且花费也不会很多。

5．符合用户搜索习惯

关键词要符合用户的搜索习惯，不要把一些大家都不知道的词语作为主关键词。也不要把你自以为用户都比较关注的词语作为关键词。在没有详细分析和调查之前，最好不要这么做，也许用户根本就不会关注这些关键词。

7.7 利用即时聊天工具推广

推广不一定要轰轰烈烈、大张旗鼓才会有效果，只要平时日积月累，就会有不同凡响的效果。可以利用QQ、阿里旺旺、MSN这些聊天工具来推广网店。

7.7.1 通过 QQ 签名推广

在 QQ 个人设置中有一栏个性签名，在这里可以根据自己的爱好、心情来设置与众不同的个性签名。当然，也可以利用 QQ 签名添加广告，例如添加店铺名称。QQ 签名是一项非常强大的功能，在推广店铺时最好保持在 80 字以内，把重点说清楚：第一，说明店铺的经营项目；第二，附上店铺的网址。

下面讲述通过 QQ 签名推广店铺的方法。

（1）登录 QQ 后，单击 QQ 头像或者右侧的下三角形，在弹出的菜单中选择"我的资料"，如图 7-17 所示。

（2）在"资料"页面中，单击"编辑资料"按钮，如图 7-18 所示。

图 7-17 选择"我的资料"　　　　图 7-18 "资料"页面

（3）在"个性签名"中可以设置个人的资料信息，也可以添加店铺的广告信息，如图 7-19 所示。

（4）当好友与你聊天时，在聊天窗口中 QQ 头像的右边就是设置的 QQ 签名，如图 7-20 所示。这样就可以利用 QQ 签名推广自己的店铺了。

图 7-19 设置个性签名　　　　图 7-20 QQ 签名

7.7.2 QQ 空间推广

QQ 空间的营销推广效果还是很好的，特别是品牌推广，通过 QQ 空间可以带来一些品牌效应。QQ 空间里面的日志是具备转载功能的，这就给我们的推广营销带来了利用机会，一篇带有推广信息的日志被一传十、十传百地传播，推广效果肯定不错。

利用 QQ 空间提高流量，就是去别人的空间不断留言，使访客来到自己的空间，在 QQ 空间添加上店铺的广告信息。如图 7-21 所示，利用 QQ 空间推广淘宝店铺。

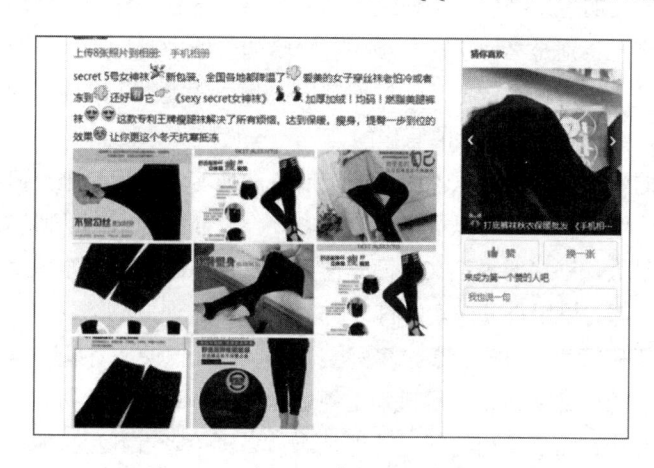

图 7-21　利用 QQ 空间推广淘宝店铺

QQ 空间推广的方式有很多种，下面介绍一些常用的方式。

- QQ 空间互踩：QQ 空间互踩是一种常用的 QQ 空间推广方式。
- 通过搜索引擎优化：这种 QQ 空间推广方式非常有效，可以列出自己的 QQ 空间内容（日志、相册之类的），以便搜索引擎索引。
- 通过 QQ 空间本身进行推广：多去访问别人的 QQ 空间，尽量在自己的留言中留下一些能引起注意的内容，引导其他用户回访自己的 QQ 空间。经过试验，采用这种 QQ 空间推广方式回访率非常高。
- 论坛中的签名栏：修改自己的签名栏，加上自己的店铺地址和经营项目，简短地介绍一下店铺，这也是一种很好的 QQ 空间推广方式。
- 丰富 QQ 空间内容：不断丰富自己的 QQ 空间内容，特别是 QQ 空间照片，尽量让访问者下次再来。

7.8 淘宝开店博客营销必不可少

拥有自己的博客，平时在其中写下自己的心情，是目前大多数网民都会做的事情。利用博客推广自己的网店，也不能被忽视。

7.8.1 写出优秀的博文，打造博客营销

博主在发布自己的生活经历、工作经历和某些热门话题的评论等信息时，还可附带宣传一下商品品牌等。特别是当博主在某领域有一定的影响力时，其所发布的文章更容易引起关注，吸引大量潜在的顾客浏览，通过博客内容为读者提供了解商家的机会。用博客来推广店铺的首要条件是要拥有良好的写作能力。

现在做博客的网站有很多，虽然不可能把所有的博客都利用起来，但也需要多注册几个博客进行推广。没时间的话可以少选几个博客，但是新浪和百度的博客是不能少的。新浪的博客浏览量最大，许多明星都在上面开博，人气很高。百度是全球最大的中文搜索引擎，大部分上网者都习惯用百度搜索资料。

博客内容不要只写关于自己的事，多写点时事、娱乐、热点评论，这样会很受欢迎。利用博客推广自己的店铺要巧妙，尽量别生硬地做广告，最好是软文广告。内容可以提到目前自己在淘宝开店，然后给出店铺链接地址。许多浏览者看到后可能会点击进入，这样也就达到了推广店铺的目的。

博客内容要写得精彩，大家看了也许下次还会来。写好博客以后，有空多去别人的博客转转，只要点击进去，你的头像就会在其博客里显示，出于对陌生拜访者的好奇，大部分博主都会来你的博客看看。如图 7-22 所示，通过博客推广店铺。

图 7-22 通过博客推广店铺

7.8.2 增加博客点击量的妙计

快速提升博客排名，提高博客访问量，是很多博主关心的问题。那么如何才能提高博客访问量，让博客流量一路飙升呢？

毫无疑问，经常更新博客内容，同时经常去别人的博客转转，通过留言、评论等与他人建立起联系，是最基本的博客推广、交流方式。但是现在很多人写博客都是一时心血来潮，很少有人能坚持下来，能经常有空去看博友的文章并评论的人更是少之又少。

很多成功的博主并不是像黄牛一样只默默耕耘，他们的成功其实都运用了一些技巧，采用了一些博客推广方法，事半功倍。现在我们来分享这些博客推广的经验、技巧，让默默无闻而充满才华的博主得到更多的展示，结识更多的朋友，让博客迅速为人所知。

1．合理布置博客

很多人都以为博客要布置得非常有个性：黑背景，到处是闪闪发光的 GIF 动画，文字上面还漂浮着一层 Flash。这样的布置看起来确实非常美，但却不利于阅读，打开速度也慢。访客来到你的博客是看文章的，博客的布置要简洁，打开快速，符合大家的习惯，标新立异只能使你孤立。

2．将博客提交到各大搜索引擎

博客搜索是搜索引擎针对博客内容所提供的搜索服务。随着博客的兴起，各大搜索引擎纷纷推出了博客搜索功能。如果你的博客能被抓取到各大搜索引擎的博客搜索的索引库中，那么将会给你的博客带来更多的访问量。

3．积极参加各类博客活动

积极参加各类博客活动，比如父亲节征文活动，不仅可以增加博客的访问量，而且还有可能获得奖金，何乐而不为呢？要记得在博客活动中加入自己的博客地址。

4．制作视频、漫画，并在上面放上博客地址

你可以在自己制作的视频、漫画上面加上自己的博客地址，然后传播出去，很多人看了之后都会去看原始出处的，这种效果显而易见。

5．加入一个好圈子

随着个人博客的兴起，博客圈子作为个人博客推广的平台也越来越受到重视和关注。很多博客托管平台都提供了"圈子"功能，供每个博主去建立自己的圈子，并招揽更多的

博友加入其中。

6. 善待每个评论和留言

很多博主要么非常在意博客上的留言和评论,要么根本不去看留言和评论。这就造成了两个极端,前者是见到评论中不利于自己的话语或与自己意见相左的内容就删除;后者则是随你怎么说,其只管贴博文。

其实作为一个博主,通过评论和留言与读者进行交流是最好的互动。当然,对于那些跑到博客上来发广告,特别是商业广告的人来说,当然是"杀无赦";而对于那些对你的博文观点有表扬或批评意见的人来说,则说明这些人是你的忠实读者,阅读完你的文章,觉得有必要和你说几句话。不管是说好还是说坏,起码别人愿意和你聊一聊,说明你的文章有价值。

对于表扬,你大可忽略,当然你也可以回复或到对方的博客上踩一踩,以加深对方对你的好感;而对于那些批评的留言,也不要随意删除,除非对方用的是辱骂言语。

7. 让博客的链接出现在你所到之处

博客链接就是你在网络上的身份证,在别人的博客上评论或者留言时,记得留下自己博客的链接;在论坛发帖、回帖时,记得在个性签名里面留下博客的链接;在百度贴吧、百度知道里面帮助别人回答问题时,记得留下博客的链接;在发邮件时,也不妨在邮件的签名里面留下博客的链接。

这样做的好处是:第一,表明自己的身份,让别人知道你是谁,是干什么的;第二,对于那些不了解你的人来说,也是一个了解你的机会;第三,增加留言或者评论的可信性。

8. 和其他博客交换链接

链接在一定程度上代表着站点的重要性。链接越多,说明你的站点越重要,越有利于提高博客引擎搜索的排名。广泛地和其他网站或博客交换链接,交换的链接越多,你的博客就越容易被访问到。

7.9 练习题

1. 填空题

(1) _____是指来自搜索引擎的非付费流量。自然流量是搜索的主要来源,对于小卖家来说,这部分流量弥足珍贵。

(2) 在店铺动态评分中有三个评分标准,它们分别是_____、_____和

_____。

（3）_____，产品被搜索到展现的可能性越大，产品的质量分就越高，特别是在做直通车推广时。

（4）_____，就是指所有到达淘宝店铺并产生购买行为的人数和所有到达你的店铺的人数的比率。

（5）_____是虚拟电子现金券，是卖家在开通营销套餐后，额外给卖家开通的一个超强促销工具，卖家可以在不用充值现金的前提下针对新客户或者不同等级的会员发放不同面额的店铺优惠券。

2．简答题

（1）影响自然搜索流量的因素有哪些？

（2）参加淘宝活动要注意哪些事项？

（3）书中给出的人气排名优化建议有哪些？

（4）QQ空间推广的方式有哪些？

（5）怎样才能写出优秀的博文？

第 8 章

电商促销策略引爆店铺销量

本章导读

　　由于在网上购物的顾客预算有限，以及网上的商家众多，网店想要吸引买家消费将变得越来越困难。为了摆脱这种境况，商家纷纷使出各种招数，网店经营者一定要制定相应的营销策略，通过促销增加店铺的生意量。网店促销是指利用互联网展开商品营销活动，目的在于加快商品的流通，增加店铺的收入。

8.1 促销活动准备

促销就是采取一切可行手段将产品成功销售出去。网店促销也是一门学问，商家应积极开展网店促销活动。

8.1.1 什么是促销

促销是指为达到买家购买的目的而综合运用各种销售工具、销售方法来销售产品。促销能在短期内显著提高店铺的销售额，也能增加品牌的知名度。如图 8-1 所示，促销活动提高了品牌的知名度。

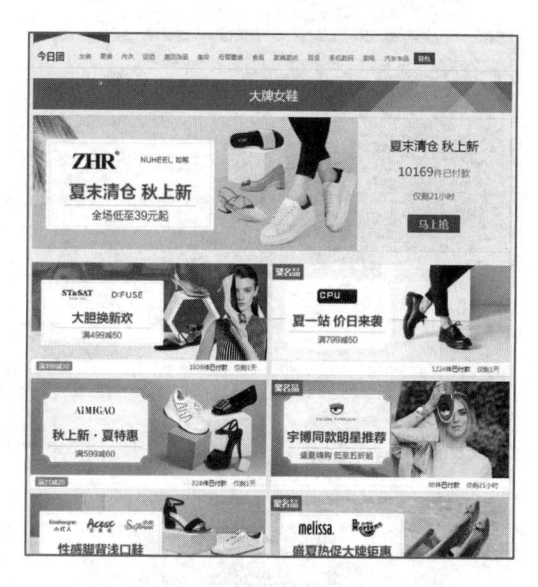

图 8-1 促销活动提高了品牌的知名度

打开淘宝网首页，可以看到有很多促销信息，如果我们的宝贝能出现在这样的页面中，那么就能被更多的买家看到。促销的好处体现在以下几个方面。

1．提高新品知名度

买家一般对新产品具有抗拒心理。由于使用新产品的初次消费成本是使用老产品的一倍，所以买家不愿意冒着风险对新产品进行尝试。但是，通过促销手段可以让买家降低这种风险意识，降低初次消费成本，而去接受新产品。新产品促销是一种常见的手段，可以使新产品很快地打开市场。

2. 激励买家初次购买

一般而言，促销都是让利给买家，这样的让利并非时时有，往往给人一种"机不可失，时不再来"的感觉，利用买家怕错失良机的心理，促使他们快速购买。

3. 提升销量

网店的业绩越好，信誉越高，购买记录就越多，就越容易卖出商品。

毫无疑问，促销是一种竞争，它可以改变一些买家的使用习惯及品牌忠诚度。因受利益的驱动，经销商可能大量进货，买家可能大量购买。因此，在促销阶段，常常会促进买家消费，提高销售量。如图 8-2 所示，采用满就送和包邮促销方式大大增加了产品的销量。

图 8-2 采用满就送和包邮促销方式增加了产品的销量

4. 建立顾客对品牌的忠诚度和美誉度

当买家试用了产品以后，如果基本满意，则可能会产生重复使用的意愿。这种消费意愿在初期一定是不强烈、不可靠的，但促销可以帮助其实现这种意愿。如果有一个持续的促销计划，则可以使消费群基本固定下来，因为买家习惯使用这个产品后，则有可能会长期购买。

5．消化库存商品

将库存量比较大的商品作为促销对象，消化库存，使资金周转走向良性化。

6．带动其他商品销售

促销的第一目的是完成所促销商品的销售。但是，在该促销商品的销售过程中，却可以带动其他相关商品的销售。如图 8-3 所示的店铺商品促销，也促进了其他相关商品包包的销售。

图 8-3　带动其他商品销售

8.1.2 促销的最佳时机

促销虽好,但不能每天都用;否则,促销也就没什么意义了。一般来说,促销的最佳时机有以下几个。

1. 新品上架

新品促销可以作为店铺长期采用的活动,因为一个用心经营的店铺总是会源源不断地上新款的。新品促销既能加快商品卖出的速度,也有利于培养老顾客的关注度,进而提高其忠诚度。如图8-4所示为2017年新品上架促销。

图 8-4　2017 年新品上架促销

2. 成长期产品

并非所有的产品都能在成功上市后进入快速成长期,一些不能进一步成长的产品,会大量滞留在店铺中,占据店铺大量的资源。这是因为店铺不能很好地把握该阶段的促销时机,将消费者的尝试性购买转化为重复性购买。此时店主的工作是在一周之内对顾客进行访问和观察,看其是否出现购买迟疑,深挖其原因,及时做出相应的促销方案。

3. 衰退期产品

在产品的衰退期,如果急速将该产品下架,则不仅不能为店铺赚取最后的利润,而且更重要的是大量库存将难以被有效消化,带来货品积压的损失。这时建议采取"清仓"的手法,对衰退期产品进行一轮旨在消化库存、回收利润的促销活动。如图8-5所示为清仓促销产品。

图 8-5　清仓促销产品

4．店庆

店铺在"升钻、升冠"时，都可以庆祝一下，搞优惠促销。店铺开张周年庆，更是大好时机，不仅可以进行比较大的促销，而且可以向顾客展示店铺的历史，给人信任感。如图 8-6 所示为 6 周年店庆促销，满一定额度还赠送礼品。

图 8-6　6 周年店庆促销

5．节日促销

节日促销是现在商家惯用的手法，尤其是像情人节、中秋节、国庆节、元旦、圣诞节等大节日更是给商家带来促销的理由。如图 8-7 所示为中秋节月饼促销。

当然，节日促销也要结合自身的商品实情及顾客的特征来进行，比如店铺是卖女装的，那么在父亲节搞促销显然不对。

图8-7　中秋节月饼促销

需要注意的是，大节日对网店来说不一定是好事。和实体店相反，在节假日期间网店即使做促销也不见得销量比平时好。这是由于节假日大家都有空逛商场或逛街，线下实体店的促销会热闹非凡，顾客都到实体店去买东西，因而到网上买东西的人就会变少。比如在春节期间做促销显然效果不好，一方面，在春节期间大家都去实体超市、商店买东西，或者走亲访友；另一方面，快递公司大部分也放假了不收货。

6．换季

一些季节性强的商品，换季促销力度一般都会比较大，而顾客显然也很乐于接受换季清仓这类活动。对一些断色、断码或即将断货的商品进行清仓处理，往往能吸引不少人气。如图8-8所示为换季清仓促销。

图 8-8　换季清仓促销

8.2　网上赠品促销

在交易中，总是会有买家这样问："有赠品吗？"当卖家回答"有"时，他们就会满心欢喜。拍下商品付款后，还要提醒卖家，发货时不要忘记赠品。这样的事情几乎每个卖家都遇到过。由此可见，顾客总是期望获得额外的东西。其实每个人在购物时都有这种心理，这是很正常的。

赠品促销是一种非常有效的营销策略，既可以快速地促进销售，又能有效地应对竞争，所以在网上销售商品时可以使用这种策略。赠品促销就是指顾客在购物时，以"赠品"的形式向顾客提供优惠，吸引其购买商品。如图 8-9 所示，此店铺通过买就送赠品来达到促销商品的目的。

赠品促销是最常用的促销方式，它把商品作为礼物赠送给顾客，以一种实物的形式给顾客非价格上的优惠。这种方式虽然没有价格促销直接，但却可以以一种看得见而又实实在在的方式直击顾客的心理，增强品牌观念，让顾客购买商品并长时间使用。创造性地运用好赠品促销，可以取得该商品或服务独具特色的、竞争对手不能轻易模仿的良好效果。可以说，赠品促销是一种既能短时间增加销量，又能起到长时间树立品牌形象的极佳促销方式。

图 8-9 买就送赠品

8.2.1 赠品促销效果不佳的原因

赠品是争取顾客购买商品、提升业绩的法宝。赠品促销策略若运用得当，则很有可能吸引顾客踊跃购买。有些促销活动存在这样一种现象，就是在发送赠品时成交量非常好，但赠后营销效果却不佳，其原因有以下几个方面。

（1）不要选择次品、劣质品作为赠品，这样做会适得其反。赠品也重质量，赠品体现出商家诚信的宗旨。不要以为"赠"就是"白送"，便可随意"忽悠"买家。保证赠品质量不仅是国家法律条文所规定的，而且代表了店铺的信誉。

（2）要送到顾客的心坎里，这样的赠品才会得到顾客的认可。当无法确定顾客要什么时，把选择权交给顾客，不要以自己为中心去理解营销。赠品的核心是让目标顾客认为"占了便宜"；否则，送他们毫无感觉的东西，就失去了赠品的意义。

（3）赠品要带给顾客超值的感受。赠品的成本是多少才是合理的？商品的售价能承担起此笔开销吗？合理地保持成本与价值之间的平衡，让顾客永远感觉超值。赠品的成本要在能接受的预算内，不可过度赠送而造成营销困境。如果赠品选择得当，就会吸引买家的眼球，促销的效果也会事半功倍。

（4）注意时间和时机。注意赠品使用的时间，例如在冬季不能赠送只能在夏季使用的商品。

8.2.2 赠品的选择技巧

千万不要认为赠品就是额外送给顾客的，小小的赠品里面也有大学问。赠品实际上是对顾客的一种额外馈赠和优惠。在操作赠品促销时应注意如下一些要点。

（1）赠品要让顾客容易获得。容易获得才可以激发顾客参与的热情，促销的"势"才容易造出来；否则，让人感觉赠品与自己无缘，即使参加了也很难获得赠品，就无法激起顾客的参与热情了。最好是让参与的每一个人都能感觉到可以获得赠品，"可遇而不可求"是赠品应该回避的。

（2）先声夺人，准确发布广告信息。在进行赠品促销之前，做好广告宣传工作便是头等大事。广告宣传必须符合本次赠品促销的目标消费群体，有的放矢，把促销的方式方法、赠品推荐等发布出去。

（3）给赠品取一个响亮的名字，更容易让顾客记住你的品牌。一个好的赠品名字会激发消费者美好的联想，这种联想不但可以对促销起到积极作用，而且可以在促销之后长远地进行销售，因为美好的印象是有延续性的。给赠品起一个吸引人的名字，可以加快商品的流通，同时也增加了品牌的附加价值。

（4）把店铺的信息告诉顾客。在赠品上印上店铺标志、设计得很可爱的电话号码等，这些是非常容易做到的事情。让顾客每次在用你的赠品时，都会想到你的店铺。

8.3 打折促销

"打折"是一种最常见的商品促销形式，就是将某种商品打折优惠，刺激商品大批量销售，活动结束后商品恢复原价。

8.3.1 打折促销的优点

打折促销主要有以下优点。

（1）效果明显。价格往往是顾客选购商品时的主要决定因素之一，特别是对于那些品牌知名度高的商品。因此，打折是对顾客冲击最大也最有效的促销手段。打折促销效果明显，可以处理到期产品、减少库存量、加速资金回笼、配合商家促销等。

（2）活动易操作。店主可以根据不同时间，在所允许的促销预算范围内，设置不同的折扣率。这种促销方式的工作量少，也容易控制成本和风险。

（3）最简单、有效的竞争手段。为了抵制竞争品牌商品的销售增长，及时采用折价方式刺激顾客购买本商品，可以减少顾客对竞争对手的商品的兴趣，并通过促进顾客大量购买或者提前购买来抢占市场份额，从而打击竞争对手。

（4）有利于培养和留住老顾客。直接折价活动能够产生一定的广告效应，塑造物美价廉的商品形象，吸引已经使用过本商品的顾客重复购买，形成稳定的消费群体。

8.3.2 打折促销的方式

由于打折促销直接让利于顾客，让顾客非常直接地感受到了实惠，因此它是目前最常用的一种阶段性促销方式。打折促销主要采用以下两种方式。

（1）不定期打折。在重要的节日如春节、情人节、母亲节、圣诞节等打折优惠，因为在节日期间人们往往更具有购买潜力和购买冲动。卖家应选择价格调整空间较大的商品参加活动，并不是全盘打折。这种方式的优点是：符合节日需求，会吸引更多的人前来购买。虽然打折后可能会造成利润下降，但销售量会提高，总的销售收入不会减少，同时还增加了店内的人气，拥有了更多的顾客，对店铺以后的销售也会起到带动作用。

（2）变相打折。例如采取"捆绑式"，以礼盒方式在节假日期间销售。这种方式的优点是：符合节日气氛，更加人性化。如图 8-10 所示，商品采用打折促销。

图 8-10　商品采用打折促销

8.3.3 打折促销的策略

每一个商家对促销应该都是非常熟悉的，促销也是每一个商家都应该参加的活动，这是商家们之间的竞争。市场竞争很激烈，消费者对网店的印象有可能就来自于店铺的促销活动，那么打折促销的策略都有哪些呢？

1．范围策略

范围策略，即确定哪些商品打折，并且要明确为什么对这些商品打折，考察是否符合打折的目的。比如新品是否要打折，首先应考虑到新品的区域性，如非常艳丽的四件套，在某些地区并不受欢迎，即使有比较大的优惠，也未必能动销，因此应因地制宜，因时制宜。考虑这些因素，确定在哪里打折，打折会不会有效果。

2．程度策略

程度策略，即确定打折的程度、让利的幅度，既能吸引顾客，又不丧失利润。比如床品在很多专卖店都是非正价销售的，一般打 9~9.5 折，在促销期间为了拉动销售，必须考虑某些人气产品价格超低，吸引人气，如抱枕、毛毛虫布偶、枕头等。总体而言，在促销期间高于 8 折，效果并不是很好，但考虑到自身的利润，总体折扣控制在 7~7.8 折比较适合。当然，对于积压一年半以上的产品，为了回笼资金，可以把折扣降到成本价。

3．时机策略

时机策略，即决定在什么时间打折最合适。比如很多家纺经销商都选择"五一"、"十一"、元旦、春节等结婚和乔迁高峰期进行打折销售，这个时间对中小卖家来说销售效果就会打折扣，但是制造特殊事件和新闻，或者在淡季进行清仓大酬宾都是值得深度挖掘的。

4．期间策略

期间策略，即打折持续的时间，并不是越长越好。这一点也尤为关键，比如家纺打折周期太长，反而降低了消费者立即购买的决心，一般控制在 10~15 天是比较合适的。这个时间考虑到了消费者知道打折优惠的信息，到采购的周期，而且还可以进行时间压迫，如前五天享受特别优惠等。

5．频率策略

频率策略，即一年内打折的次数。比如床品，消费者一年也就购买 1~2 次。所以可以搜集客户的通信方式，适时地问寒问暖，增加客户到访的次数，即便不买也欢迎来欣赏一下，并有技巧地要求消费者向自己的亲朋好友推荐，但前提是产品客户用起来感到满意。研究表明，由亲友及其他熟悉的人向潜在顾客推销产品，影响力高达 80%，向现有顾客推荐的新顾客推销比向没有人推荐的新顾客推销，成交率要高 3~5 倍。

8.4 包邮促销的秘诀

网络购物中间环节的邮费问题一直是买家关注的焦点之一，这会影响买家对网购价格优惠的感知。当前邮寄主要采用邮局（包裹平邮）、物流快递、特快专递等。平邮的价格较低，但周期较长；物流快递价格适中，送货周期为 3~5 天；特快专递的价格最贵。因此快递公司是最容易被买家接受的。店主可以根据买家所购买商品的数量来相应地减免邮费，让顾客从心理上觉得就像在家门口买东西一样，不用附加任何其他费用。如图 8-11 所示，商品包邮促销。

图 8-11　商品包邮促销

8.5 购物积分促销

积分制作为一种有效巩固和激励老客户多次购买的促销手段，在商家促销中得到广泛应用。因为这些客户有重复购买商品或者服务的需求，并且让老客气再次消费的成本要远远低于重新开发新客户的成本。因此，越来越多的商家采用积分制来留住老客户，也积累了大量的经验。

积分促销在网络上的应用比传统营销方式简单和易操作。网上积分活动很容易通过编程和数据库等来实现，并且结果的可信度很高，操作也相对简单。积分促销一般设置价值较高的奖品，顾客通过多次购买或多次参加某项活动来增加积分以获得奖品。积分促销可以增加顾客访问网站和参加某项活动的次数，提高顾客对网站的忠诚度，提升活动的知名度等。

许多网站都支持虚拟积分，也可以采用积分卡，客户每消费一次都会累计一定的积分，这些积分可以兑换小礼品，或者在以后消费中当现金使用。

如图 8-12 所示为网店商品积分促销。凡在网店购买过商品的顾客，都将成为网店的会员。会员不仅可以享受购物优惠，而且还可以累计积分，用积分免费兑换商品。

图 8-12　积分促销

8.6　抓住节假日赚钱、赚人气

节假日已经成为消费者主要的消费时间，一年中的销售旺季大都是在节假日里产生的，节假日的销量占总销量的大部分，在节假日来临之际，各个商家都摩拳擦掌，希望通过节日促销提升销量。那么如何充分利用节假日带来的销售契机做好促销，成为摆在广大卖家面前的重要课题。

1. 做好策划，有备而战

商场如战场，在进行节假日促销之前，要有详细的规划，这样才能运筹帷幄，占领先机。要针对节假日的特点和网上买家的需求，以及目前的流行趋势来策划，策划的内容包括节假日所针对的人群分析、如何宣传活动、以什么样的形式搞促销、备货的充足量、活动所要达到的预期效果等。

2. 采取多种促销手段，让利买家

在节假日期间，大多数顾客在关心商品质量和款式的同时，也希望在购买商品时可以获得更多的实惠。商家应组合使用多种促销手段，例如向购买商品的顾客发送赠品、特定的商品打折出售、购满一定数额的顾客可以参加抽奖或有礼品赠送、买一送一等活动。只有选择了正确的促销手段，才能保证在节假日期间营业额持续增长。

不同种类、不同系列商品的搭配销售也是店铺进行成功促销的亮点，可以起到活跃气氛的作用。

3. 参加淘宝活动

在节假日期间参加淘宝活动，如直通车促销、"双11"、"双12"活动等将会大大促进商品的销售，如图8-13所示。

图 8-13 参加"双12"活动

4. 丰富的商品是关键

节假日作为销售的高峰时段，只有在保证货源充足、货物优质的情况下，才能实现营业额的稳步增长。各种销售策略只是辅助手段，款式多样、琳琅满目的商品才是吸引顾客眼球的关键。另外，可靠的质量、优质的服务都会为营业额的增长做出不小的贡献。所以，在节假日期间要保证商品的款式多样、质量可靠及货源充足，才能保证你的销售业绩更上一层楼。

5．生动、亲切的店铺节日装修

同样的店铺，一个和平时的风格没什么差别，一个洋溢着浓郁的节日气氛，你会选择浏览哪个店铺呢？店铺装饰着节日的图片，氛围温馨而喜庆，会令到来的买家有种特别暖心的感觉，让其感到舒服开心，他们就会更长时间地浏览你的店铺，说不定就会看上哪个宝贝。

6．提醒买家物流信息

在节假日期间，特别是在长假期间，大部分物流快递公司都会休息，要及时了解所在地区物流快递公司的休息情况，最好写在公告栏里，及时通知买家。

8.7　怎样做好销售旺季的促销

任何店铺的生意几乎都有特定的销售周期，有着明显的淡季、旺季。一般来说，旺季的营业额占总营业额的 70%以上。旺季促销是很多商家经常使用的手段，店铺经营者在旺季必须要做到热卖。

那么如何做好销售旺季的促销呢？主要有以下几点。

（1）做好调研工作，设计科学的促销方案。知己知彼，方能百战不殆。只有掌握尽可能多的市场信息，才能制定出切实可行的促销方案，做到有的放矢，效果不言自明。

（2）提前准备好商品，保证货源充足。这一点是在旺季保证热卖至关重要的一步。

（3）及时发掘重点推荐商品。这类商品尤其要货源充足。

（4）促销措施一定要到位，在店铺内营造产品热卖的气氛。要搭配一些促销或优惠活动，不一定要多，但一定要有。做生意掌握顾客的购物心理，进行人性化合理设置，会起到不错的辅助成交效果。例如"满 50 送小礼物"和"满 100 包邮"活动，不少顾客购物金额差几元时都会再买一件产品以达到获得小礼物和包邮的目的，如图 8-14 所示。

图 8-14　在销售旺季满 248 元包邮促销

（5）到了旺季，平时不舍得投入的卖家可以花点钱装修一下店面，给买家留下好印象。旺铺可按月买，买一两个月的旺铺试一试，如果没有效果则可不再续费。

（6）保证营业时间充足。时间也是提高网店销量的重要因素，特别是在旺季，更应该保证营业时间充足，这样网店才有可能更胜一筹。

旺季促销是一门学问，值得每个卖家来学习、总结。只有有效地把握促销的真正要义，在理论上领悟其真谛，在实战中把握其脉搏，做到以上几点，才会在与其他店铺的竞争中实现销量的稳步快速提升。

8.8　练习题

1. 填空题

（1）_____是现在商家惯用的手法，尤其是像情人节、中秋节、国庆节、元旦、圣诞节等大节日更是给商家带来促销的理由。

（2）_____是最常用的促销方式，它把商品作为礼物赠送给顾客，以一种实物的形式给顾客非价格上的优惠。

（3）_____是一种最常见的商品促销形式，就是将某种商品打折优惠，刺激商品大批量销售，活动结束后商品恢复原价。

（4）_____作为一种有效巩固和激励老顾客多次购买的促销手段，在商家促销中得到广泛应用。

2．简答题

（1）促销的好处有哪些？

（2）促销的最佳时机有哪几个？

（3）赠品促销效果不佳的原因有哪些？

（4）赠品的选择技巧有哪些？

（5）折扣促销主要有哪些优点？

第 9 章

通往电商大卖家的必备推广武器

本章导读

随着网购大军的逐渐增多，淘宝市场变得越来越庞大，同时淘宝网的规则、玩法也越来越多、越来越严格。那么如何突破瓶颈，做大做强，成为商家们的一大考题。本章就来介绍一些通往电商大卖家的必备推广武器。

9.1 设置"满就送",让店铺流量翻倍

在淘宝网众多的营销工具中,大家最喜欢的就是满就送。为了让卖家更好地使用这个促销工具,淘宝网对它进行了升级。新版满就送,功能更多、更强大,可以根据卖家促销活动的主题设置不同的满就送。

9.1.1 什么是"满就送"

满就送就是基于旺铺,给卖家提供一个店铺营销平台,通过这个营销平台可以给卖家更多的流量。让卖家的店铺促销活动可以面向全网推广,将便宜、优惠的店铺促销活动推广到买家寻找店铺的购物路径当中,缩减买家购物成本。

满就送(减)分为"满就减现金""满就送积分""满就免邮费"。顾名思义,卖家通过订购该服务,并进行相应的设置,就可以在每个宝贝描述页面中展示店铺的促销信息,如图9-1所示。

但是,卖家不要以为订购了满就送(减)服务,以后生意订单就会像雪花一样源源不断地飘过来。不要忘记了,商品和服务本身才是订单的基础。满就送工具更适合原本就有流量、有订单的卖家采用,这个工具可以促使消费者更多地购买店铺中的商品,以保证所购买商品的性价比,说白了就是可以省点钱。

9.1.2 如何开通"满就送"

有些人没有很好地认识到这个活动的本质,以为是以亏本换销量的活动,其实不尽然。尽管有些卖家以牺牲利润来换取销量,但也是有失必有得。牺牲一点眼前的利益,可以换来更多的人了解你的商品、积累更多的人气,这是每个商家都想得到的。

开通满就送的具体操作步骤如下:

(1)登录"我的淘宝",在"我是卖家"页面下面单击"营销中心"→"店铺营销中心"链接,如图9-2所示。

图 9-1　满就送（减）

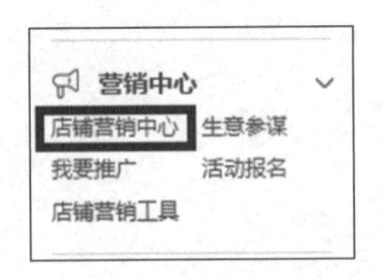

图 9-2　单击"店铺营销中心"链接

（2）进入"店铺营销中心"页面，单击"满就送"链接，如图 9-3 所示。

图 9-3　单击"满就送"链接

(3) 进入"商家营销中心"页面，单击"满就送/减"按钮，如图 9-4 所示。

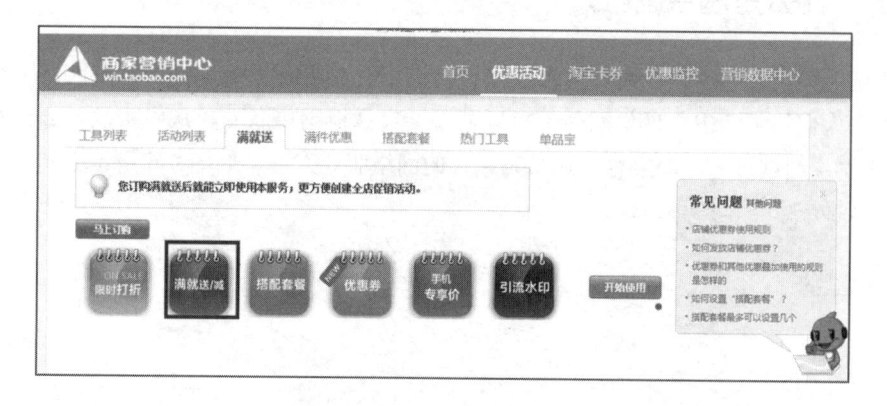

图 9-4　单击"满就送/减"按钮

（4）打开"服务市场"页面，选择周期后单击"立即购买"按钮，如图 9-5 所示。付款后即可成功订购满就送服务。

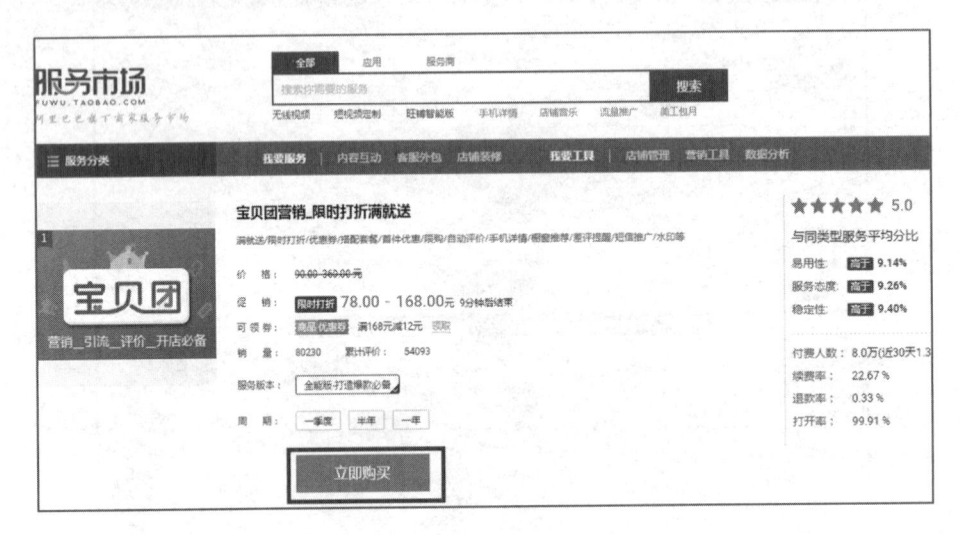

图 9-5　订购满就送服务

9.2　让更多的淘宝客推广你的商品

淘宝客推广是一种按成交计费的推广模式。只有成交后，卖家才需要向淘宝客支付佣金。在互联网上，我们不难看到有些淘宝客创造了月入上万元甚至几万元的神话。

9.2.1　什么是淘宝客推广

实施大淘宝战略后，原淘宝客推广平台与淘宝交易平台进一步整合。目前淘宝客已经逐渐融入人们的生活中，任何网民都可以帮助淘宝掌柜销售商品，从中赚取佣金。网上的"营销大军"超过百万，淘宝客一跃成为最大的网络职业人群。如图 9-6 所示为淘宝联盟下的淘宝客推广。

第 9 章 通往电商大卖家的必备推广武器 | 197

图 9-6 淘宝联盟下的淘宝客推广

　　淘宝客从淘宝客推广专区获取商品代码，任何买家经过淘宝客的推广（链接、个人网站、博客或者社区发的帖子），进入淘宝卖家店铺完成购买后，淘宝客就可得到由卖家支付的佣金。帮助淘宝卖家推广商品并按照成交效果获得佣金的人就是淘宝客。买家通过支付宝交易并确认收货后，系统会自动将应付的佣金从卖家的收入中扣除，存入淘宝客的预期收入账户中。

　　简单一点说，就是申请自己的网店做淘宝客推广后，在淘宝客推广专区就会有你的推广商品代码。在一些流量高的网店或独立网站上会把你的推广商品代码做成广告，如果有人通过这些广告进入了你的店铺并且成功购买了你的宝贝，那么你就要支付所设定的佣金给这些为你带来订单的人。

9.2.2 开通淘宝客推广

淘宝客提供单个商品或店铺的推广链接,也可以指定推广某个商品或店铺,做到推广内容和推广途径的完全自定义,推广信息和网站内容或推广途径充分结合。

开通淘宝客推广的具体操作步骤如下:

(1)登录"我的淘宝",单击"营销中心"下面的"我要推广"链接,如图9-7所示。

(2)进入"我要推广"页面,单击淘宝客下的"开始拓展"按钮,如图9-8所示。

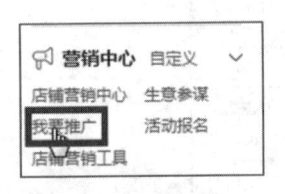

图9-7 单击"我要推广"链接　　图9-8 单击淘宝客下的"开始拓展"按钮

(3)打开"淘宝客"页面,可以看到当前的推广情况,如图9-9所示。

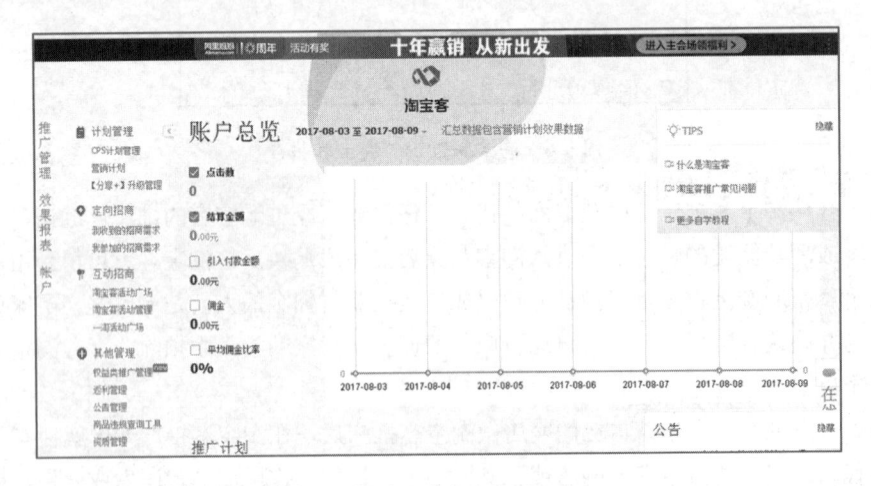

图9-9 "淘宝客"页面

9.2.3 做好淘宝客推广的技巧

淘宝客是一种可以先看到效果再付钱的形式。不过，优秀的淘宝客却不是那么好寻找的，因为他们需要的是能为自己带来更多收入、更好分成的淘宝卖家。做淘宝客的人成千上万，只要你的产品质量好，佣金比率设置得相对较高，自然会有很多淘宝客为你的产品宣传推广。

1. 设置合理的佣金比率

淘宝客推广的最低佣金比率是1.5%，一般设置在10%以内的产品被淘宝客推广的不多。从淘宝客的收入中还要支付阿里妈妈技术运用费，佣金比率太低的话基本没人为你推广。只有设置合理的佣金比率为10%~40%，才能吸引更多的淘宝客。

2. 挑选优秀的商品

商品具有良好的销售记录绝对是有效推广的有力保证之一。淘宝客推广绝对不应该成为卖家滞销品的仓库，只有具有诱人的销售记录，才能带给淘宝客和买家信心。

3. 设置优秀的标题、简介

突出你希望传达给买家的商品价值点。如果该商品正在做促销，或者有赠品，那么最好能在标题和简介中明确地体现出来，这样能在第一时间吸引淘宝客的目光。

4. 额外奖励刺激

如果希望有更多优秀的淘宝客帮助你推广商品，那么除佣金之外，还要为淘宝客设置推广激励计划。

5. 店铺的转化率很关键

当产品的佣金设置很有吸引力，并且店铺的转化率也还可以时，淘宝客推广起来才起劲。淘宝客的收入越多，店铺的销售情况就越好，这是一个良性循环。

6. 做一些活动来吸引淘宝客

可以举行一些活动来吸引淘宝客，比如对本月推广成绩前三名的淘宝客设置奖金。当然，在发奖金的时候不要忘记炒作一下，写一个帖子来宣传自己的店铺。

7. 设计美观的图片

图片要美观。但是为了避免淘宝客拿你的图片给他人的店铺做推广，要在图片上明显的位置写上店铺的地址、电话联系方式等。

8. 注重商品描述

在互联网上人与人不能面对面交流，商品描述和图片都是用来介绍商品的，所以要十分注重。在淘宝客推广中，对于销售火爆的商品，可以用买家好评、交易记录等来阐明该商品的好。有的卖家信誉高、货源充足，但是没有详细的商品描述，图片也很模糊，淘宝客一般不喜欢这样的商品，即使佣金再高也不会给推广。

9. 硬广告加软广告的宣传

在硬广告中写上招募淘宝客，然后放在显眼的广告位上。也可以写软文推广，花一点心思写文章，既经济又实惠。

10. 卖家自己投身到淘宝客的队伍中

卖家也可以做淘宝客来推广自己的店铺，原因很简单，只有当自己的产品时不时有人推广时，才会有更多的人愿意推广你的产品。

11. 看重店铺信誉

淘宝客对卖家的信誉度很看重。信誉度高的卖家有实力、有充足的货源，会让淘宝客有安全感。

9.3　钻石展位吸引百万流量

钻石展位对店铺的成长帮助非常大，可以通过这个工具让更多的买家看到你的店铺，让更多的买家进入你的店铺，让更多的人知道你的品牌。

9.3.1　钻石展位介绍

钻石展位提供了丰富而全面的统计数据，让卖家对每一分钱投入都清清楚楚。同时，它还提供了广告优化服务，无论是广告投放设置还是后续行为，钻石展位都会对此进行监测和分析，让你了解如何优化广告投放，最大限度地提升广告投放效果。

钻石展位是专门为有更高信息发布需求的卖家量身定制的工具，精选了淘宝网优质的展示位置，通过竞价排序，按照展现计费，其性价比高，更适合于店铺、品牌的推广。如图9-10所示为淘宝网首页优质的钻石展位。

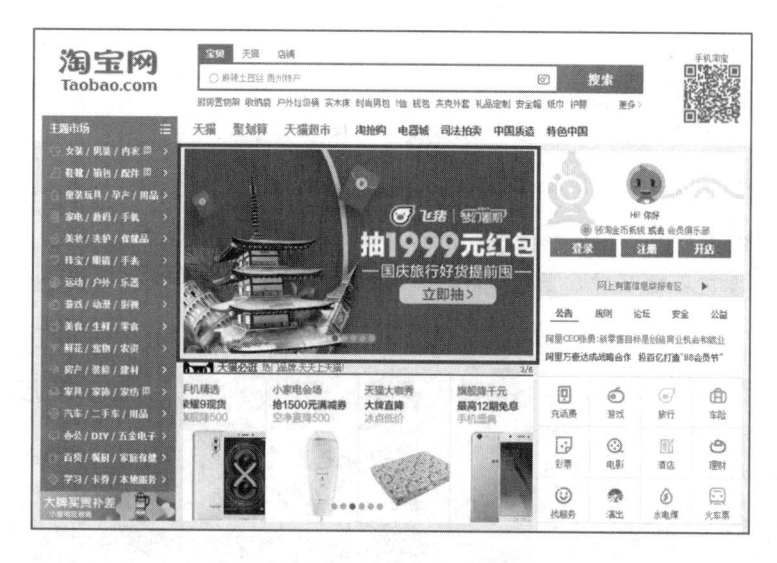

图 9-10 优质的钻石展位

钻石展位具有如下优势。

- 范围广：覆盖全国 80% 的网上购物人群，每天有超过 15 亿次的展现机会。
- 超炫展现：展现形式绚丽。钻石展位不仅支持图片格式，而且还支持 GIF、Flash 等动态格式，可以把自己的展示图片做得非常漂亮。钻石展位的尺寸都比较大，冲击力强，可以最大限度地吸引买家进入你的店铺。如图 9-11 所示为绚丽的钻石展位。

图 9-11 绚丽的钻石展位

- 超优产出：按照展现次数收费，不展现不收费，自由组合信息发布的时间、位置、费用等。统计报告和效果优化服务让你的每一分钱投入都清清楚楚。
- 定向准：目标定向性强，可以定向 13 类主流购物人群，直接生成订单。
- 实时竞价投放计划随时调整，并实时生效参与竞价。

9.3.2 申请钻石展位

商家申请淘宝网钻石展位的具体操作步骤如下:

(1) 登录进入淘宝网后台,单击"营销中心"下面的"我要推广"链接,如图 9-12 所示。进入"我要推广"页面,单击钻石展位下的"立即登顶"按钮,如图 9-13 所示。

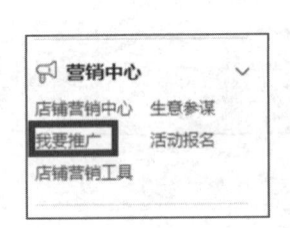

图 9-12　单击"我要推广"链接　　　　图 9-13　单击钻石展位下的"立即登顶"按钮

(2) 这时系统将自动转入钻石展位首页,如图 9-14 所示。

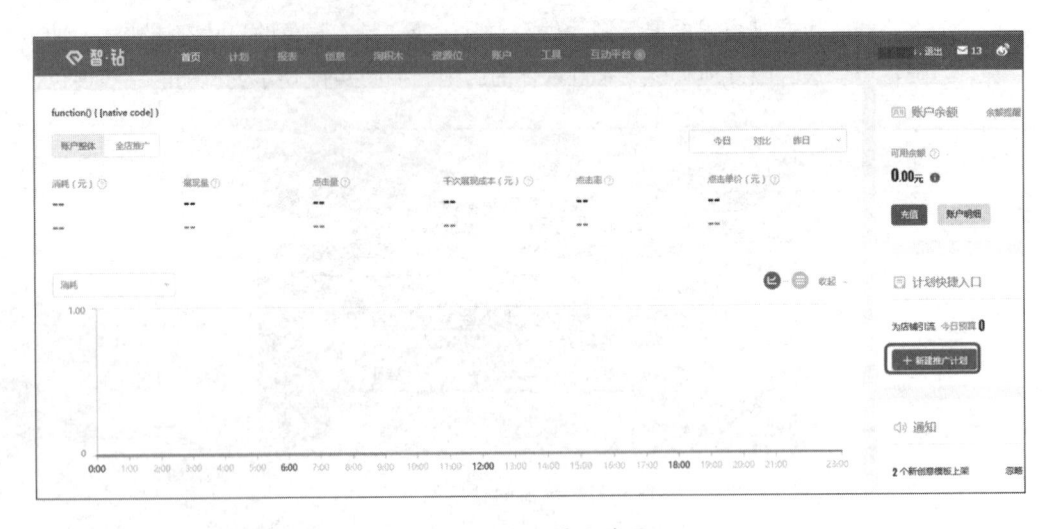

图 9-14　钻石展位首页

(3) 单击"新建推广计划"按钮,即可申请开通成功,进入设置参数页面。

9.3.3 钻石展位推广什么

钻石展位不仅适合发布宝贝信息，而且更适合发布店铺促销信息、店铺活动信息，以及推广店铺品牌。钻石展位推广可以为店铺带来充足的流量，同时还会增加买家对店铺的好感，增强买家黏度。

1．推广商品

如果主推的是商品，那么商品一定要有绝对优势和吸引力，才能吸引买家点击。因为钻石展位是按流量付费的，广告是否成功，在很大程度上是用点击率来衡量的。如果商品没有优势，点击率低或没有被点击，这个广告就是失败的。如图 9-15 所示为商品推广的一个经典案例，图片是动态广告，吸引了很多人点击。

图 9-15　商品推广

2．推广店铺

成功的钻石展位推广往往能引爆店铺的销量，但前提是先把店铺装修好，各种促销活动要吸引人，才能把所引进的流量转化为成交量。如图 9-16 所示为店铺推广的一个典型案例。

图 9-16　店铺推广

3. 推广促销活动

促销活动很容易抓住买家的眼球，尤其是一些优惠力度很大的活动，做钻石展位推广也可以带来很大的流量，如图 9-17 所示。

图 9-17　促销活动推广

9.3.4　准备好素材是关键

钻石展位，一般是中大卖家在淘宝网首页或各个特卖频道购买的广告位，费用相对比较高，因此一般很重视钻石展位的图片质量。对于普通的卖家经验很重要，做钻石展位推广最难的就是准备素材，也就是准备广告图片。

钻石展位的图片很重要，图片一定要吸引眼球，如果图片不能吸引买家点击，展现机会再多也没有用，只会浪费更多的钱财。另外，做活动的素材一定要突出卖点，牢牢抓住顾客的心理，做到相得益彰。

比如以全店铺促销活动为主题，配合推广店铺内几款热销产品，这时通常要根据图片的长度来决定添加几张商品图片,如图 9-18 所示。

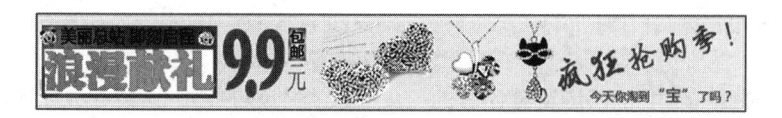

图 9-18　钻石展位素材

其实不管做什么样的宣传图片,无论是大到海报还是小到广告图片,它们包含的元素大都是一样的,一般都包括店铺名称、商品图片、促销主题、辅助信息,有的还包括人物图片,只是侧重的元素略有不同。

那么如何准备图片素材呢?

1. 需要展示店铺品牌或名称

一般店铺发展到一定程度,会更注重店铺名称或店铺品牌,所以该元素一定要放上去。

2. 人物宜用表情特夸张的漂亮人图

爱美之心,人皆有之。宜选用漂亮的人物图。最好的人物素材图,就是表情特夸张的漂亮人图。使用这类图做广告图片是最好的,容易吸引人的目光。但是一定要注意不要用名模或明星的图片作为素材,这样会涉及侵权问题。

3. 突出重点主题

钻石展位的核心就是对颜色的使用,因为钻石展位的尺寸较小,如果在颜色方面不够突出的话,在其他方面做得再好也白搭。黄橙色比较适合做文字背景,但文字颜色一定要选择黑色或其他深颜色。

钻石展位图片上的文字需要足够吸引人,越新颖越好。文字一定要用粗体,字体效果可以使用特殊文字。

4. 商品图片要清晰

在一个小小的钻石展位中,商品图片是不可能展示细节的,建议挑选能让大家看得清是什么商品的图片。如果图片模糊,看不出你卖的是什么商品,那么谁还会去点击呢?

5. 辅助信息

辅助信息是可有可无的元素,使用该元素是为了使整张图片看起来更加和谐。文字或者小图片都可以作为辅助信息。

9.3.5 竞价技巧

淘宝网的钻石展位是以浏览量计费的，如果设置不好的话，就会花钱如流水。出价是很讲究的，出价高肯定会被推广，但不是最划算的。想找到一个最划算的价格，首先要明白，出价购买的是千次展现量，不管是出 10 元排在第一，还是出 2 元排在最后，只要能展现出来，效果是基本相同的。下面介绍一些竞价技巧。

1．竞价一定要冷静

建议在开始竞价前先研究自己选中的广告位的特征，以及最近的出价数据，看准了、计算好了再出手。切忌不顾一切地去抢广告位，有时候一时冲动，有可能不小心抢到了不适合自己商品的展位。

2．科学出价

在流量没有被购买完的情况下，竞价尽量低，才可以在相同的预算下拿到更多的流量。当然，有些卖家是挑时间段的，比如一定要在 19:00—21:00 投放广告，在一个比较短的时间段内流量有限，那么取得优先权就很必要。

3．快速竞价

每天在 15:00 之前的几分钟是竞价最激烈的时候，很多卖家往往在前几秒出价或加价，所以在创建好投放计划后，可以快速竞价迅速抢位。

4．选择时间很重要

对时间的选择也很重要，在非高峰时间段竞争者少，价格也相对低一些。在不同的时间段流量也不一样。在购物高峰期流量相当大，排在前面的那些卖家预算可能很快就用完了，这时就轮到后面的出价比较低的卖家展示了。这里有一个小技巧，卖家在做预算的时候，可以选择在流量比较大的时间段内出价相对低些，但是预算要足，这样才能以比较低的价格买到大流量。有些卖家只求出价低，但是买不到流量，或者展示没几分钟就下来了，这样就失去了钻石展位的意义。

9.4 高效使用直通车，疯狂积累人气

淘宝直通车是网店推广的得力助手。淘宝直通车具有广告位极佳、广告针对性强和按效果付费三大优势。淘宝直通车的核心作用是提升流量，吸引新顾客，通过大量点击提高店铺的综合评分，从而增加自然搜索量。所以说直通车用得好可以打造爆款。

9.4.1 关于直通车

淘宝直通车推广带来的流量是其他推广工具和方法无法比拟的。淘宝直通车推广在给宝贝带来曝光量的同时，精准的搜索匹配也给宝贝带来了精准的潜在买家。淘宝直通车推广通过一个点击让买家进入你的店铺，在店铺内产生一次甚至多次跳转流量，这种以点带面的关联效应可以降低店铺整体推广的成本，提高整店的关联营销效果。同时，淘宝直通车还给用户提供了淘宝网首页热卖单品活动、各个频道的热卖单品活动，以及不定期的淘宝网各类资源整合的直通车用户专享活动。

淘宝直通车推广的原理是根据宝贝设置的关键词进行排名展示，按点击扣费，具体介绍如下。

- 如果想推广一个宝贝，首先应为该宝贝设置相应的关键词及宝贝标题。
- 当买家在淘宝网通过输入关键词搜索商品，或者按照宝贝分类进行搜索时，就会以图文并茂的形式展现推广中的宝贝。
- 如果买家通过关键词或宝贝分类搜索后，在直通车推广位点击你的宝贝，系统就会根据所设置的关键词或类目的出价来扣费。

9.4.2 直通车的优势

简单来说，淘宝直通车的优势就是：把潜在的买家带到店铺中，给店铺带来流量，有了流量，卖家就能施展自己的本领，给店铺带来订单。

淘宝直通车具体有以下优势。

- 超值服务——独享增值服务，迅速积累经营推广能力，让你成为网络销售高手。
- 超省成本——免费展示，买家点击付费，自由设置日消费限额、投放时间、投放地域，有效控制花销，合理掌控推广成本。具有强大的防恶意点击技术，系统 24 小时不间断运行，保证点击真实、有效。
- 超准推荐——被直通车推广的宝贝，只要买家主动搜索就能看到。在最优位置展示

宝贝,只给想买的人看。
- 直通车能给整个店铺带来人气。虽然推广的是单个宝贝,但很多买家都会进入店铺去看,一个点击带来的可能是几件商品的成交,这是直通车推广的最大优势。
- 可以参加更多的淘宝网促销活动,参加后会有不定期的直通车用户专享促销活动。
- 免费参加直通车培训,并且有优秀的直通车小二指点你优化推广方案,迅速掌握直通车推广技巧。

9.4.3 加入直通车

在对淘宝直通车的原理和优势有了基本了解后,就可以加入淘宝直通车了。那么怎样加入直通车呢?具体操作步骤如下:

(1) 登录淘宝网后台,单击"营销中心"下面的"我要推广"链接,如图9-19所示。进入"我要推广"页面,单击淘宝/天猫直通车下的"即刻提升"按钮,如图9-20所示。

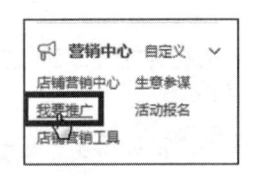

图 9-19 单击"我要推广"链接

图 9-20 单击淘宝/天猫直通车下的"即刻提升"按钮

（2）进入淘宝直通车首页，在页面右边可以看到"账户未激活，请立即充值 500 元以激活账户"，单击"我要充值"按钮，如图 9-21 所示。

图 9-21　单击"我要充值"按钮

（3）打开直通车充值页面，淘宝直通车第一次开户需要预存 500 元以上的费用，这 500 元都将用于接下来的推广中所产生的花费。选择好充值金额后，单击"立即充值"按钮，如图 9-22 所示。经过支付宝的充值操作以后，返回到直通车首页，就开通了账户并且可以使用了。

图 9-22　单击"立即充值"按钮

9.4.4 挑选合适的宝贝推广

开直通车就像开跑车一样，只要把好方向盘，越快越好，同时也要考虑怎样才能省油，否则会花掉很多油钱。但很多卖家在使用直通车时不得要领，花了很多费用推广，效果却并不理想。

参加直通车推广首先要选好一个宝贝，这是所有推广的第一步。因为参加直通车推广的目的就是让宝贝有更多的曝光机会，获得买家认可，顺利地将宝贝卖出去，从而有更好的成交量。

选出来做推广的宝贝，一定要有突出、清晰有力的卖点，能让买家在最短的时间内注意到该宝贝。卖点可以是性价比高（如价格有优势、有促销等）、产品功能强（如产品本身功效好、漂亮等）、品质好（如行货、正品等）等。

买家搜索、浏览商品的速度非常快，看广告的时间就更短了。如果宝贝图片不清晰、广告标题不简练、卖点不明确，买家在匆匆浏览之后，就不愿意关注你的宝贝了，你因此可能错过一个大买家，也可能招来大量的无效点击，从而浪费钱。所以，对好广告的基本要求就是让买家即使眼睛一扫而过，也能在最短的时间内明白：你在卖什么宝贝、商品的卖点是什么。

9.4.5 如何正确选择关键词

关键词是淘宝买家的搜索词，当买家搜索该关键词时，被推广的宝贝将展现在直通车推广位上。既然关键词这么重要，那么怎样选择关键词，以及有哪些选择方法呢？

（1）可以将淘宝直通车提供的匹配关键词作为宝贝的关键词，如图9-23所示。

图9-23 淘宝直通车提供的关键词

- 与宝贝匹配的推荐：系统根据宝贝的相关性信息提取的关键词推荐。
- 相关词查询：在搜索框中输入任意词，查询本词及相关词的流量等情况。
- 其他宝贝使用的关键词：当前账户中其他宝贝的关键词。

（2）可以使用宝贝标题中的关键词，如图9-24所示。

图9-24　使用宝贝标题中的关键词

（3）使用商品详情中的属性词，如图9-25所示。

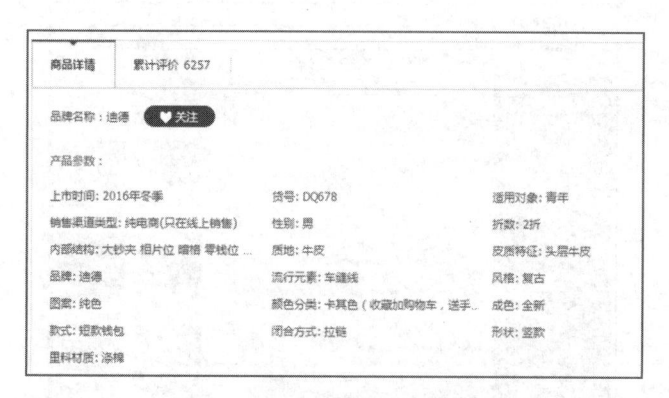

图9-25　使用商品详情中的属性词

（4）使用淘宝网首页中"搜索"下拉列表里的关键词，如图9-26所示。

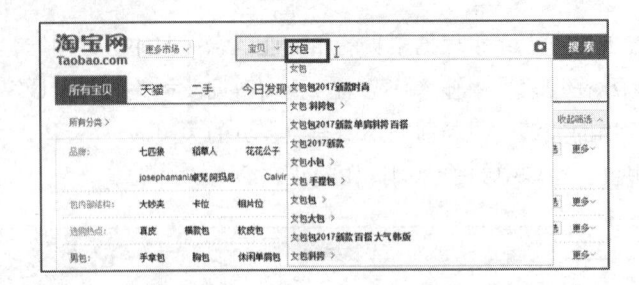

图 9-26　使用淘宝网首页中"搜索"下拉列表里的关键词

（5）使用搜索结果页面中的"您是不是想找"以及更多筛选条件中的关键词，如图 9-27 所示。

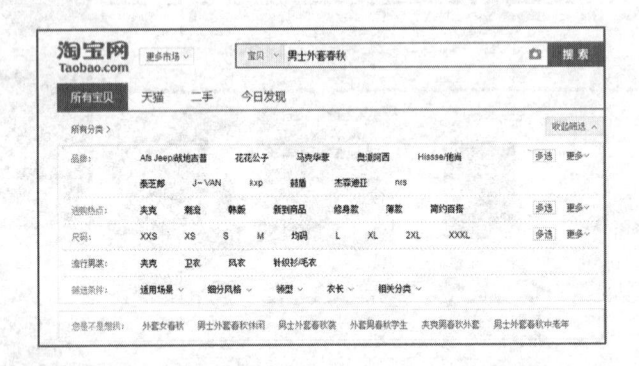

图 9-27　使用"您是不是想找"及更多筛选条件中的关键词

（6）使用"类目词"中的关键词，如图 9-28 所示。

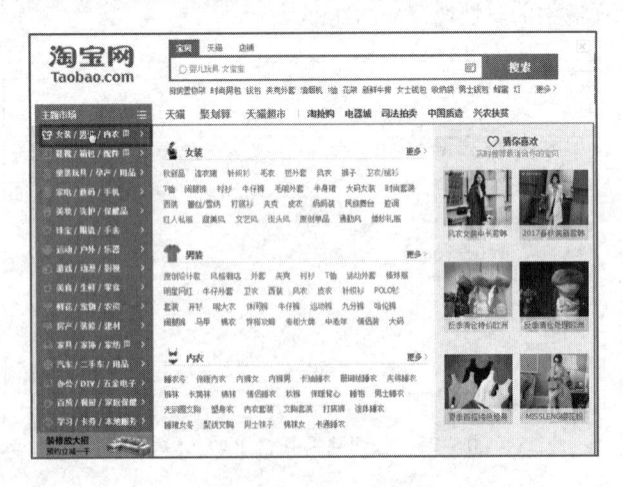

图 9-28　使"类目词"中的关键词

9.4.6 为关键词合理定价

对于关键词，很多卖家都不知道到底该如何出价。下面介绍如何为关键词定价，确保收益最大化，以及根据该定价下的流量价值合理调整关键词出价。

首先介绍两个重要概念：转化率和流量价值。

$$转化率=成交量/点击量$$

$$流量价值=利润转化率=宝贝利润/点击量$$

比如一个宝贝的利润是 20 元，每笔成交需要 50 个点击，那么转化率就是 2%。每个点击平均带来 20/50=0.4 元的利润，这 0.4 元就是该宝贝的流量价值。也就是说，为这个宝贝设置的关键词价格只要小于 0.4 元，那么流量越多，你获得的利润就越大。

9.4.7 最大化直通车推广效果

要最大化直通车推广效果，需要建立一个专门的表格来跟踪产品、关键词、位置的表现，获得各个位置的点击率和展现的第一手数据，这样才具备"少花钱，多做事"的基础。如果你连某个位置的详细情况都不了解，要想提高点击率则很难，节约成本更是无从谈起。你应该把关键词与相应的产品进行匹配，对哪个词是哪个产品的核心关键词进行初步的排位分工，然后再按交叉占位的方式进行出价。一定要避免两个产品使用同一个关键词去竞争相邻的两个位置，否则会白白浪费推广费用。笔者个人觉得除第一和第二位置外，第十和第十一位置是最好的。理由是一旦买家要翻页，当他去寻找"下一页"按钮的时候，在这个区域最显眼的就是与"下一页"按钮相邻的第十和第十一位置的广告了，如果图片处理得很好，肯定能把买家的眼光吸引过来，因为翻页是很麻烦的。

9.5 聚划算引爆买家团购狂潮

如今在网上购物已经是一件普通、平常的事情，随着互联网的普及，跨地域的消费者开始有组织地组成团队通过网络购买产品，这种消费模式即网络团购。

9.5.1 什么是聚划算

随着团购的火热，作为拥有商家最多的淘宝网怎么能错过这个机会呢？于是，淘宝网推出了自己的团购频道——聚划算。聚划算成立于 2010 年，2011 年 10 月成为独立业务，是中国最大的以消费者驱动的品质购物网站。每天有数千万个消费者发起品质团购,从在线商品到地域性生活服务,聚划算已经发展成为展现淘宝网优质卖家服务的互联网消费者首选的团购平台,确立了国内最大的团购网站地位。

依托广大的卖家和买家,聚划算一经推出就受到了很多人的关注。淘宝网卖家把它当作推广网店、打造人气宝贝的好方法;网购买家花很少的钱就能淘到自己中意的宝贝,聚划算实现了淘宝网卖家和买家的双赢。如图 9-29 所示为聚划算平台。

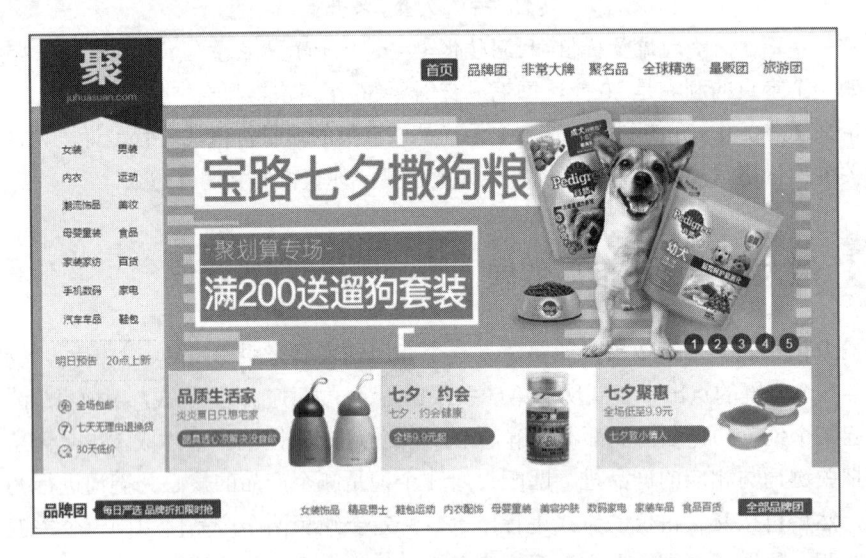

图 9-29　聚划算平台

聚划算是一个定位精准、以小搏大的营销平台,除了主打的商品团和本地化服务,为了更好地为消费者服务,它还陆续推出了品牌团、聚名品、聚设计、聚新品等新业务频道。

聚划算带来的流量有一个相当明显的特征,就是 IP 和流量保持平行性较为明显,这说明买家的购买注意力高度集中。因此,在聚划算的宝贝描述中,做关联销售是十分重要的,同时展示店铺形象和品牌文化也很重要。参加过聚划算之后,客单价会持续上升。如果服务态度很好且及时,则会给店铺带来不少好评,这些好评同时也影响着产品乃至整个店铺的口碑。如图 9-30 所示为聚划算的关联营销。

第 9 章　通往电商大卖家的必备推广武器 | 215

图 9-30　聚划算的关联营销

9.5.2　聚划算有哪些入口

聚划算带来的单品销量巨大，这是显而易见的，而且是相当重要的。聚划算拥有强大的粉丝团，再加上十几个官方大流量入口，保证了其买家流量是巨大的。聚划算的入口主要有以下两个。

（1）淘宝网首页顶部导航栏中的"聚划算"，如图 9-31 所示。

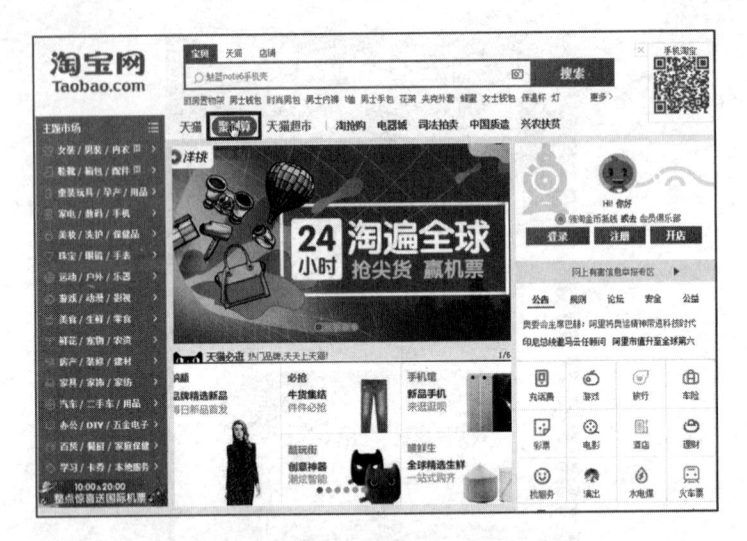

图 9-31 淘宝网首页导航栏中的"聚划算"

（2）淘宝网首页底部导航栏中也有聚划算，如图 9-32 所示。

图 9-32 淘宝网首页底部导航栏中的"聚划算"

9.5.3 卖家参加聚划算有什么好处

　　淘宝网发展至今已经拥有大量的客户流量，越来越多的访问淘宝网的人被聚划算所吸引。团购网的成功，一是因为有更多的商家愿意让利并且把信息放到团购网站上；二是有足够多的用户到这个团购网站来购买。这样不但用户能获得更多的实惠，而且厂商也能薄利多销。

1. 提高流量和销量，打造爆款

一旦你的商品出现在聚划算页面上，就代表已经有了巨大的浏览量。在开团的那一刻销售速度是非常快的，因为聚划算的老手买家都会提前浏览宝贝，然后咨询卖家来确定是否购买。也就是说，开团后的 1 个小时是最疯狂的时刻，也许不到 10 分钟 5000 件团购商品就会被一抢而光。参加聚划算，不但提高了销量，而且也展示了你的店铺——买到的买家对你的商品很满意，会到你的店铺转一转，浏览其他宝贝；买不到的买家也会到你的店铺转一转并浏览其他宝贝。

因此，参加聚划算能迅速提高店铺流量，使店铺快速曝光，单品销量比没有参加聚划算高出几倍至上千倍。如图 9-33 所示，参加了聚划算的商品单件销售量达 20000 多件。通常参加聚划算都能让卖家的商品加入爆款的行列。

图 9-33　参加了聚划算的商品单件销售量达 20000 多件

2. 增加品牌的曝光度

团购给买家带来了很多好处：一是团购的价格低于产品市场的最低零售价；二是产品

的质量和服务能够得到有效保证。因此，聚划算吸引了几十万买家疯狂团购，同时店铺品牌和产品品牌被大量曝光。很多商家参加聚划算就是为了在短时间内迅速提高店铺的流量，增加曝光度，而不是为了依靠团购单品赚钱。因此，参加聚划算的单品定价非常低，甚至亏本销售。买家参加聚划算团购的注意力高度集中，不只是看宝贝的品质，更多的是看该商家的品牌是否值得信赖。

3．卖家成长迅速

聚划算一天的活动将给卖家带来上万的流量和上千件单品销量，引爆店铺超强人气，关联销售和二次销售得到良性、持续发展。火爆的咨询量和成交量对店铺运营能力是一个强劲的考验，需要各部门高效配合，使店铺整体运作得到很大的提升和成长。如图 9-34 所示，多次参加聚划算的卖家成长迅速，在短短几年间就达到了双金冠级别。

图 9-34　卖家成长迅速，达到双金冠级别

参加聚划算活动的好处显而易见，在几分钟或几小时内单品销量就达到几千件，一天就创造出几十万元甚至几百万元的支付宝成交额。但是很多店铺通过聚划算活动也暴露出一些弱点，具体介绍如下。

- 服务跟不上，买家咨询量大，旺旺无回应。
- 发货跟不上，无法保障 7 天内完成发货。
- 只顾赢利，降低了产品的品质，把自己好不容易积累的口碑做差了。
- 售后服务跟不上，造成退款率及投诉率的提升。

4．组合营销

通过聚划算每天进店的客流量有时能达到几十万，那么如何利用和放大这些资源，是每个卖家都需要考虑的。通过聚划算平台，可以激活店内的各项活动。通过聚划算带来的巨大流量会带动店内其他商品的销售，比如结合店内促销、抽奖或其他事件共同营销，带动消费者的二次消费。比较常见的组合营销有满 100 元免运费或送小礼品、同时购买两件免运费或送小礼品等，如图 9-35 所示为店铺的组合营销。

图 9-35　店铺的组合营销

5．招揽回头顾客

聚划算是一种很好的推广方式，通过超高的商品性价比让买家体会到购买你的产品真的很划算。另外，从产品介绍到产品质量、客服态度、发货速度等一系列步骤给买家以优质的购物体验，让买家真正了解你的产品，成为回头客。

从某种意义上说，聚划算更像是一种广告媒介，卖家通过聚划算集聚人气，在短时间内增加流量。一次成功的聚划算活动远远不止带来一次流量，商家更看重的是买家后续的关注及二次消费。

9.6 免费试用让店铺的流量涨不停

试用中心立足为自有品牌商家打造产品推介,最新、最热、最火、最热卖的商品展示,是原创试用报告汇集的媒体平台,为商家进行精准、高效的口碑营销传播。

9.6.1 阿里试用中心

阿里试用中心是全国最大的免费试用平台。试用中心作为淘宝网的一个板块,秉承"试奇特,享新品"的理念,汇集了上百万份试用品,囊括了数码、美容、家居、美食等十余种类目,力争为试客提供超值的试用体验与公正、客观的体验分享平台。试用分为付费和免费两种。

免费试用是试用中心推出的用户可以完全免费获取试用品,通过试用报告分享试用感受,给商家的商品做出公正、专业的描述,从而帮助其他消费者做出购物决策,找到真正适合自己的商品的平台,如图 9-36 所示。用户申请获得的试用品无须返还。

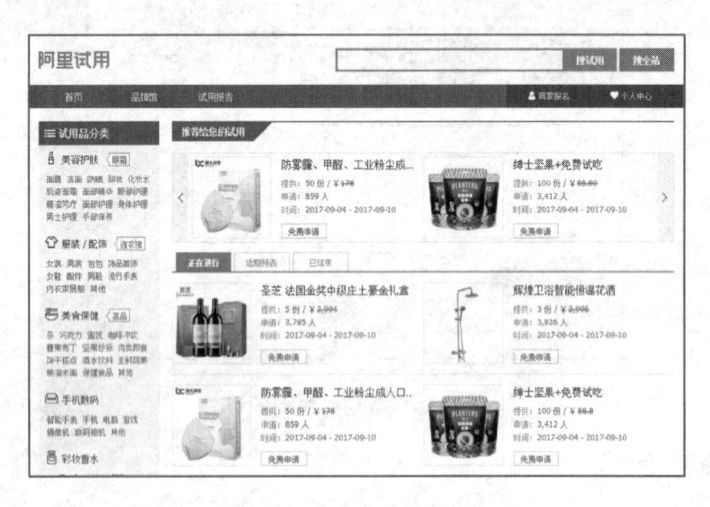

图 9-36 免费试用

9.6.2 如何进入试用中心

免费试用能够给顾客带来一种安全感,人们往往喜欢免费的东西,也更喜欢试用后再买。越来越多的商家选择免费试用这种推广方式来树立店铺的品牌和形象。由于试用产品大多是免费的,所以它被越来越多的买家所喜爱。通过以下方法可以进入试用中心。

(1)打开淘宝网首页,找到"阿里试用"单击即可进入试用中心,如图9-37所示。

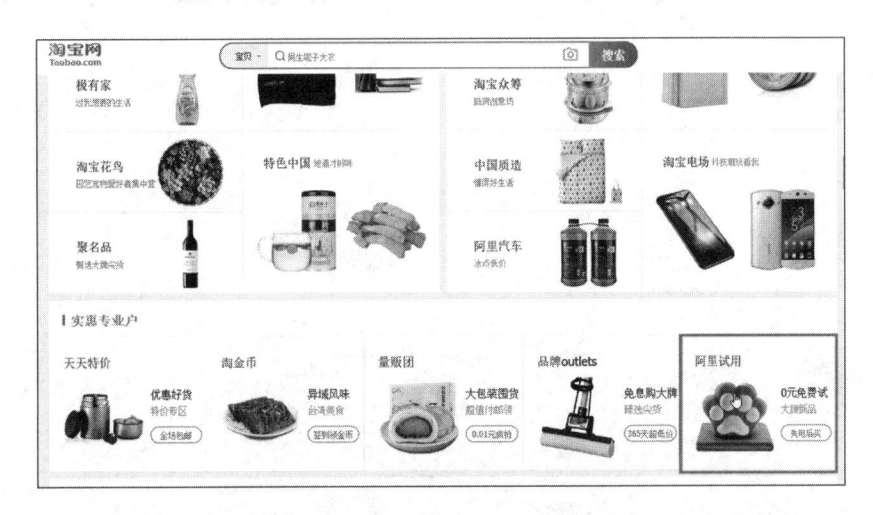

图9-37 单击"阿里试用"进入试用中心

(2)在淘宝网首页单击顶部右侧"网站导航"下的"试用",如图9-38所示。

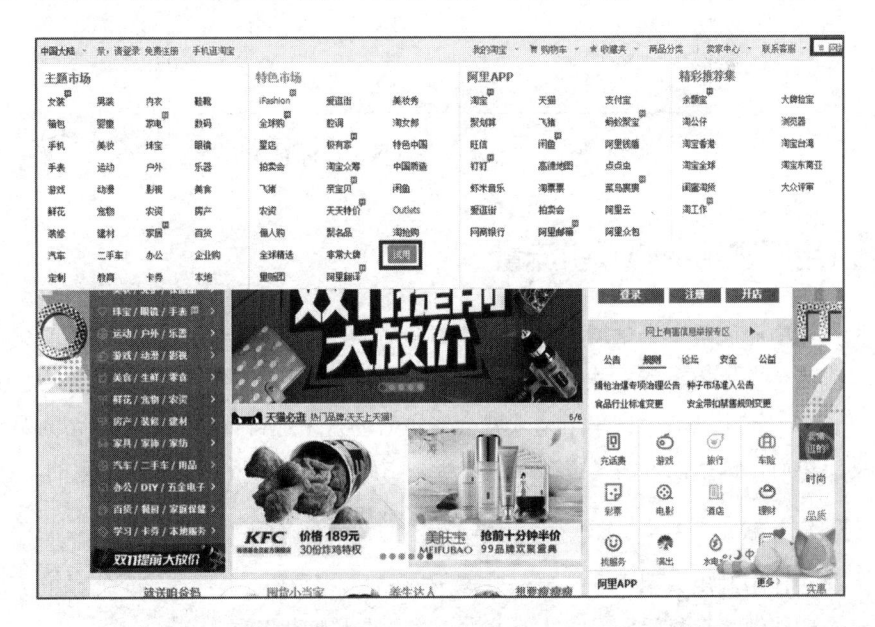

图9-38 通过"网站导航"下的"试用"进入试用中心

（3）在浏览器中直接输入地址 http://try.taobao.com/ 进入试用中心，如图 9-39 所示。

图 9-39　直接输入地址进入试用中心

9.6.3　用好试用中心吸引流量

阿里试用中心就是一个试用者可以免费申请试用产品的平台，而且试用者必须反馈使用报告。因为免费试用，所以能快速吸引目标客户，并对你的产品进行宣传推广。只要审核并通过了你的试用产品，试用申请人就会在短时间内增加得很快，甚至申请人数达到几万。活动结束后，试用报告始终留在试用中心，由此带来的流量也是非常可观的。

1. 打造爆款

首先在店铺中利用试用中心打造一些爆款，然后利用爆款来带动整个店铺的流量和销量，等整个店铺健康运营后再考虑如何做大做强，向品牌化发展。

打造爆款是为了增加销量、提升人气、获得利润，以及带动整个店铺商品的销售。如

图 9-40 所示为智能相机的免费试用页面，可以看到申请人数达 38 850 人。

图 9-40　通过免费试用打造爆款

下面是利用试用中心打造爆款的一些经验。
- 找对产品的目标人群，学会定位消费群体，同时还要有合适的时机，如店庆、节日等。然而，并不是所有的爆款都是可以在短时间内打造出来的，绝对做不到一蹴而就。如果没有各方面的资源，打造爆款过程是相当漫长的。
- 要有明确的目的性。在打造爆款的同时规划好店铺的发展，仔细琢磨在打造爆款之后店铺的发展方向，事关长期经营。
- 打造爆款就是为了销售，提高营业额等。销售营业额的提高靠的是销路和顾客，因此说顾客是成就爆款的"衣食父母"。在成就爆款的过程中如果失去了顾客参与这个链条，就相当于无源之水、无本之木。
- 保证正品。在通过试用活动打造爆款的过程中，对品质的要求绝不能马虎，诚信是根本，注重品牌建设，对口碑传播更应重视。
- 店内促销活动同步进行，对赠品环节也要细心对待。赠品包装精致，保证品质，顾客是可以感受到你的细心的。

2. 关联销售

关联销售是试用活动效果的主要考核目标之一，这一块做好了，才能减少参加试用活动的亏损。关联销售是非常重要的，要精挑细选出店内近一个月内的热销宝贝、收藏量大的宝贝以及新品作为活动关联销售商品，在店铺中采用多种促销形式连带销售。如图 9-41 所示为参加免费试用的店铺进行的关联销售。

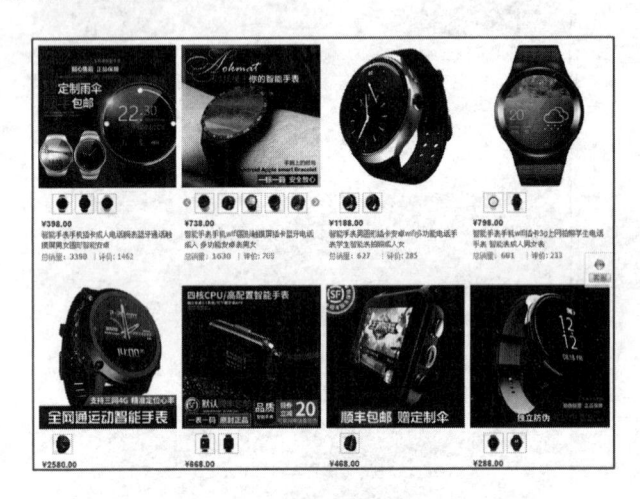

图 9-41 关联销售

在进行关联销售时要注意如下一些事项。
- 做好相关产品的搭配套餐、限时打折，尽量做到全场包邮。
- 参加活动的款式备货充足，能完全满足活动需求，并且要重视商品质量，坚决不让不合格的商品流入市场。
- 活动宝贝及重点主推宝贝的描述页力求完善、图片力求完美，图文并茂，全面介绍活动宝贝的详情、特点，让买家全方位了解欲购买的宝贝，提高自主购买率。
- 在活动详情页中，针对客户可能提出的问题，先在商品描述中说清楚，以减少客服的工件压力。
- 做好客服工作，解决顾客的疑问。客服在旺旺上要设置好快捷短语，介绍本次活动及店内的其他活动，争取做到让每个进入店铺的买家都满意。
- 仓库预先做好全部包装准备，并严格审单。提前联系好物流公司，确保在规定的时间内完成发货，让买家少些等待。

3. 口碑效应

淘宝网卖家利用试用中心进行口碑营销，买家则利用试用中心进行免费试用，可谓一举两得。试用推广得到的不仅是一大批潜在买家,更是一大批能够帮助店铺宣传和推广的买家,并可以引导买家成为店铺的长期宣传推广员和忠实的客户。

向买家派发试用产品,获得买家在真实使用过程中的感受和评价,从而分析出买家使用产品的方式、态度。买家对试用产品的感受和评价,以及对品牌的认知,影响着其他买家。如图 9-42 所示为试用产品产生的口碑效应。

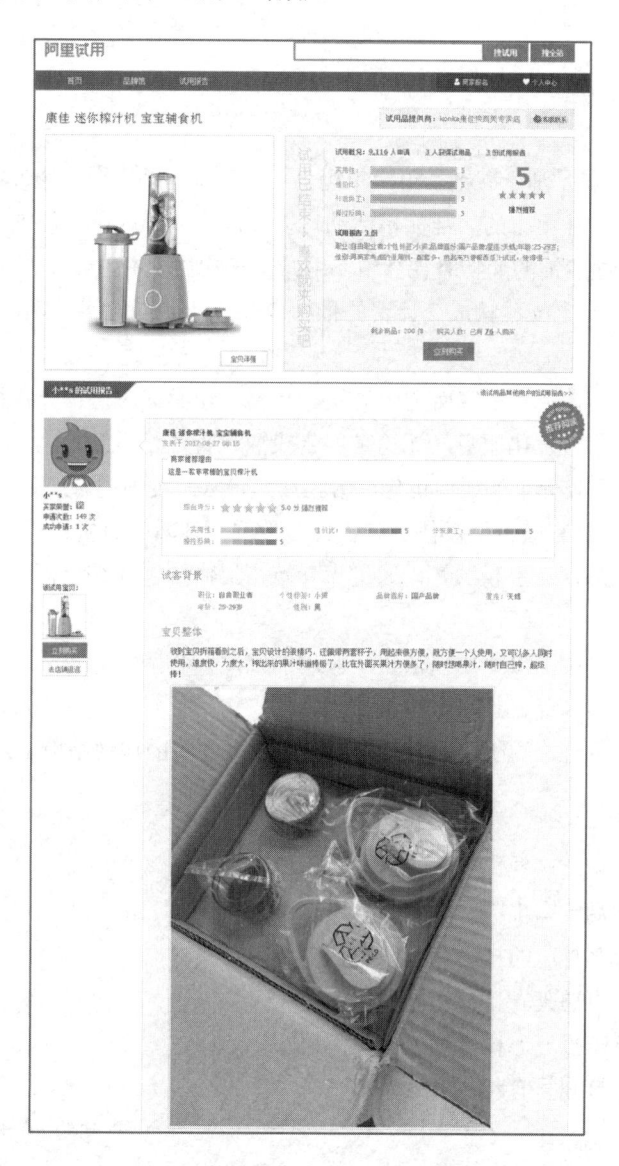

图 9-42　试用产品产生的口碑效应

口碑很重要，卖家应该把质量过硬的产品给买家试用，并且要有良好的售后服务，把试用者当成朋友，这样才能让买家感受到你的店铺不但产品质量好，而且服务态度不错，愿意帮助你宣传产品，或者会再次购买你的产品。试用者带来的不止一个好评，相信好的口碑能给店铺带来源源不断的客户，这就等于你已经成功一大半了。

9.7 练习题

1．填空题

（1）_____就是基于旺铺，给卖家提供一个店铺营销平台，通过这个营销平台可以给卖家更多的流量。让卖家的店铺促销活动可以面向全网推广，将便宜、优惠的店铺促销活动推广到买家寻找店铺的购物路径当中，缩减买家购物成本。

（2）_____是一种按成交计费的推广模式。只有成交后，卖家才需要向淘宝客支付佣金。

（3）_____提供了丰富而全面的统计数据，让卖家对每一分钱投入都清清楚楚。同时，它还提供了广告优化服务，无论是广告投放设置还是后续行为，_____都会对此进行监测和分析，让你了解如何优化广告投放，最大限度地提升广告投放效果。

（4）_____具有广告位极佳、广告针对性强和按效果付费三大优势。_____的核心作用是提升流量，吸引新顾客，通过大量点击提高店铺的综合评分，从而增加自然搜索量。

（5）_____是中国最大的以消费者驱动的品质购物网站。每天有数千万个消费者发起品质团购，从在线商品到地域性生活服务，_____已经发展成为展现淘宝网优质卖家服务的互联网消费者首选的团购平台，确立了国内最大的团购网站地位。

2．简答题

（1）怎样开通满就送？
（2）怎样开通淘宝客推广？
（3）做好淘宝客推广的技巧有哪些？
（4）怎样加入直通车？
（5）参加直通车推广怎样正确选择关键词？
（6）卖家参加聚划算有什么好处？

第 10 章

做好会员营销，让你的财富源源不断

本章导读

在网上开店卖家最想要的就是流量，而流量有了之后最重要的就是营销，那么如何利用流量带来的人气留住店铺会员，让会员产生源源不断的购买行为呢？这就需要做好会员营销，会员营销对店铺的发展有着很重要的作用。对于淘宝网卖家来说，不管是新店还是老店会员都会给店铺带来稳定的流量，以及高额的回报。

10.1　提升客户的信赖感

淘宝购物是在网上交易的,这种交易模式更需要获得买家的信赖,买家只有信赖了,才能放心购买。提升客户的信赖感,已经成为提高网店流量转化率的关键因素之一,那么如何提升客户的信赖感呢？

1. 店铺内部要完善

（1）加入消费者保障服务。淘宝网会在已经加入"消费者保障服务"的店铺和宝贝页面上加上醒目的标志,让更多的买家搜索到你的宝贝,从而树立起值得信赖的服务品牌,如图10-1所示。有消费者保障服务标志的店铺商品,买家会更放心购买。

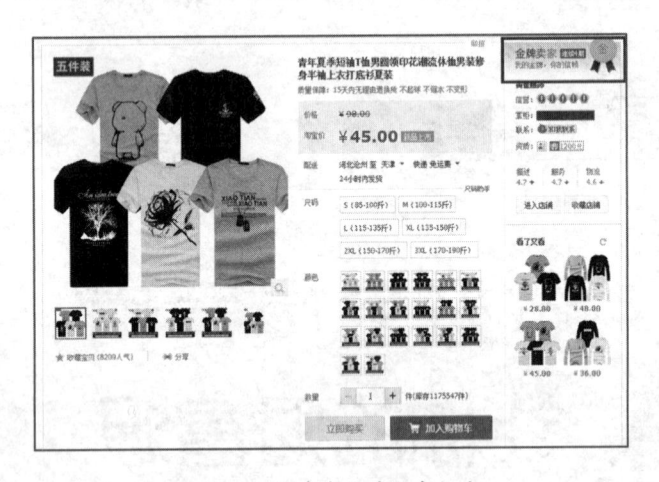

图 10-1　消费者保障服务标志

（2）商家要把诚信视为己命,不管店铺有多大、经营时间有多长,如果没有了诚信,生意就会一落千丈。诚信经营、商品有品质保证、有良好的客户服务,都将使买家的信赖感得到提升。

2. 采用试用营销

通过免费试用营销,可以提升买家的信赖感,从而提升品牌知名度,打开产品销路。

（1）试用营销注重用户体验。买家通过亲身体验产品,深入了解产品特性,提升了信赖感。

（2）买家试用之后,通过试用报告以图文并茂的形式反馈自己的试用感受。可以把试用报告分享到宝贝描述页中,让其他买家看到产品真实的使用过程及使用感受,提高他们的信赖感。如图10-2所示为宝贝描述页中的试用报告。

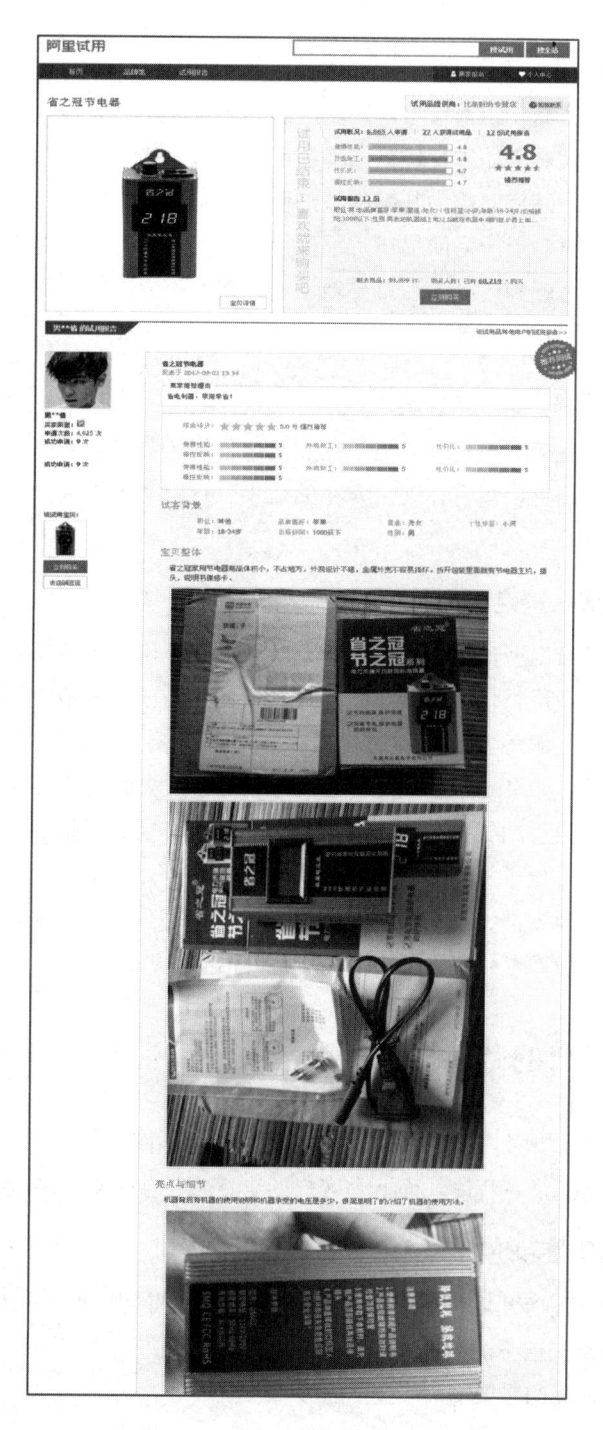

图 10-2 宝贝描述页中的试用报告

3．突出产品优点，提醒买家产品缺点

现在很多网店的产品介绍都夸大其词，产品的优点介绍一大堆，似乎每种产品都是万能的。如果像这样仅仅对产品进行优势展现，而不提醒买家需要注意和规避的缺点，那么买家通过网店购买到产品后，因为其某些缺陷而感到不愉快，从而给该网店差评，导致网店的信誉度下降。所以对于产品的描述，不但要突出优势，而且要提醒买家产品的缺点，使买家在购买之前就了解到产品的注意事项，这样在购买之后能够降低纠纷，提高网店的好评率，从而提升买家的信赖感。

4．网店装修要专业

很多卖家都知道网店需要装修，但是在装修过程中容易陷入误区，即网店看起来要么非常花哨，要么非常简单，没有体现出专业的效果。这自然不能提升网店的形象，没有形象谈何信赖感。

5．网店售后服务决定买家的信赖感

在任何时代，从事商业活动都必须注重服务，尤其是网店更应该重视服务，主动询问买家的想法和需要，是赢得信赖、获得意见或建议的好方法。一般来说，生意兴隆的店铺在销售上用尽心思，在服务上也给予更多的关心，尤其是当商品存在不足或发生问题时所提供的服务更加重要。如果是抱着不负责任的态度，那么就很难提供热情的服务。

对于准备退货、投诉的买家，要么堂而皇之地搪塞，要么不搭理，甚至把买家拉黑，这样做的结果自然是降低了买家的信赖感，使网店的信誉度下降。所以说，在提升网店的信誉度和买家的信赖感上面，售后服务是关键的因素。即使网店产品卖得再好，但是若没有良好的售后服务，最终也只会让网店遭遇严重的信誉滑坡。

10.2 加强客户的忠诚度

客户忠诚是指客户喜欢光顾你的网店，并愿意在你的网店购买商品。客户的忠诚度主要来自对网店的服务的满意程度，而一个客户的满意度又会带来许多潜在的客户。

1．控制产品质量和价格

产品质量是网上商店开展优质服务、提高客户忠诚度的基础。只有高质量的产品，才能在客户的心目中真正留下深刻的印象，从而受到客户的推崇。当然，合理地制定产品价格也是提高客户忠诚度的重要手段。

2. 诚信经营，建立可靠的信誉

诚信是店铺信誉的一个重要方面，在整个交易过程中积极实现透明化，做到诚实守信，向客户传递真实的信息，保证交易双方的合法利益，是赢得客户信任的第一步。要时刻为客户的利益着想，加强对客户的责任，注重提高产品质量和服务质量。一个好店铺有良好的信誉做后盾，才能吸引更多的忠诚客户。

3. 提供满意服务以留住客户

客户满意对网店经营有保障作用，只有客户满意了，他们才会再次购买你的产品。通过不断地提高店铺产品的质量和服务质量，提升客户对店铺的满意度。客户的满意度越高，购买次数就会越多，从而对店铺更加忠诚。

满意的服务是一个综合的概念和完整的过程。例如，对订单或售出货物提供跟踪服务，会提升客户的满意度，因为客户在订购商品后一般都希望能得到及时和妥善的处理。在实现货物快速发送的同时，也应快速回复客户对订货情况的询问。另外，将运单号告知买家，这样买家自己就能在网上通过此运单号随时了解商品的去向。

4. 注意联络感情以稳定客户

成功地把商品卖给了客户并不表示工作已经结束，还必须努力让客户再次光临你的店铺购买商品。设法记住每一个客户的名字和需求，并适时地通过多种方式询问他们使用商品的情况，以及征求他们对网店的意见，会让客户感到亲切和被关心。这是一种维系客户的好方法。

5. 利用网络优势，满足客户的个性化需求

商家要将客户的需求转化为对自身的要求，让客户在购物中感受到通过网络消费所带来的便捷与安全。首先，针对目标客户精心布置网络店铺，突出所经营产品的个性价值，使店铺在第一时间吸引客户的眼球，赢得客户的认同，从而培养起客户的忠诚度。其次，为客户提供个性化的服务，利用各种机会来获得客户的全面情况。通过与客户进行即时、持续的交流，从而培养起感情，提升客户的忠诚度。

6. 实行会员制度，采用促销手段

为会员提供免费礼品、免运费等服务，从而增加客户对店铺的回访率，提升客户的忠诚度。在节假日期间进行打折等促销活动，也可以为回头客提供打折优惠等。

网店竞争力的强弱取决于有没有高质量的服务、有没有忠诚的客户。客户的忠诚度是增强店铺竞争力的重要决定因素，更是店铺获得长期利润的源泉。

10.3　做好老客户资源维护

越来越多的年轻人喜欢在淘宝网买东西，吃、穿、住、行所需要的东西基本都可以在淘宝网上买到，既节省了上街挑选东西的时间，又节省了费用。现在网店越来越多，那么如何在这么多的网店中脱颖而出呢？这就需要珍惜每一个客户，做好老客户的维护工作，为淘宝之路走得长远打下坚实的基础。

研究表明，网店吸引新客户的成本至少是保持老客户的成本的 8 倍，而老客户几乎创造了店铺 80% 的收入和 90% 的利润。因此，商家应该把有限的资源放到对重点客户的关怀和维护上，细分他们的需求，进行更加精准的营销，才有可能形成爆炸式的利润增长。

对老客户维护得好，他们可以给你带来如下好处。

- 他们的回头率超过 20%。
- 他们是忠实的新款体验者，其评价最丰富、最能打动人。
- 他们会不断地为你的新品开发提供灵感和素材。
- 他们能不断地帮你宣传。
- 他们会不断地帮你指出问题，同时鼓励你进步。
- 他们会为你的荣誉和成绩喝彩。
- 他们会帮你监控竞争对手的产品动态。
- 他们会帮你发现仿冒者信息，维护市场秩序。
- 他们和你是朋友关系，会和你分享生活中的酸甜苦辣。

为了更好地做好老客户资源维护，可以采取如下措施。

- 当有顾客来到你的店铺时，不管他有没有意愿购买，你都要耐心地对待，细心地为他挑选商品。
- 根据客户的购物次数在旺旺上分好类，并且做好每个客户的基本资料记录。当店铺有活动时可以通过旺旺或者短信的方式通知客户，让客户随时掌握最新的促销活动。
- 对商品的到货速度及商品的资料做好跟踪调查，用旺旺与顾客沟通，让顾客觉得购物很放心、很安心，从而增加其友好度。
- 通过 BBS、帮派、掌柜说、网站、会员群等跟客户互动，主题可以选择一些客户感兴趣的话题。
- 促销也是要有技巧的，即使是送礼品也要跟会员等级挂钩，这样才能凸显老客户在店铺中的地位，让他们有被重视的感觉。
- 采取更多的优惠措施，如打折、赠品等；而且经常和客户沟通交流，保持良好、融洽的关系，吸引他们第二次购买，这样或许还可以带动其他客户来购物。

在淘宝网开店初期，一般订单量不会多，对于卖家来说，维护好与老客户的关系是一件很容易的事情。如果老客户维护好了，那么卖家所获得的收益也是不可估量的。

10.4 黏住客户从小处着手

在淘宝店有一个信用评价栏目，允许店主和顾客互相留言交流。其实这个栏目是一个互动的通道，如果店主想巧妙地利用这个通道和顾客沟通的话，需要做好以下几点。

（1）对顾客的每条评论都要回复。即使顾客没有评论也要回复。

（2）如果顾客对商品和服务不满意，则应尽量在回复中真诚地解释，以取得顾客的谅解。如图 10-3 所示为对差评进行回复解释。

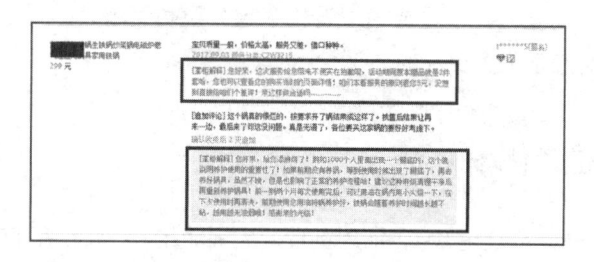

图 10-3　对差评进行回复解释

（3）如果顾客对商品和服务进行了表扬，则店主应表示感谢，并且可以将一些商品的最新信息夹在其中。如图 10-4 所示为对好评进行感谢。

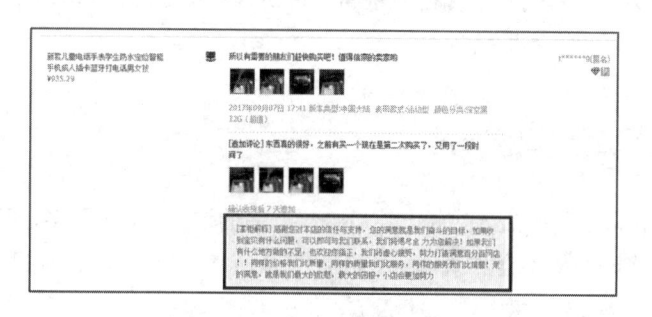

图 10-4　对好评进行感谢

回复是一门艺术，许多卖家都希望提高销售量，那么就要从这样的细微之处入手。已经有一批皇冠级卖家在淘宝网外建立了社区，在该社区中有：

- 卖家的最新公告或者博客。
- 促销商品的预告板块。

- 顾客对新商品的体验报告板块。
- 供顾客发牢骚的板块。

这样的社区已经成为黏住稳定客户的最佳平台。现在的皇冠级店铺，一般均拥有上万个客户及上千个稳定客户。皇冠级卖家曾经用发送礼品、VIP卡、博客、圈等多种方式来黏住客户，但是毕竟规模有限，而建立这样的社区是一种最新模式。

皇冠级卖家认为，与其花广告费在网络上做宣传，还不如建设这样的社区，在自己的社区中做广告。

10.5 提高淘宝转化率

对于网店来说，转化率是很重要的，转化率越高，利润越大；否则，流量再多，但是转化率不高，那也是赚不了多少钱的。

10.5.1 什么是转化率

请大家看一个公式：成交笔数=店铺浏览量×店铺转化率。如果店铺的生意想从"不好"变"好"，那么要么提升浏览量，要么提升店铺转化率。浏览量是可以通过宣传推广来增加的，而转化率则是由店铺产品、店铺服务等因素决定的。

简单地说，店铺转化率就是成交笔数和浏览量的比值。可以这样来理解：顾客来到你的店铺，产生购买行为的概率。转化率越高，说明客户购买的概率越大。如果店铺有足够高的转化率，那么店铺的流量就多，即成交笔数越多，生意越好。

10.5.2 提高转化率的方法

网店营销就是吸引买家进入店铺，然后购买产品的过程。流量再多，但是转化率很低，自然成交量上不去，结果不会令人满意。下面将从店铺定位、宝贝描述和售后服务三个方面来重点阐述如何提高转化率，让流量变成销量。

1. 明确店铺定位

（1）店铺战略定位——选好经营方向

买家为什么要在你的店铺购买商品？买家凭什么要买你的东西？这关系到店铺的定位。店铺的定位非常关键，选好自己的经营方向，给买家一个选择购买你的商品的理由，转化率自然就上来了。

（2）店铺产品定位——建立消费信任

很多卖家都很迷茫：我的商品价格便宜，信誉也不低，为什么就没有人来买呢？别人卖的商品价格贵，信誉也比我的低，但却卖得很好，这是为什么呢？这就关系到产品的定位。卖得好的店铺都有鲜明的产品定位，对宝贝适合什么层次的消费者，以及主打宝贝的价位区间都做了精心的策划，这无形中就在买家心中建立了信任感。

未来网店的竞争成败主要取决于网店的品牌和口碑效应，如果客户对你的产品很熟悉，同时也认同你的品牌，那么就很容易把潜在的客户转化为真实的客户；如果品牌和口碑不好，即使产品在质量或者其他方面具有优势，那么对于有些客户来说也是不会考虑的。由此可见，口碑或者品牌的影响作用是巨大的。如图10-5所示为天猫商家的骆驼男装品牌产品。

（3）店铺装修定位——创造消费环境

在线下，装修设计好的门店去的人比较多，因为它给人一种温馨、舒服的感觉，而且也很专业。其实在网上开店也是一样的，对网店的装修设计也是至关重要的。每个店铺都要结合自己经营的商品来装修，不要千篇一律，要有自己的特色风格才能吸引客户的眼球。有不少买家会因为喜欢而买，而不是因为价格便宜而买。如果你的店铺装修没有足够的冲击力，那么赶紧好好装修一下，你会有意想不到的收获。

2. 打造宝贝吸引力

很多买家逛店铺，往往先进入的是宝贝详情页，而不是店铺首页。所以，好的宝贝详情页是一个店铺的灵魂。宝贝详情页跟转化率息息相关，如果买家不了解产品的优点，不知道产品的价值高于价格，那么转化率是不会高的。

（1）宝贝本身——紧跟市场热度

市场需要的产品，自然不愁销路，即使价格高，也有人买。所以，为了提高转化率，要先看看自己的宝贝是否属于市场需要的产品、是不是当季最火的产品，这是基础。

（2）宝贝图片——抓住买家眼球

要把自己的宝贝图片处理得越吸引人越好，因为越吸引人越好卖。在商品的展示上，图片排版要有序，图片并不是越大越好，卖家要利用最小的空间展现出最合理的图片。同时，运用图文结合的形式，在呈现图片的同时辅以文字介绍，让买家更加了解商品。如图10-6所示，精美的宝贝图片吸引买家的目光。

图 10-5　天猫商家的骆驼男装品牌产品　　图 10-6　精美的宝贝图片吸引买家的目光

（3）宝贝标题——热搜关键词

宝贝标题尽可能多地使用关键词，而且这些关键词必须和该宝贝息息相关。如果用一些不相关的关键词，即使它们是热门搜索词语，买家搜索进来了，但一看是"挂着羊头卖狗肉"，那么也不会购买的。所以只有关键词和宝贝相关，才会提高宝贝被买走的可能性。如图 10-7 所示，宝贝标题是"Troop 休闲男包单肩包男简约青年新款男士斜挎包男背包帆布包横款"，其中包含了与宝贝相关的信息，可以看到月销量为 355 件，转化率很高。

图 10-7　宝贝标题中的关键词

（4）促销活动区——增加买家的购买欲望

在商品描述中添加给力的促销信息，在让买家了解商品的同时，让促销优惠信息刺激买家的购买欲望。如图10-8所示，在商品描述中添加了给力的促销活动信息。

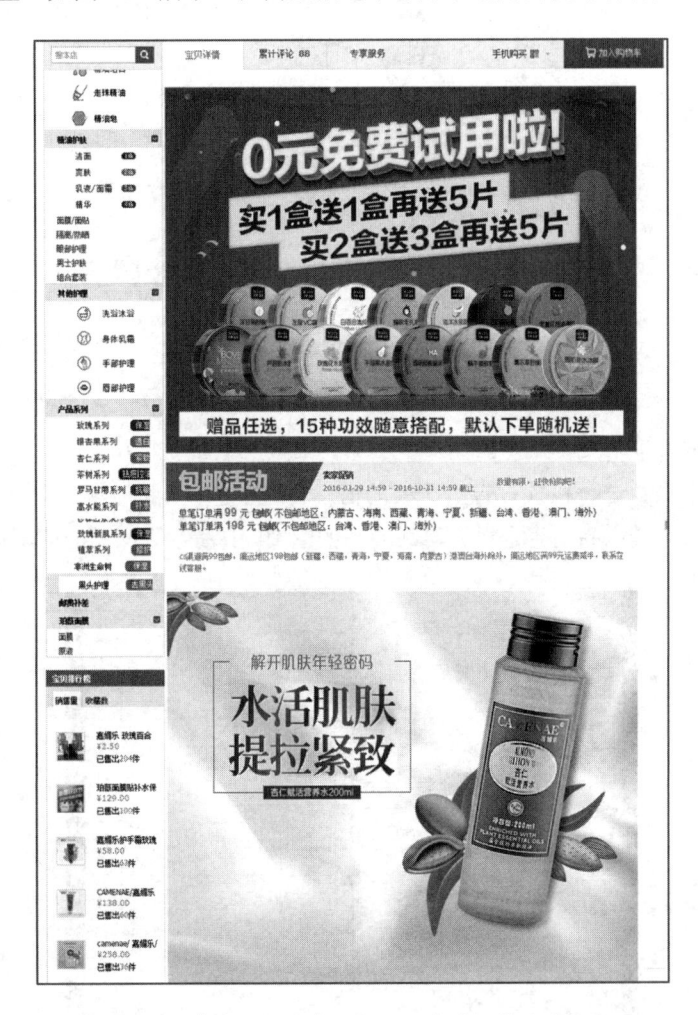

图10-8　在商品描述中添加了给力的促销活动信息

（5）承诺正品——保证质量

大家在网上买品牌产品，最担心的就是买到假货，如果能打消客户的这个顾虑，那么基本上就留住了客户。所以，卖名牌产品可以这样写：100%正品、支持专柜验货、假一赔十、七天包退。使用这类词语，目的就是让客户放心。如图10-9所示为销售品牌产品的店铺，专柜正品，月销量为3412件，累计评价将近3万条。

图 10-9　承诺品牌正品

（6）上传权威证书或实体店的图片

用专业的权威认证、检验报告等严肃的信息传达出严谨、真实可信，上传产品的权威证书图片，这对店铺产品销售是很有帮助的。如图 10-10 所示为产品的检验报告。

图 10-10　产品的检验报告

另外，卖家有实体店也是一个优势。网店是虚拟的，放上实体店的图片，让客户知道有实体店，给人一种更真实、更可信赖的感觉，客户就会觉得店铺更有实力。

（7）价格不能太离谱

宝贝价格太高或太低都不恰当，太高了没有人买，太低了买家会质疑是否是假货，所以设定合适的价格是很重要的。

（8）宝贝评价

不管是好评还是中、差评，卖家一定要抽时间看看，遇到会影响买家购买的不良评价要及时做出解释，这样可以消除买家心中的误会和困惑。

可以把评价或者销售截图添加到宝贝描述中。当然，要截图那些好评价，打上自己店铺的专用水印。这样做是为了强化客户的信任感，而且能让客户感觉到你用心、负责，售后肯定也不错。

（9）突出产品质量及优势

突出产品质量及优势，使买家对产品有更深入的了解，通过核心卖点的呈现来增强买家的购买冲动。同时，也可以将自己的产品和其他产品进行对比，将它们的优缺点一一列出来，这样买家看了更加直观。要通过对产品核心卖点的提炼，同时找到类似产品的特点，来升华你的卖点。

3. 用完美服务取胜

（1）售前服务——想买家之所想

买家在下单前肯定会咨询一些他们所关心的问题，如有没有货、什么时候能发货、价格能否优惠、是否有赠品等，这时候店主需要做的是用最及时的反应、最耐心的答复、最温馨的语言、最优雅的态度来迎接。

（2）售中服务——急买家之所急

买家拍下商品付款后，最着急什么呢？当然是着急早点收货，巴不得马上就能拿到货。既然如此，那么卖家就要以最快的速度发货。所以，选择一个送货速度有保证的快递公司非常重要，有不少顾客就是因为你发货快而一买再买的。

买家付款后，卖家要尽快发货，货发出后要将运单号告知买家，这样买卖双方就都可以通过快递公司的网络进行查询，随时跟踪商品的去向。如果有意外，要尽快查明原因并和买家沟通，避免因服务不周而带来差评。

（3）售后服务——忧买家之所忧

买家确认收货后，卖家要及时联系对方，询问其对货物是否满意、有没有破损，如对方回答没有，就请对方确认并给予评价。对方都满意了还能给差评吗？如果真的有什么问题，但因为店主是主动询问的，也会缓和气氛，有利于解决问题。因为从情理上来讲，很多事情争取主动要比被动更容易占"上风"，当然遇到"胡搅蛮缠"的买家则另当别论。

在货物寄出前，卖家最好要认真检查一遍，千万不要发出残次品，也不要发错货。如果因运输问题而造成货物损坏，或者确实是货物本身有问题，买家要求退换货时，卖家也应痛快地答应买家的要求，和气生财，说不定这个买家以后会成为你的忠实客户。

10.6 根据客户细分做精准营销

作为一个网店的店主，最大的愿望无非是自己的店铺生意红火、销量翻倍。不过，在竞争激烈的网络环境中，这样的愿望似乎越来越遥远了，但是不要灰心，如果你掌握了一些有效的精准营销策略，那么网店的销量自然会超出你的预期的。

10.6.1 从数据分析网店客户来源

在生意参谋中，可以看到实时来源划分为 PC 端来源分布、无线端来源分布和地域分布。在生意参谋中不仅可以查看到所有终端的数据，还可以切换到 PC 端及无线端查看对应的数据。如图 10-11 所示为"实时来源"页面。

图 10-11　"实时来源"页面

根据支付买家数与访客数占比，可以得到各个城市的转化率，那么对于流量大且转化率较高的城市，可以加大力度进行推广。

通过对流量来源的数据分析，能够了解到各个流量来源的详细报告，这对店铺的运营是极为有利的，可以从各个细节进行突破。知道哪些来源的流量多，哪些来源的流量少，进而反思对流量少的来源是否做得不足，对流量多的来源还可以再进行优化。

实时查看来源的地域分布，判断是否和投放的广告预期一致，以便及时进行调整，对高流量的地区，可以考虑对商品卖点进行突出；对高转化的地区，在做定向推广时可以考虑加大力度。

10.6.2 为什么要细分和精准营销

精准营销是指在充分了解客户信息的基础上，针对客户偏好，有针对性地进行一对一的营销。其优势在于降低了营销成本，提升了消费体验。精准营销的核心就是在准确的时间，通过正确的渠道，将正确的信息传达给正确的人。精准营销不仅是一种营销方法，更是一种营销思路，无论以何种渠道投放广告，尽量精准地锁定目标人群，就能成倍地提高广告投放转化率，从而降低营销成本。

要想做好精准营销，就必须细分客户，对不同的客户进行分类，给予不同的优惠，才能提高客户的忠诚度。

培养新客户、提高回头率和二次购买率，可以拉升店铺的整体销售额。"二八定律"告诉我们更多的销售额来源于 20%的客户，店铺商品的大多数成交都来自新客户群，而自然转化为二次购买的客户占比并不高，需要通过提升客户第一次购买的体验来提高回头率，而这个过程就需要对已购买的客户进行精准定位和细分。可以从订单数据中来获取这些客户的资料，包括客户 ID、姓名、E-mail、手机号、购买频次（时间和次数）等。

10.6.3 如何做好精准营销

要想做好精准营销，关键在于如何精准地找到目标人群，然后让产品深入消费者的心里，让消费者认识产品、了解产品、信任产品到最后依赖产品。传统的营销方式成本大、见效慢。随着网络的发展，互联网精准营销以高性价比的优势，逐渐受到商家的青睐。精准营销不仅是一种备受追捧的营销形式，而且也是店铺所追求的营销目标。常见的精准营销手段如下。

1. 邮件营销

邮件营销是一种最普通、最常见的营销手段，其市场价格也是五花八门的，最低者几百元就能发几十万封邮件。要想真正实现邮件营销，必须在数据库中选择地区、性别、年龄段、职业范围、兴趣偏好精准的人群。

邮件营销既是一种大范围的机会主义营销手段，也是一种传播信息的渠道，卖家可以通过邮件进行小范围宣传。邮件的标题一定要使用最简练、最具诱惑性的文字，可以从明星事件、优惠促销、好奇吸引等角度来写，例如"新品上线 99 元大礼包免费送"。

针对已经购买过的买家、潜在客户，可以发送以下内容刺激其购买。

- 店铺促销信息。
- 团购等常规性活动。
- 关联/新品推荐。
- 定向优惠活动。
- TOP10 商品推荐。

2. 旺旺营销

旺旺聊天是淘宝店铺和买家之间沟通的重要桥梁，直接决定了店铺的内在形象、营销风格、服务档次。使用阿里旺旺给买家发送如下内容也可以做到精准营销，提高客户的忠诚度。

- 店铺大促活动。
- 聚划算等限时折扣活动。
- 老顾客优惠活动。
- 感谢信/致歉信。
- 催付/发货信息。

3. 包裹营销

网购是一种生活方式、一种生活态度，现在越来越多的人加入了网购的行列，享受它的便捷性。快递公司因此而成为连接买卖双方的桥梁，包裹成为承载卖家服务的主体，一个小小的包裹，会成为抓住顾客的心的利器。

在包裹中加入如下内容也可以做到精准营销，提高客户的忠诚度。

- 优惠券。
- 其他推荐商品小样。
- 品牌宣传册。
- 感谢信/致歉信。
- 产品说明书。
- 赠品。

4. 微博营销

任何平台只要拥有受众，就有传播价值。微博营销绝对不是靠每天发发水帖、转点大腕的绯闻、拼命@名人就可以达到精准的。一个微博要想拥有更多的粉丝，最重要的一条就是要有优质的内容。原创文章的比例应该占 70%，而转载的文章占 30%；否则，将会喧宾夺主，失去了微博应该展示的主要信息。在进行微博营销时，切忌过多发布生硬的广告和转贴他人文章。应尽量多发布与店铺相关的产品真伪识别信息、使用窍门、名人趣事、市场动态，或者限量产品免费赠送等活动信息，让用户感到有意义，也有利益，增加了黏度。微博要多发一些有趣或者有价值的内容来吸引用户。如图 10-12 所示为微博营销。

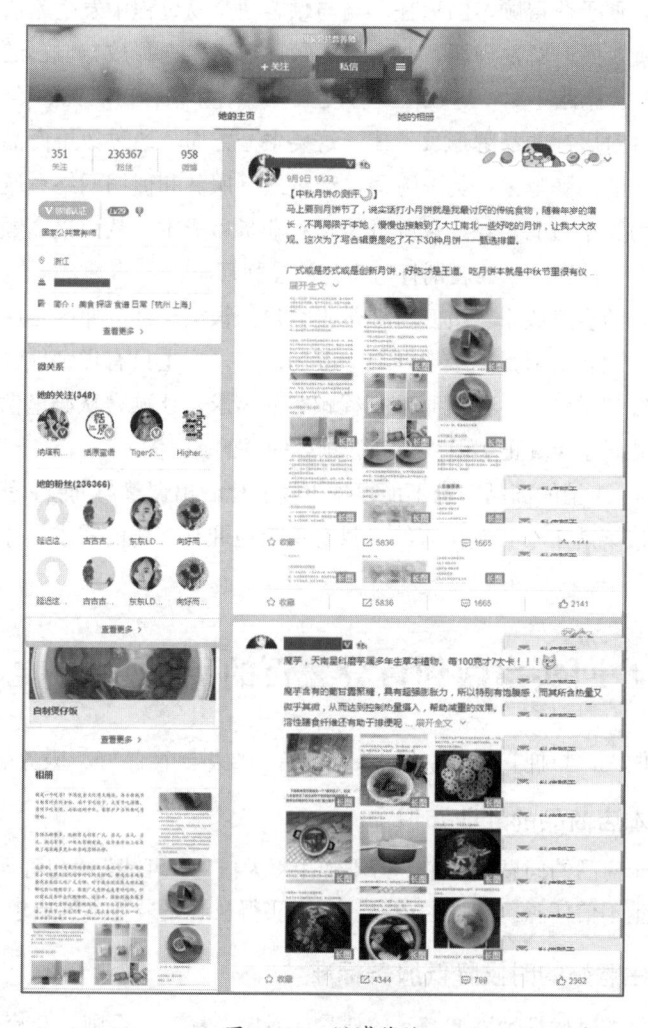

图 10-12　微博营销

10.7　如何降低网店客户的流失量

一般来讲，卖家应从以下几个方面入手来降低客户的流失量。

（1）做好质量营销。要明白质量是维护客户忠诚度的最好的保证，是对付竞争者的最有力的武器。卖家只有在产品的质量上下大功夫保证商品的耐用性、可靠性、精确性等价值属性，才能在市场上取得优势，也才能真正吸引客户、留住客户。

（2）树立"客户至上"的服务意识。服务质量好是留住客户的最重要因素。

（3）强化与顾客的沟通。当店铺赢得一个新顾客时，应及时将店铺的经营理念和服务宗旨传达给顾客，便于获得顾客的信任。当与顾客在交易过程中发生矛盾时，应及时与顾客沟通、及时处理、及时解决问题，在适当的时候还可以选择放弃自己的利益来保全顾客的利益，顾客自然会感激不尽，这在很大程度上可以增加顾客对店铺的信任。

（4）提高顾客对店铺的品牌形象价值。这要求一方面，通过改进商品、服务、人员形象，提高自己店铺的品牌形象；另一方面，通过改善服务和促销网络系统，减少顾客购买产品的时间、体力和精力的消耗，以降低货币和非货币成本，从而提高顾客的满意度和双方深入合作的可能性，为自己的店铺打造良好的品牌形象。

（5）建立良好的客户关系。员工跳槽带走客户，很大一部分原因是店铺缺乏与顾客的深入沟通和联系。顾客资料是一个店铺最重要的财富，店主只有详细地收集好顾客资料，建立顾客档案进行归类管理，并适时地把握顾客的需求，让顾客从心里信任你的店铺，而不是单单一件商品，才能真正实现"控制"顾客的目的。

（6）做好创新。店铺的商品一旦不能根据市场变化做出调整与创新，就会落后于市场，被市场所淘汰。市场是在不断变化着的，只有不断地迎合市场的需求，才能真正赢得更多的信赖你的顾客。

10.8　把客户回头率做到百分之百的秘诀

要想把店铺做大，想拥有100%的回头客，首先要做到商品好、服务好、回访好。

1. 要熟悉本店商品的专业知识

顾客询问关于商品的问题，卖家千万不能用"大概""可能""也许"等词语来回答，这样会让买家产生不信任感。同样的商品，买家买得放心是最基本的要求。

2. 不要在生意好的时候降低服务标准

不要在生意好的时候悄悄降低商品的质量或者服务标准；否则，会流失很多顾客的。

3．改变消极懈怠的思想

无论多么艰难，都必须保持乐观的精神。人们只愿意与那些充满自信的人做生意，保持坚定不移的信心也会使顾客对你的生意信心倍增。也不要理所当然地认为顾客在你这里消费过一次就会成为你的终身客户。一旦你懈怠下来，其他的竞争对手就会随时将你的顾客拉走。

4．不要有意损害竞争对手的声誉

不要对顾客说竞争对手的坏话；否则，只能让你的顾客认为你是小人，明里竞争不过别人，就在背后说人家的坏话。

5．要不断地学习

在淘宝市场飞速发展的今天，如果你不求发展进步，就会落后于同行。所以卖家一定要不断地学习，对行业了解得越深，顾客对你就越有信心，你赚的钱也会越来越多。

6．打包要认真

不要小看打包这个环节，细心的买家会从打包中看出卖家有没有诚心做这笔生意，因此卖家无论多忙都应该非常认真地打好包。

7．不要为自己的错误找借口

有失误和过失很正常，但是千万不要为自己的错误找借口，因为买家只会记得你承诺过的没有做到，与其找借口还不如老老实实地承认自己的过错，然后尽力弥补，比如给顾客优惠等。你承担了所有的责任，并勇于改正，可能反而会让你赢得顾客的好感和信任。

8．货源一定要可靠，让买家信任

卖家对自己的货源要很清楚，要向买家保证自己的货物是什么档次，不同档次的货物有不同的价格。

9．细节处理

不是所有的买家对自己购买的商品都很满意的，有些买家收到货之后不是很满意，要求退货。针对这种情况，卖家要有自己的一套应对方案，不能等到顾客要求退货或换货时再想办法。

10.9　营销推广助力提升销量

营销推广包括营销工具和营销效果两大功能，旨在帮助商家进行精准营销推广，助力提升销量。

淘宝网卖家都知道，经营店铺光靠一些营销手段是不够的，还需要借助一些营销工具。下面就来介绍生意参谋中的营销工具创意营销。

(1) 单品营销第一步：选宝贝。从数据的角度给出推荐指数最高的 10 个宝贝，针对每个宝贝给出相似宝贝的价格分布，由用户结合宝贝库存、利润等情况，选择作为营销主打款的宝贝，如图 10-13 所示。

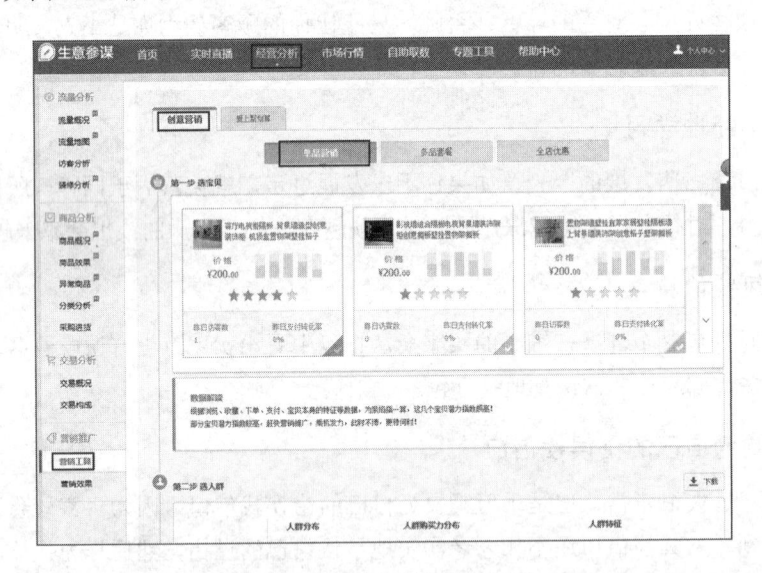

图 10-13　单品营销第一步：选宝贝

人气单品是淘宝推广中比较实用的一种方法，不需要很多花费就能让店铺流量大增，还能带动整个店铺宝贝的销售。

- 选择市场需求热点的单品，例如应季产品、话题产品、概念产品等。
- 单品要尽量选择物美价廉、物超所值的宝贝。
- 选择有差异化优势的单品。说简单点，就是人无我有，人有我优。

(2) 单品营销第二步：选人群。给出对这个宝贝感兴趣的人群范围，以及这些人的购买力、特征等，并提供具体人群的下载清单，供用户参考圈定并精准营销，如图 10-14 所示。

(3) 单品营销第三步：选营销工具。因为商品和感兴趣群体的购买力可能稍有差异，所以建议选择商品优惠券来促进买家快速下单。至于图 10-15 中显示的"还能创建的购物车营销 0 张"，可能有两个原因：一是用户未购买优惠券工具，如果是未购买，则建议先购买此工具；二是用户有可能已经将优惠券都用在别的宝贝上，那建议取消部分效果差的宝贝，改为对此宝贝发送优惠券。单击"立即生成营销方案"按钮，则会跳转到淘宝营销平台进行具体设置。

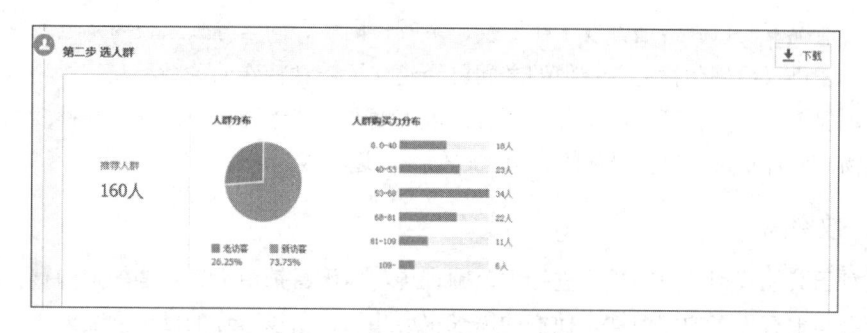

图 10-14　单品营销第二步：选人群

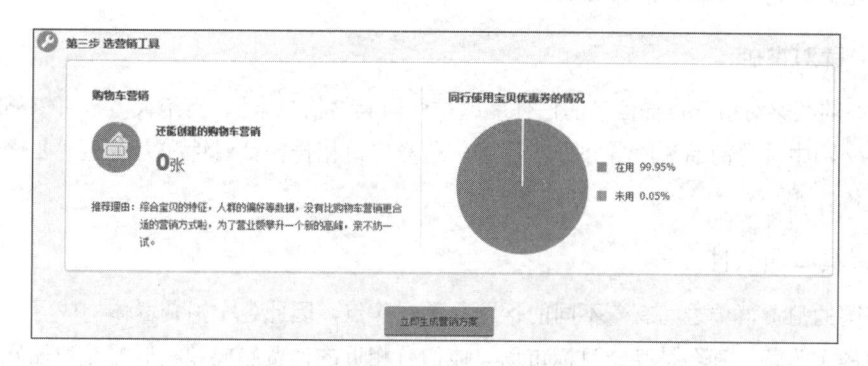

图 10-15　单品营销第三步：选营销工具

10.10　口碑传播引爆品牌效应

　　口碑营销的特点就是人们对一种产品或服务的感受很好，并把自己感受好的产品或服务传达给第三者，从而让其他人了解这个产品或服务。由于口碑营销是利用人与人之间的相互传播，而且基本上是通过朋友、同事、亲戚、同学等传播和交流的，因此可信度非常高。口碑营销的最大特点就是可信度高。

　　口碑营销有着一般广告不可比拟的优势，下面进行具体介绍。

1．营销成本低

　　口碑营销无疑是当今世界上最廉价的信息传播工具，基本上不需要其他投入，节省了大量的广告宣传费用。口碑营销不需要你花成本去做广告，也不需要你去四处推销，在产品销售过程中潜移默化就形成了广告效应。

2. 可信任度高

一般情况下，口碑传播都发生在朋友、亲戚、同事、同学等关系较为亲近或密切的群体之间。在进行口碑传播之前，他们之间已经建立了一种特殊的关系和友谊，相对于纯粹的广告、促销、公关、商家的推荐等而言，可信度要高。老顾客不但自己会持续在你的店铺中购物，而且新顾客也会对你的店铺比较信任，逐渐成为长期客户。

3. 效率高

相对于其他营销手段需要你进行大范围宣传，口碑营销由于老顾客的定向宣传，其周围的人会与他有更多的相似性，他们的需求也会相同，所以对你的店铺商品的需求可能性就大。由此可见，口碑营销的效率高。

4. 针对性强

80%的买家对口碑传播信息的信任度超过任何其他信息来源；而绝大多数买家喜欢在自己的社交网中讨论商品和服务并分享信息，这样口口相传在针对性和力度上就要优于其他广告宣传方式。

5. 具有团队性

不同的消费群体之间有着不同的话题与关注焦点，因此各个消费群体构成了一个个攻之不破的小阵营，甚至是某类目标市场。他们有相近的消费趋向和相似的品牌偏好，只要影响了其中的一个人或者几个人，在沟通手段与途径无限多样化的时代，信息就会以几何级数的增长速度传播开来。

这时候，口碑传播不仅仅是一种营销层面的行为，更是反映了小团体内在的社交需要。很多时候，口碑传播行为都发生在不经意间，比如朋友聚会或共进晚餐时的聊天等，这时传递相关信息主要是因为社交的需要。只要能够"搞定"其中一个人，这个已经尝到"甜头"的买家就会自发地帮助宣传。

6. 提升店铺形象

口碑传播不同于广告宣传，口碑是店铺形象的象征，而广告宣传仅仅是店铺的一种商业行为。当一个店铺赢得了较好的口碑之后，其知名度和美誉度往往就会非常高，这比单纯靠广告推广出的知名度能产生更好的销售效果。

7. 发掘潜在客户的成功率高

人们出于各种各样的原因，热衷于把自己的经历或体验转告他人，比如刚买的手机的性能怎么样等。如果经历或体验是积极的、正面的，他们就会热情主动地向别人推荐，帮助店铺发掘潜在客户。调查表明，一个满意的消费者会引发 8 笔潜在的买卖，其中至少有一笔可以成交；一个不满意的消费者足以影响 25 个人的购买意愿。有句古话叫"一传十，十传百"，就是这个道理。

8．能够避开对手锋芒

在口口相传中，传播差异化的体验是最有效果、最能让新客户牢记的一种方式。这种体验的分享，能够避开同质化竞争的价格战，并且可以迅速脱颖而出。

10.11 练习题

1．填空题

（1）如何利用流量带来的人气留住店铺会员，让会员产生源源不断的购买行为呢？这就需要做好_____，_____对店铺的发展有着很重要的作用。

（2）_____是店铺信誉的一个重要方面，在整个交易过程中积极实现透明化，做到诚实守信，向客户传递真实的信息，保证交易双方的合法利益，是赢得客户信任的第一步。

（3）_____就是成交笔数和浏览量的比值。对于网店来说，_____是很重要的，_____越高，利润越大；否则，流量再多，但是_____不高，那也是赚不了多少钱的。

（4）精准营销不仅是一种营销方法，更是一种_____，无论以何种渠道投放广告，尽可能锁定精准的人群，就能成倍地提高广告投放转化率，从而降低营销成本。

（5）营销推广包括_____和_____两大功能，旨在帮助商家进行精准营销推广，助力提升销量。

（6）单品营销第一步：选宝贝，从数据的角度给出_____最高的 10 个宝贝，针对每个宝贝给出相似宝贝的价格分布，由用户结合宝贝库存、利润等情况，选择作为营销主打款的宝贝。

2．简答题

（1）如何提升客户的信赖感？
（2）如何加强客户的忠诚度？
（3）如何做好老客户资源维护？
（4）如何提高淘宝转化率？
（5）如何降低网店客户的流失量？

第 11 章 物流配送与包装

本章导读

互联网的发展为网络购物提供了足够多的便利条件，从商品展示到咨询洽谈，从出价购买到支付货款，交易双方通过互联网可以轻松地完成绝大部分交易环节。然而，除了虚拟物品，实物商品的运输和配送环节必须通过与线下的物流公司合作来完成。网上生意的成败有相当一部分是由物流决定的，作为网店的经营者不能不对此重视和关注。开网店做生意，网店经营者必须对快递公司及邮政局做好调查，有充分的了解，特别是在价格方面。

11.1 仓储管理

在企业物流系统中，仓储管理是一个基本环节，是指对仓库及其库存物品进行管理。仓储系统是企业物流系统中不可缺少的子系统。

11.1.1 检验商品

电子商务公司发展到一定阶段，都会设立专属的物流部门来对库存商品进行更系统化和规范化的管理，或者根据公司的经营特点设计一个 ERP 系统进行管理。ERP 系统是一个在全公司范围内应用、高度集成的系统，数据在各业务系统之间高度共享，所有的源数据只需要在某一个系统中输入一次，保证了数据的一致性，可以实现即时交易管理、动态库存管理和财务管理。

当供货商将商品运至仓库时，担任收货工作的人员必须严格、认真地检查，看商品外包装是否完好，若出现破损或临近失效期等，要拒收此类货物，并及时上报相关主管部门。

确定商品外包装完好后，再依照订货单和送货单来核对商品的品名、等级、规格、数量、单价、合价、有效期等内容，仔细检查商品的外观有无破损和明显的污渍，做到数量、规格、品种都准确无误，质量完好，配套齐全后方可入库保管。

11.1.2 编写货号

每一款商品都应该有一个货号，即商品编号。编写货号的目的是为了方便商家进行内部管理，在店铺或仓库里找货、盘货都很方便。最简单的编号方法是"商品属性+序列数"，具体做法如下。

（1）将商品分类，如分为手机小饰品、耳环、项链、戒指、吊坠、毛衣链等。

（2）针对每一个类别的名称，对应写出其汉语拼音，确定商品属性的缩写字母，如耳环（erhuan）缩写为 RH、项链（xianglian）缩写为 XL、戒指（jiezhi）缩写为 JZ、吊坠（diaozhui）缩写为 DZ 等。

（3）每一个类别的数字编号可以是两位数或三位数，视该类商品的数量而定，但也要留有发展的余地，因为商品款式可能会越来越多。

如果销售的是品牌商品，厂家一般都有标准的货号，商家就不需要自己再编写货号了，只需要照原样登记就行。但是，商家要学会辨认厂家编写的货号，其实货号就是商品的一个简短说明。

服装类商品因为款式繁多，因此编写货号的规则往往更加复杂。例如，特步的产品每款都有对应的货号，只要了解特步编写货号的规则，看货号就能知道是什么商品，客户在咨询时也能马上明白其指的是什么商品。

11.1.3 入库登记

商品验收无误并编写货号后，即可登记入库。在入库时要详细记录商品的名称、数量、规格、入库时间、凭证货码、送货单位和验收情况等，做到账、货、标牌相符。

当商品入库后，还要按照不同的商品属性、材质、规格、功能、型号和颜色等进行分类，然后分别放入货架的相应位置存储。在存储时要根据商品的特性，注意做好防潮处理，以保证仓库中货物的安全。在进行入库登记时要保证商品的数量准确、价格无误；当商品出库时，为了防止出库货物出现差错，必须严格遵守出库制度，做到凭发货单发货，无单不发货。

11.2 货物打包

"发货"这一物流过程包括"包装—保管—运输—配送"四个环节，通过这些环节把货物完好地送到买家手中，待买家签收并表示满意后，商家才能顺利地收到货款。发货的第一个环节就是对商品进行合理的包装。

11.2.1 分类包装

将不同的货物进行分类包装，不仅可以体现出物流工作的合理性，还能够在一定程度上增加物流的安全性。同时，不同的包装材料因为重量不同，也会对物流成本产生影响，继而影响整体的经营成本。

- 只要尺寸合适，纸箱就可以用来包装所有的商品。虽然纸箱的购买成本是包装材料里较高的，但其防护作用比较好。
- 大部分不易损坏的商品，可以使用快递公司提供的一次性塑料快递袋来包装。
- 一些重量不轻，且对防震要求很高的商品，最好采用木板条钉成的箱子来包装。
- 还有一种特殊的商品需要采用特殊的包装材料，例如油画等，通常采用建材店里出售的 PVC 管材来包装此类商品，因为管材的圆筒外形和 PVC 的硬度可以保证画卷不会被折损。一般油画很少会装裱好再寄送，因为装裱后的玻璃画框在运输途中更容易被损坏。

但是不管采用哪种包装方式,商家都应从在物流过程中遇到的问题及买家的反馈中总结经验和教训,不断地改进包装方式,做到既能保障货物安全,又能节约包装成本。

11.2.2 隔离防震

在纸箱和货物之间的空隙放置一些填充物,目的是为了给货物多一层保护,不让它们在里面左右摇晃,可以大大减少因长途运输而产生的物损,增加物流配送的安全性。

合理的包装除能保证货物的安全外,还会因为运输重量的不同而产生不同的邮费。因为邮费是经营成本的一个重要组成部分,所以对纸箱和填充物的选择也要遵循一定的原则。如图 11-1 所示为填充物。

图 11-1 填充物

选用纸箱和填充物的要求如下:

- 纸箱的尺寸应该比货物的外形尺寸略大,留有足够的缓冲空间来放置填充物,这样才能达到良好的隔离和防震效果。
- 填充物的选择标准是体积大、重量轻,如泡沫、海绵、报纸等都是不错的填充材料。

纸箱的大小和填充物的重量都会对邮费有影响,所以按以上要求进行选择,尽量控制货物的包装重量。

11.2.3 打包要点

不同的商品会有不同的包装,但是一般来说,只要尺寸合适,纸箱就可以作为所有商品的外包装材料。下面就以纸箱为例来讲述包装时应注意的要点。

给货物打包是一个简单的技术活,但是随意包装和规范打包,其结果是有很大差别的。

- 避重就轻:商品和纸箱内壁的四周应该预留 3 厘米的缓冲空间,并且用填充物将商品固定好,以达到隔离和防震的目的。
- 严丝合缝:用填充物塞满商品和纸箱之间的空隙,使纸箱经得起任何角度的外力的冲撞。
- 原封不动:纸箱的所有边缝都要用封箱胶带密封好,这样既可以防止商品泄漏和液体浸入,又可以起到一定的防盗作用。
- 表里如一:安全工作从纸箱内部延伸到外部,在纸箱封口处贴上 1~2 张防盗封条,可以起到一定的警示和震慑作用,有效地防止内件丢失。防盗封条可以自己制作,也可以在淘宝网上购买。

如果到邮局柜台平邮,纸箱不要提前封口,要等邮局的工作人员做过安全检查后再封口并邮寄。

11.2.4 商品包装方法

买家拿到商品时最先看到的是包装,美观大方、细致入微的包装不但能够保护商品安全到达,而且能够赢得买家的信任。下面介绍常见的商品包装方法。

1. 易变形、易碎的商品

易变形、易碎的商品包括瓷器、玻璃制品、光盘、杯具、茶具、字画、工艺品等。对于这类商品,包装时要多用些报纸、泡沫、塑料、泡绵、泡沫网等,这些东西重量轻,而且可以缓冲撞击。一般在易碎怕压商品的四周都用填充物充分地填充,尽量多用聚乙烯的材料,而少用纸壳、纸团等,因为纸要重一些,并且塑料材料膨胀效果好,自身又轻。如图 11-2 所示为包装易碎品的箱子。

图 11-2　包装易碎品的箱子

在包装易碎品时应注意如下事项。
- 要在易碎品的四周包上泡沫。
- 把易碎品放到盒子或者箱子里时要使其不会在里面晃动。
- 贴上易碎品标签，在箱子的四周写上"易碎品勿压、勿摔"，提醒工作人员在装卸货过程中轻拿轻放，避免损坏。

2．首饰类商品

首饰类商品一般需要附送首饰袋或首饰盒，如图 11-3 所示为首饰盒。

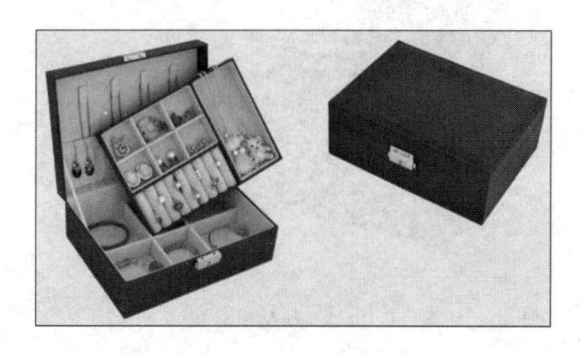

图 11-3　首饰盒

通过以下方法可以把首饰包装得更好。
- 一定要用纸箱包装。对于首饰来说，3 层的 12 号纸箱就够用了。
- 一定要用报纸或泡沫等填充物填充，以便让首饰盒或首饰袋在纸盒里不晃动。
- 一定要用胶带封好纸箱的四个角，以免在寄送过程中有液体类货品发生泄漏，影响你的货品。

3．衣服、床上用品等纺织类商品

衣服、床上用品等纺织类商品在包装时可以用不同种类的纸张（牛皮纸、白纸等）单独包好，以防止脏污。如果要用报纸的话，里面还应加一层塑料袋。如果遇到形状不规则的商品，则可先用胶带封好口，然后再用纸包住手提袋并贴胶带固定，以减少磨损。

（1）自制布袋。可以废物利用，把家里不用的床单、被套、窗帘、衣服等根据寄送物品的大小缝制成布袋，缝两层，这样比较结实。也可以买些白布自己裁剪缝制，真正经济实惠。不过，在布袋的外面一定要套一层塑料袋，以防止遇到下雨的天气。

（2）纸箱。纸箱的优点是比较结实，衣服放在里面比较安全，损坏的可能性不大。不过，在衣服外面最好用塑料袋包好，然后再放入纸箱中，纸箱选择 3 层的就可以了。你可以从网上购买纸箱，也可以去邮局购买，但是从邮局购买的纸箱厚、价格贵，最省钱的方法就是收集免费的纸箱，将纸箱翻过来，自己裁剪，然后用黄胶带粘好。

（3）快递专用加厚塑料袋。这个可以从网上购买，价格不贵，普通大小的一个 3~7 毛钱不等，其特性是防水、防辐射，用来寄送纺织品确实是一个不错的选择，经济实惠、方便安全。如图 11-4 所示为网上卖的加厚塑料袋。

图 11-4 加厚塑料袋

4．液体类商品

邮局对液体类商品有专门的邮寄方法：先用棉花裹好，再用胶带缠好。在包装时一定要封好割口处，可以用透明胶带用力绕上几圈，然后再用棉花整个包住。可以包厚一点，最后再包一层塑料袋，这样即使液体漏出来也会被棉花吸收，并且有塑料袋做最后的保护，不会流到纸盒外面污染到其他包裹。

对于香水商品，则可以到五金行或专门的塑料用品商店，买一些透明的气泡纸，在香水盒上多裹几圈，然后用透明胶带紧紧封住。但是为了确保安全，最后把裹好的香水盒放在小纸箱里，再塞些泡沫块。

5．电子产品、

电子产品、贵重精密仪器的包装很讲究，要用纸箱、托盘包装。如果货物比较轻，则可以用纸箱，如果需要也可以使用木箱。在对这类怕震的产品进行包装时，可以用泡绵、气泡布、防静电袋等包装材料把物品包装好，再用瓦楞纸在商品边角或者容易磨损的地方加强包装保护，并且要用填充物（如报纸、海绵或者防震气泡布这类有弹力的材料）将纸箱空隙填满。这些填充物可以阻隔及支撑商品，吸收撞击力，避免物品在纸箱中摇晃受损。如图 11-5 所示为用于包装电子产品的气泡袋。

6．书籍

书籍要用塑料袋套好，以免理货或者包装时弄脏，也能起到防潮的作用。用报纸中夹带的铜版纸做第二层包装，避免书籍在运输过程中被损坏。外层用牛皮纸、胶带进行包装。如果采用印刷品邮寄方式，那么用胶带封好边与角后，要在包装上留出贴邮票、盖章的空间；如果采用包裹邮寄方式，则要用胶带全部封好，不留一丝缝隙。如图 11-6 所示为书籍的包装。

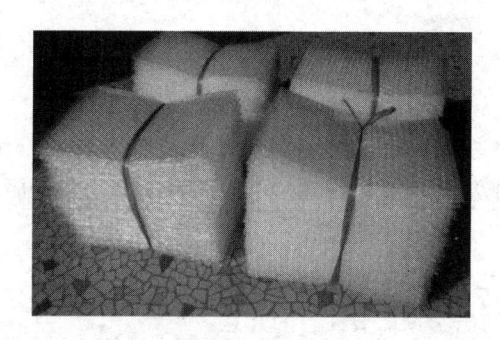

图 11-5　气泡袋　　　　图 11-6　书籍的包装

11.3　物流配送

寄送商品，除要为商品提供安全的包装以外，还需要与物流公司合作，来完成运输和配送这一重要环节。

11.3.1 邮局发货

邮局和快递公司是网店卖家合作最多的物流部门，选择邮局发货主要是因为其网点多，很多村镇并没有快递网点。中国邮政发展迅速，其网点已经覆盖了很多偏远的地区和农村。

邮局设有挂号信、平邮包裹、E邮宝和EMS等多种邮寄方式，不同的邮寄方式产生的费用也不同。

平邮包裹的到货时间较长，通常需要7~10天顾客才能收到商品。由于淘宝网交易使用的是支付宝代收款的方式，顾客在没有收到货物之前是不会确认收货并通知支付宝放款给卖家的，因此到货时间也决定了商家的回款周期。

邮局快递包裹的基本特点如下：
- 邮局统一规定邮费单价，价格相对较高。
- 邮寄速度一般。
- 对邮寄物品属性有严格要求。
- 安全保障性能较强，服务规范。

11.3.2 快递发货

如果通过快递公司发货，周边城市一般可以做到今发明至，国内大中城市的到货时间也只有2~3天，而且快递公司采用门对门收发货，同时还提供了网上查询物流进程的服务，因此很多卖家和顾客都不约而同地选择了快递这一物流方式。

市场上主要的快递公司有顺风快递、宅急送、圆通快递、申通快递、全一快递、中通快递等。那么怎样选择快递公司呢？下面给出卖家需要注意的几点。

（1）安全性。无论用什么运输方式，都要考虑安全方面的问题。因为不管是买方还是卖方，都希望通过一种很安全的运输方式把货送到手上。如果安全性不能保障的话，那么一连串的问题都将困扰着你。所以在选择快递公司的时候，一定要选择与安全性较高的公司进行合作。

（2）诚信度。选择诚信度高的快递公司，能够让你有更安全的保障，让买卖双方都放心使用。所以在选择快递公司的时候，可以先到网上看看网民的评价。

（3）价格。对于卖家来说，找到一家合适的快递公司也不容易。如果价格比较便宜的话，则能给你省下一笔不小的开支，特别是对于新开店的卖家。但是不要一味地追求低价格，至少要在安全和诚信的基础上来选择。如果安全和诚信都无法保障的话，那么仅仅价格便宜也是起不了作用的。

所以，大家一定要多试用几家快递公司，多打几次交道，才能看清到底哪家服务好、价格更便宜，这样才能让店铺的利润更为可观。

11.3.3 物流托运

在托运前必须对货物的包装和标记严格按照合同中有关条款、国际货协和议定书中条项办理。大件物品使用铁路托运。

1. 汽车托运

汽车托运，运费可以到付，也可以现付。货物到了之后，可能会向收货方收取 1~2 元的卸货费。一般汽车托运不需要保价，当然有条件的话最好保价，一般收取千分之四的保价费。收货人的电话最好写两个，一个手机一个固定电话，确保能接到电话通知。如图 11-7 所示为汽车托运。

图 11-7 汽车托运

2. 物流公司

物流公司如佳吉、华宇等，其发货方式与托运站不太一样，托运站一般是点对点的；但物流公司不同，它们可以把货转到一个城市中的几个点，只要方便。其速度很慢，中转次数很多，要求货物和包装都很好。货物上车、下仓库很多次，容易造成破损。

3. 铁路托运

一般铁路托运价格低、速度快，但是只能送到火车到达的地方。各个火车站都有价格表。包装得好，他们一般不打开检查，现在还会贴上"小心轻放"的标签。铁路托运运费现付，一般需要拿传真件和身份证提货，不太方便。如图 11-8 所示为铁路托运。

图 11-8　铁路托运

11.3.4　工作流程

物流工作分为物管和物流两个部分，从商品验收入库、编写货号、仓储管理等售前环节，到售后打印货单、凭单出库、装箱发货、追查快件等，物流工作贯穿始终，形成一个完整的、连贯的工作流程。

当一个订单产生后，可以通过后台的"交易管理"中的"发货"选项来查看未发货的订单及发货中的订单，也可以查看已发货订单的记录，如图 11-9 所示。

图 11-9　查看发货记录

在"物流工具"中可以设置运费模板，针对不同重量的产品及不同的地区设置不同的费用，如图 11-10 所示。在编辑宝贝详情页时，可以在编辑页面中按照不同产品的重量选择相应的运费模板，让买家看到邮寄到当地的快递费用。

在工作流程的衔接上，物管部门承担的是部分售前的准备工作。当商品入库编好货号后，由负责销售的部门来完成发布商品、推荐商品、在线接待等工作。当商品销售出去后，接下来的工作将由负责销售的人员来做，要确认订单、确认付款和收货地址，做好订单备注，然后通知负责物流的人员来安排下一步的工作。

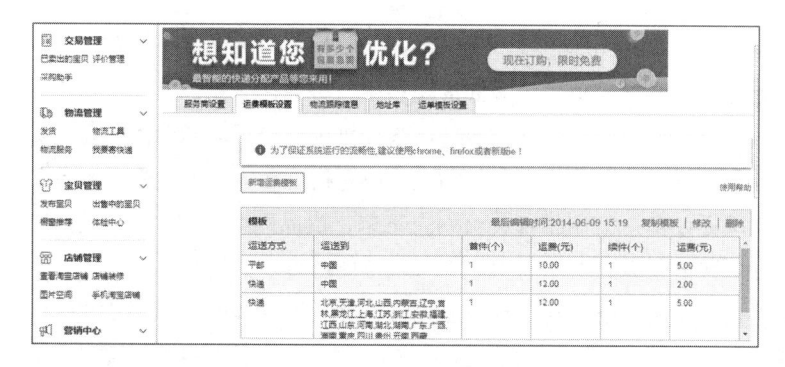

图 11-10　设置运费模板

首先打印货单，货单共分三种：一种是配货单，用于出库和财务销账；一种是快递单，贴在货物外包装上；一种是装箱单，用于内部核对和清点商品。库房凭配货单来配货，由专人核对和清点商品数量，待款式和数量都检查无误后才打包发货，并通知销售人员将交易状态修改为"卖家已发货"，等待买家收货和确认。如果商品发生延时、丢失或损毁，物流人员还要配合售后客服追查快件，并向物流部门提出索赔，妥善解决问题件。

11.4　推荐物流

在国内的电子商务网站中，淘宝网在物流方面做得非常深入。淘宝网与物流公司签约，即推荐物流，签约的物流公司进入淘宝网的推荐物流企业行列，这些物流企业便可直接通过与淘宝网对接的信息平台接收其用户的订单。

11.4.1　了解推荐物流

在没有推荐物流之前，淘宝网卖家都是自己去联系物流公司、商谈合作条件及邮费的优惠折扣的，这样的口头协议和松散的合作方式，对商品的委托方没有起码的安全承诺与赔付保障。因此，一些缺乏责任感的卖家，在商品发生损毁和丢失时，往往会推卸责任，把商品配送的风险转给顾客，无形中就给自己留下了交易纠纷的隐患。同时，物流服务的滞后还严重地阻碍了电子商务的进一步发展。

为了解决物流给交易双方带来的困扰，淘宝网创建了推荐物流，由淘宝网出面，挑选一些有实力、有眼光、愿意为推进中国电子商务发展而共同努力的物流公司，签订合作协议，集合淘宝网卖家每年数百亿元交易额的发货量，争取到最优惠的运费价格和最周到的服务。

与自己联系的物流公司相比，广大的淘宝网卖家使用推荐物流有以下好处和理由。

- 网上直连物流公司：不用打电话也可以联系物流公司，真正实现全程网上操作。
- 价格更优惠：可以使用协议最低价和物流公司进行结算。
- 赔付条件更优惠：淘宝网与物流公司签订协议约定了非常优惠的赔付条款。
- 赔付处理更及时：淘宝网会监督物流公司对投诉和索赔的处理。
- 订单跟踪更便捷：使用推荐物流网上下单，商品跟踪信息链接会出现在交易双方的物流订单详情页面，买家和卖家都可以方便地查看。
- 可享受批量发货服务：可以一次性将多个物流订单发送给物流公司，让卖家下单更便捷。
- 可享受批量确认服务：使用推荐物流发货的交易，可以一次性确认多笔交易为"卖家已发货"状态。
- 可享受旺旺在线客服的尊贵服务：物流公司的在线客服，及时回复会员的咨询，解答会员的疑惑。
- 日发货量超百票的，享受特别的定制服务。

11.4.2 推荐物流在线下单

使用推荐物流，首先要在线给物流公司下单。

- 确认买家的收货信息及交易详情。
- 确认卖家的发货信息及上门收件的地址。
- 选择合适的物流公司，预约上门取件的日期和时间并发送订单。

买家付款到支付宝后，淘宝网系统会有发货提示，单击"发货"按钮，进入在线下单操作页面，如图11-11所示。

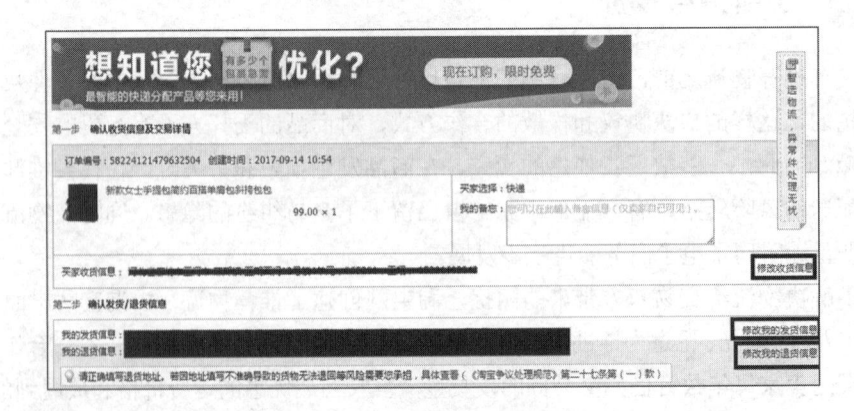

图11-11 推荐物流在线下单操作页面（1）

确认买家收货信息，如果买家提醒卖家需要修改收货地址，那么只要单击"修改收货信息"即可进行修改；确认快递公司上门收件地址，如果需要修改收件地址，则单击"修改我的发货信息"来修改。

完成操作后，下拉页面，可以看到如图 11-12 所示的内容，选择"在线下单"，然后选择相应的快递公司，输入运单号码，单击"确认"按钮，提交订单，即可完成在线下单操作。

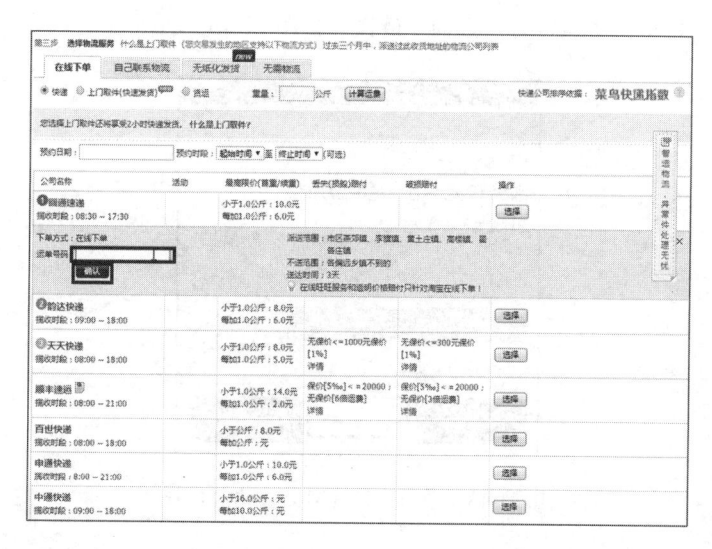

图 11-12　推荐物流在线下单操作页面（2）

每一笔交易都会对应一个买家，他们的收货地址各不相同，因此在在线下单页面中显示的物流公司可能会不同。由于有的物流公司在这个收货区域没有网点，无法做到全程运输和配送，因此就没有出现在推荐物流的列表名单里，以免下单到不能配送的快递公司，耽误了发货时间。

11.5　自己计算运费

卖家在发布商品时就要填写好运费价格，但是有一些新手卖家不知道具体的运费价格。如果运费设置得低，自己就亏了；如果运费设置得高，有些买家会认为卖家故意多收几元钱的快递费用，从而对卖家产生不好的负面影响，由此可能会失去一些潜在的买家。下面介绍如何查询快递价格、邮政包裹价格，以便提前知道运费价格，方便设置合适的运费。

11.5.1 查询快递公司运费

使用"运费/时效查看器"可以快速查询各快递公司的运费,这里以顺丰速运为例,具体的操作步骤如下:

(1)登录顺丰速运官方网站,单击"运费时效查询"链接,进入卖家中心,单击"物流工具"链接,再单击"运费时效查询"链接,如图11-13所示。

图11-13 单击"运费时效查询"链接

(2)进入"运费时效查询"页面,在"原寄地"和"目的地"中选择地址,并填写"重量"和"寄件时间",如图11-14所示。

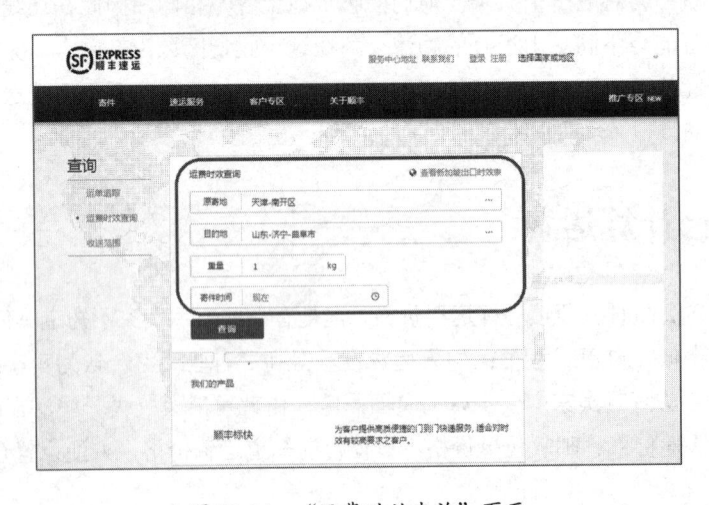

图11-14 "运费时效查询"页面

（3）单击"查询"按钮，打开查询结果页面，在此页面中显示了所查询的物流价格，如图 11-15 所示。卖家可以进行比较，选择最优惠的物流公司，以节约运输成本。

图 11-15　查询结果页面

11.5.2　查询邮政包裹运费

有些快递公司不能到达的地方，买家要求采用邮政包裹的形式来寄送。下面介绍查询邮政包裹运费的方法。

（1）进入国家邮政局网站，单击"服务"下的"快递价格查询"链接，如图 11-16 所示。

图 11-16　单击"快递价格查询"链接

（2）进入"邮政局普通包裹资费查询"页面，可以按地名查询，也可以按邮编查询，如图 11-17 所示。

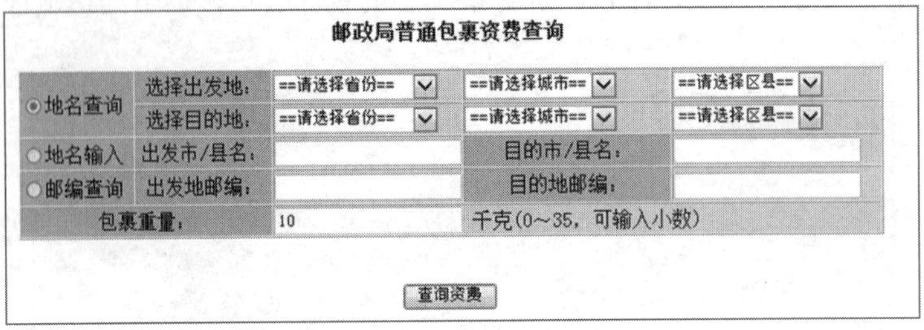

图 11-17 "邮政局普通包裹资费查询"页面

（3）比如查询安徽省安庆市枞阳县到内蒙古自治区通辽市科尔沁左翼后旗的普通包裹费用，那么输入地址和重量信息后，单击"查询资费"按钮，如图 11-18 所示。

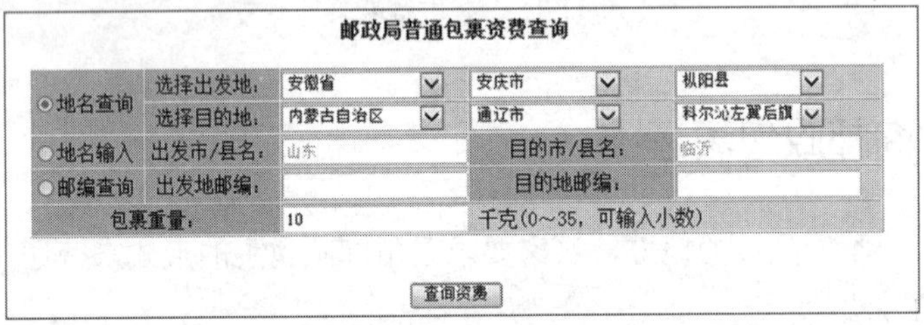

图 11-18 输入查询信息

（4）打开查询结果页面，显示出费用信息，如图 11-19 所示。

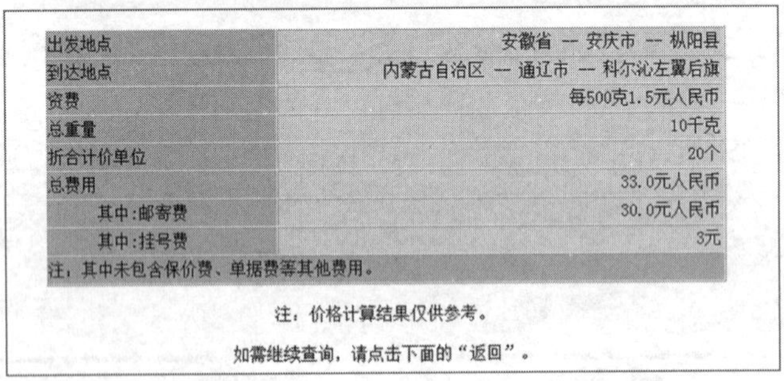

图 11-19 查询结果页面

11.6 避免和解决物流纠纷

作为新手卖家，除要保证商品质量外，拼的就是服务和价格。物流纠纷产生的问题也是不少的，那么在店铺经营过程中，如何避免和减少这些纠纷呢？

11.6.1 做好物流规避纠纷

（1）要选择合法经营及适合自己的物流公司

物流公司必须有相应的营业执照等证件，假如没有卖家就要格外小心了。此外，货物不一样，对物流的要求也不一样。卖家不要只看价格，更重要的是看物流公司是否正规，只有这样才能保证自己的货物被按时送到目的地。

（2）多试、多问、多比较

要多联系几家物流公司，特别是有些规定一定要问清楚。有些物流公司虽然门面大，但不一定好，因为可能店大欺客，业务员的业务多，跟踪不到位。另外，如果货发出很多天后还不到，一定要打电话询问，别等到买家问了你才想起来打电话给物流公司，这样对自己很不利。因为你不询问，物流公司是绝对不会主动跟你联系的，时间一长货物很容易丢失。

（3）为安全起见，贵重东西要保价

一般发送到同城的货物安全性还是较高的，但送到地级市以下的小县城的货物卖家就要小心了。先到物流公司的网站上查询它有没有目的地的网点和分部，若没有的话，不管业务员如何保证能送到，卖家也要三思而后行。虽然有些物流公司所定的条款明显不合理，打官司的话他们肯定输，可是谁有时间和它们较真呢，还是防患于未然的好。

（4）售前跟买家说明物流货运情况

售前卖家应与买家进行充分沟通，解释物流复杂的流程及不可控的时间因素，难免发生包裹延误甚至丢失的情况，希望买家给予理解，同时也要表明自己解决问题的积极态度。

（5）买家付款后，主动与买家沟通，避免买家着急

当买家付款后，卖家可用旺旺回复买家，并告知订单已在处理中，会尽快发货，表明积极的服务态度。发货时应注明快递单号、查询网址，以及预期的送达时间。

（6）填好发货单

当货物打包好后，就要填写发货单了。这里需要注意，千万不能粗心大意，一定要把收件人的详细地址、电话、姓名等写好。有时也会有个别客户要求到货时间，那么一定要在发货单上注明到货时间，以及商品编号，在物流过程中需要注意的方面也要写明。

（7）大件物品选货运

对于大件物品，一定要选择货运，这样比较划算。但是货运一般需要客户自己去货场提货，所以这一点一定要事先和客户说明。

（8）及时处理买家关于货物未收到的询问

当买家的询问得不到及时解答时，买家就会发起相应的投诉。所以，如果有买家询问货物未收到的问题，卖家要在第一时间和买家联系并提供解决方案，以避免买家发起投诉。

11.6.2 发生物流纠纷时的解决办法

当发生物流纠纷时，如何解决才能让双方都满意呢？

第一，要注意心态。发货出现问题在所难免，卖家要有心理准备。出现问题也没什么大不了的，解决问题就是了。很多卖家不能以平和的心态来对待问题，总觉得物流公司矮自己一等，用这样的态度来解决问题是不会有好结果的。

第二，要注意买家方面。一般买家会问几天能收到货，现在的快递基本上在全国范围内 2~4 天到货，偏远一点的地区要 4~5 天，同城的是今天发明天到。可以这样回答买家：一般 3~5 个工作日能到。因为快递公司周末派件都不是很积极的，要给自己留有余地，不要把自己逼得一点意外的时间都没有，那样就太被动了，要知道快递晚点的可能性是很大的。时间说长点，一是给买家一个心理准备；二是晚到的话自己也不至于太被动；三是提前到的话买家会很高兴的。

第三，要注意物流方面。跟物流公司合作要遵循平等、和谐的原则，要谈好出现问题后怎么解决，如晚到、磕碰碎裂、态度不好等，都要达成书面协议，这样出现问题时就按协议来办。

第四，建议向买家提供两种以上的解决方案（退款或重寄等）供选择，这样可以有效改善买家的感受，提高解决问题的效率。

11.7 练习题

1. 填空题

（1）在企业物流系统中，仓储管理是一个基本环节，是指_____进行管理。仓储系统是企业物流系统中不可缺少的子系统。

（2）确定商品外包装完好后，再依照订货单和送货单来核对商品的_____、_____、_____、_____、_____、_____等内容，仔细检查商品的外观有无破损和明显的污渍，做到数量、规格、品种都准确无误，质量完好，配套齐全后方可入库保管。

（3）"发货"这一物流过程包括"＿＿—＿＿—＿＿—＿＿"四个环节，通过这些环节把货物完好地送到买家手中，待买家签收并表示满意后，商家才能顺利地收到货款。

（4）邮局设有＿＿＿＿、＿＿＿＿＿、＿＿＿＿和＿＿＿＿等多种邮寄方式，不同的邮寄方式产生的费用也不同。

（5）一笔完整的交易包括＿＿＿＿、＿＿＿＿和＿＿＿＿流程，物流工作又分为＿＿＿＿和＿＿＿＿两个部分，从商品验收入库、编写货号、仓储管理等售前环节，到售后打印货单、凭单出库、装箱发货、追查快件等，物流工作贯穿始终，形成一个完整的、连贯的工作流程。

2．简答题

（1）怎样给商品编写货号？

（2）打包要点有哪些？

（3）邮局快递包裹的基本特点有哪些？

（4）使用推荐物流有哪些好处？

（5）发生物流纠纷时有哪些解决办法？

第 12 章

天猫开店

本章导读

2012 年 1 月,淘宝商城正式宣布更名为"天猫"。其拥有超 1.2 万国际品牌、18 万知名大牌、8.9 万品牌旗舰店,为日益成熟的中国消费者提供全球精选好货、无后顾之忧的好服务,致力于打造品质购物体验!淘宝属于一个大众化的网店群体,而天猫就是一个比较大型、大规模的店铺。天猫费用比淘宝高,天猫系统比淘宝系统也更先进,可以说天猫和淘宝的区别就是"高富帅"和草根的区别,天猫平台运营商也可以增加更多的收入。

12.1 天猫店铺与淘宝 C 店的区别

天猫是优质产品及高品质服务的象征,在天猫购物,就如同在线下大型购物商城购物一样,代表着更高的品位、更可信的品质、更满意的服务。所以,对于天猫平台来讲,它更适合品牌的企业化运作,同时也意味着这项工作需要客服人员积累各方面的知识和经验,达到更高的从业要求。

天猫店铺与淘宝 C 店的区别如下。

1. 交易模式不同

(1) 淘宝集市店,也就是"淘宝 C 店",是从 C2C 衍生出来的,C2C 即个人与个人之间的电子商务。

(2) 天猫店铺,也就是"淘宝 B 店",其交易模式是 B2C,即商家对客户的意思。也就是说,天猫店铺是由商家和企业开设的。相对于淘宝网来说,天猫的入驻条件比较苛刻。

2. 入驻条件不同

天猫的商家全是企业,而淘宝网的商家有企业,也有个体经营户。

(1) 淘宝 C 店

要求:

- 注册成为淘宝会员,有淘宝账号。
- 申请支付宝,需要个人身份证正反两面的清晰照片,文字不能模糊不清。需要绑定个人的网银。通过支付宝的审核验证。
- 需要两张个人的照片,一张个人全身照片;一张个人手拿身份证的 70%上半身照片。通过店铺审核。

(2) 天猫店铺

要求:

- 必须是企业或公司,提供企业营业执照副本复印件、企业税务登记证复印件、组织机构代码证复印件。
- 提供银行开户许可证复印件。
- 提供法定代表人身份证正反面复印件。
- 提供店铺负责人身份证正反面复印件。
- 提供由国家商标总局颁发的商标注册证或商标注册申请受理通知书复印件(若办理过变更、转让、续展,请一并提供商标总局颁发的变更、转让、续展证明或受理通知书)。

- 提供商家向支付宝公司出具的授权书。
- 提供产品清单。

3．入驻费用不同

（1）淘宝店铺的入驻费用就是消费者保证金 1000 元。

（2）天猫店铺的入驻费用如下。

- 年费：3~6 万元（按行业来区分，不同行业收费不同）。
- 保证金：5~15 万元。
- 技术服务费：2%~5%（按行业来区分，不同行业费率不同）。

4．信誉和评价体系不同

淘宝网采用好评、中评、差评制度，天猫采用动态评分制度。

（1）淘宝店铺：淘宝店铺的信誉和店铺的等级是有一定的联系的，给人的感觉就是等级高的店铺其信用和信誉也高。

淘宝店铺的评价体系是：评价分为 3 种，分别是好评、中评、差评。评价和店铺的等级相关联，好评能为店铺等级积分加上 1 分，中评不加不减分，而差评则导致店铺等级积分减去 1 分。

（2）天猫店铺：天猫店铺没有等级之分，而是按照类型分为天猫旗舰店、天猫专卖店、天猫专营店、以及邀请入驻的卖场型店铺。

天猫店铺的评价体系和淘宝店铺不一样，天猫店铺只有评价一说，且评价的好坏不会影响到店铺类型，只会对店铺动态评分和后来的客户有很大影响。

12.2　天猫平台简介

近几年天猫的商品数目有了明显的增加，从汽车、电脑到服饰、家居用品、家装建材等，分类齐全。

天猫首页主要用于展示产品信息，方便买家查找产品，同时也汇聚了商家的各种优惠信息。可以在浏览器的地址栏中输入 https://www.tmall.com/ 直接进入天猫，也可以在淘宝网首页单击"天猫"进入，如图 12-1 所示。

打开天猫首页，如图 12-2 所示。和淘宝网首页相比，天猫首页对产品的推荐，以及对顾客的购物引导更直接、针对性更强。

图 12-1 淘宝网首页

图 12-2 天猫首页

12.3 天猫平台规则

  天猫平台的门槛相对较高,不少中小型商家都曾因天猫入驻要求和规则望而止步。天猫平台汇集了优质的资源,给予买家更好的商品和购物体验。

12.3.1 招商入驻

天猫平台致力于向消费者提供更丰富的品牌商品及更优质的服务,欢迎优秀的品牌和商家入驻,共同打造全球消费者至爱的品质购物之城。

(1)单击天猫首页右上角的"商家支持"下面的"商家入驻",如图12-3所示。

图12-3　单击"商家入驻"

(2)打开"商家入驻"页面,单击"了解流程"按钮,如图12-4所示。

图12-4　单击"了解流程"按钮

(3)阶段一：入驻申请。查询申请资格；准备资料；提交入驻资料，如图 12-5 所示。

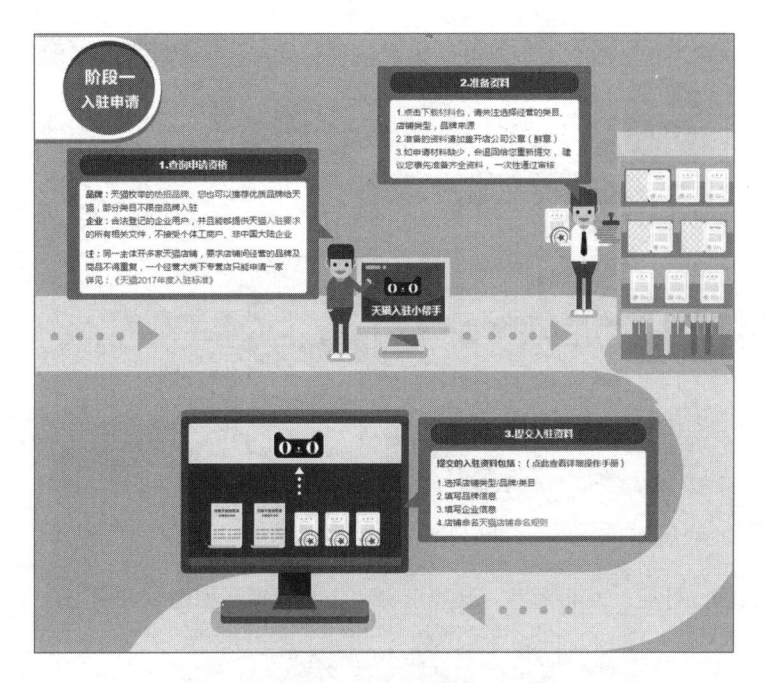

图 12-5　入驻申请

(4)阶段二：审核。整个审核周期为 3~6 个工作日；品牌评估；资质审核（初审、复审），如图 12-6 所示。

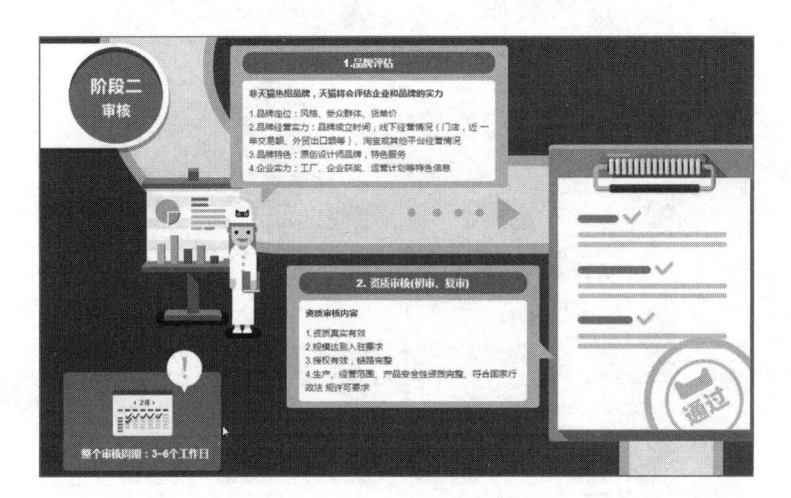

图 12-6　审核

（5）阶段三：完善店铺信息。激活账号；完成开店前的相关任务；缴费，如图12-7所示。

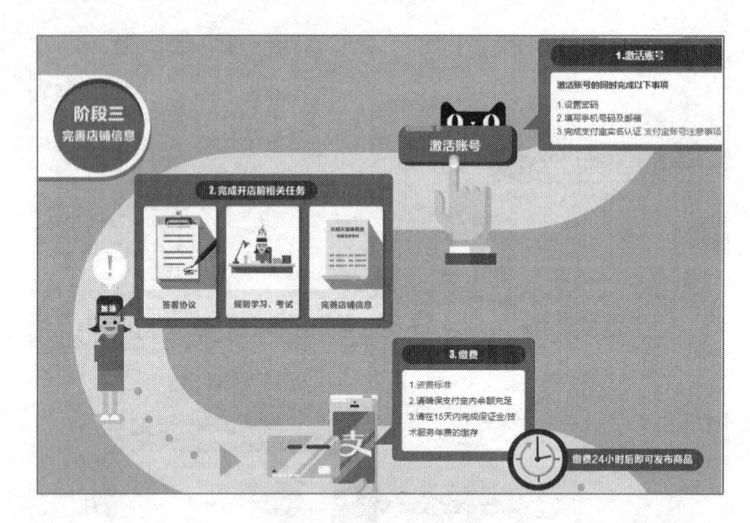

图12-7 完善店铺信息

（6）阶段四：开店。发布商品；装修店铺；上线店铺，如图12-8所示。

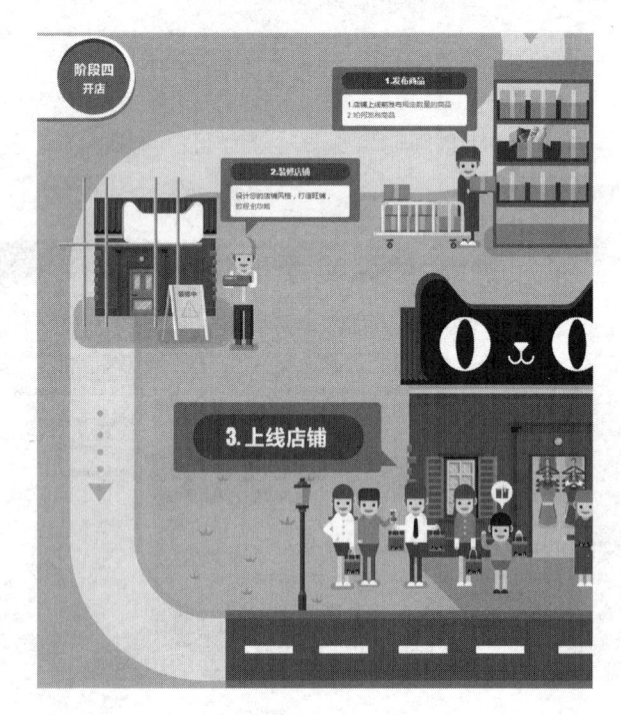

图12-8 开店

12.3.2 天猫平台规则介绍

为了更好地维护商家及消费者的利益，让天猫有序、健康地成长，天猫平台制定了相关的规则。

随着天猫商家数量的不断壮大，为了提高买家的购物体验，提升商家的服务质量，让行业有序、规范地发展，天猫针对不同的产品逐步开始制定行业标准。

单击天猫首页右上角的"商家支持"下面的"天猫规则"，打开如图12-9所示的"天猫规则"页面，商家根据自己所在的行业来了解和学习相应的规则。

图 12-9 "天猫规则"页面

对于入驻天猫的商家，必须要学习天猫市场规则，尤其是违规管理中的对于商家的行为规范及惩罚措施，避免因为对规则不熟悉而被系统惩罚，造成一定的损失。如图12-10所示为天猫规则详细内容。

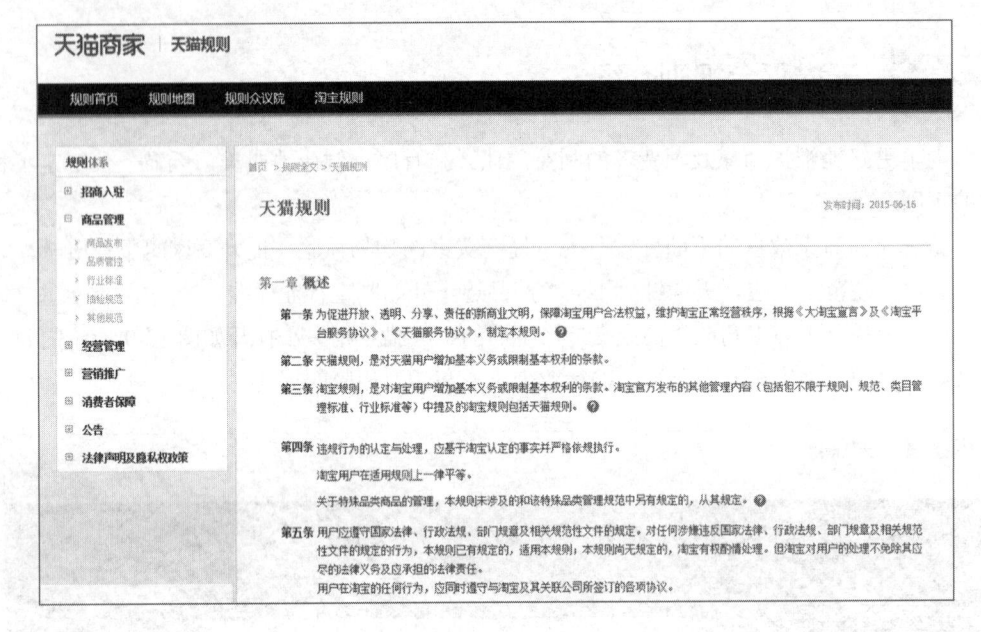

图12-10 天猫规则详细内容

对于不同的违规行为，在天猫规则中有详细的阐述和解释。此规则是商家需要不断关注和学习的，因为随着规则的不断变化和调整，商家应根据当前的天猫规则来规范自己的店铺运营行为，这样才能避免因为违规而受到处罚。如果因为对规则不熟悉而导致店铺被处罚，则无法通过任何手段来补救和挽回。

12.4 增值服务

天猫提供了运营服务、物流服务、商家工具等增值服务。下面就来介绍这些增值服务。

12.4.1 运营服务

运营服务商是通过天猫资质审核，在B2C电商领域具有一定的硬件和软件能力，为品牌商提供外包运营服务的第三方服务群体。

品牌商以合同的方式，委托第三方电子商务运营服务商为其提供网络零售、网络分销、营销推广、品牌建设、垂直频道运营等电子商务服务。

运营服务商可提供的服务如图12-11所示。

可提供服务	店铺整体托管	店铺代运营
售前提案	√	√
店铺入驻	√	√
摄影：图片、视频拍摄及处理	√	√
店铺装修	√	√
店铺日常运营：商品管理、活动策划及执行	√*	√*
营销推广：全网推广、老客户营销	√	√
客服接单：全程客服、售后服务	√*	√*
数据报告：运营报告及分析	√	√
品牌网络营销	√	×
仓储物流：仓库服务、配送服务、系统支持	√*	×
人员培训：协助组建电商团队、定期培训	√	×
渠道管理：分销体系的建立、管理	√	×
*表示必须涵盖的服务		

图 12-11　运营服务商可提供的服务

通过浏览天猫运营服务网站，对多个服务商进行比较与沟通，选择合适的运营服务商。具体的操作步骤如下：

（1）进入天猫后台，单击"商家地图"下面的"运营服务"，如图 12-12 所示，进入天猫运营服务首页，如图 12-13 所示。

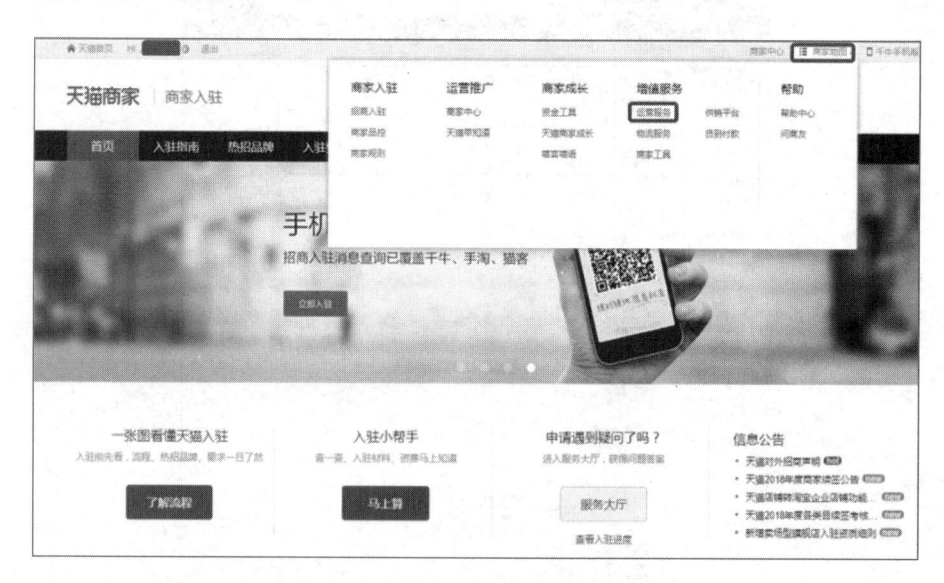

图 12-12　单击"运营服务"

图 12-13　天猫运营服务首页

（2）如果是品牌商，则需要挑选服务，单击"挑选服务"按钮，进入服务筛选列表页面。如图 12-14 所示为筛选维度和列表。

图 12-14　筛选维度和列表

（3）单击通过各种维度筛选出来的某条服务，进入服务详情页面，进一步了解服务商能力，如图 12-15 所示。

图 12-15　服务详情页面

（4）通过查看服务商的资质，以及进行线下沟通，全面了解服务商团队情况，如图 12-16 所示。

图 12-16　查看服务商的资质

12.4.2 物流服务

随着电子商务的快速发展，越来越多的商家在发展过程中遇到了很大的瓶颈，如仓储面积不足、仓内操作能力无法与销售量匹配、仓储发货速度慢、人员配置不稳定、快递配送等，这些都是商家不得不说的痛。

社会化物流体系无法满足电子商务的快速发展，物流资源已成为限制行业发展的瓶颈。建立一套网络化的仓储及系统控制配送体系，为商家提供全程可视可控的物流服务，已刻不容缓。

（1）进入天猫后台，单击"商家地图"下面的"物流服务"，如图 12-17 所示。

图 12-17　单击"物流服务"

（2）进入物流服务首页，输入物流商和运单号，如图 12-18 所示。

第 12 章 天猫开店 | 283

图 12-18 物流服务首页

(3) 单击"查询"按钮，进入物流跟踪页面，如图 12-19 所示。

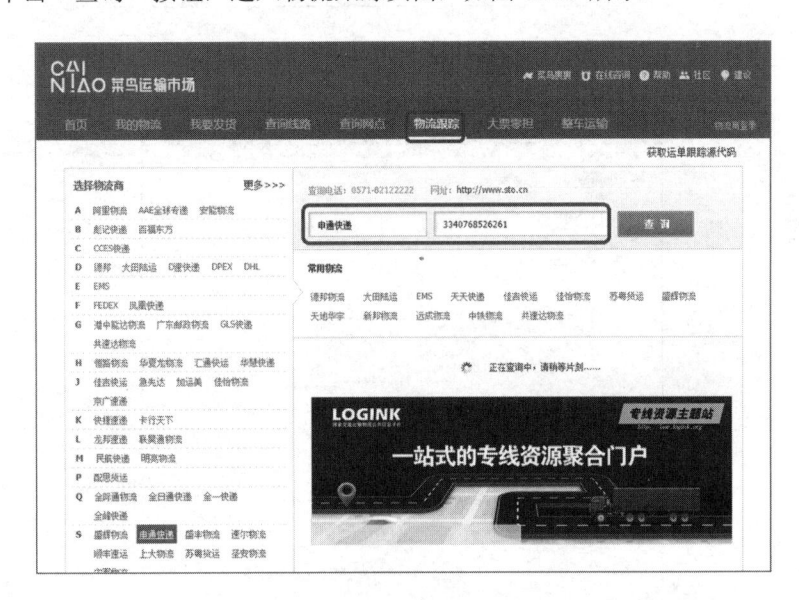

图 12-19 "物流跟踪"页面

(4) 还可以查询线路，如图 12-20 所示。
(5) 选择一家物流公司，单击后面的"发货"按钮，可以从网上发货，如图 12-21 所示。

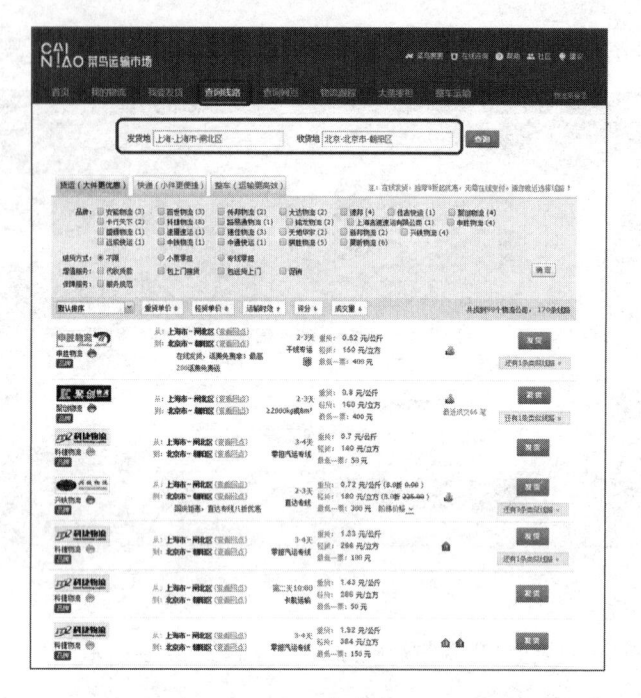

图 12-20 查询线路

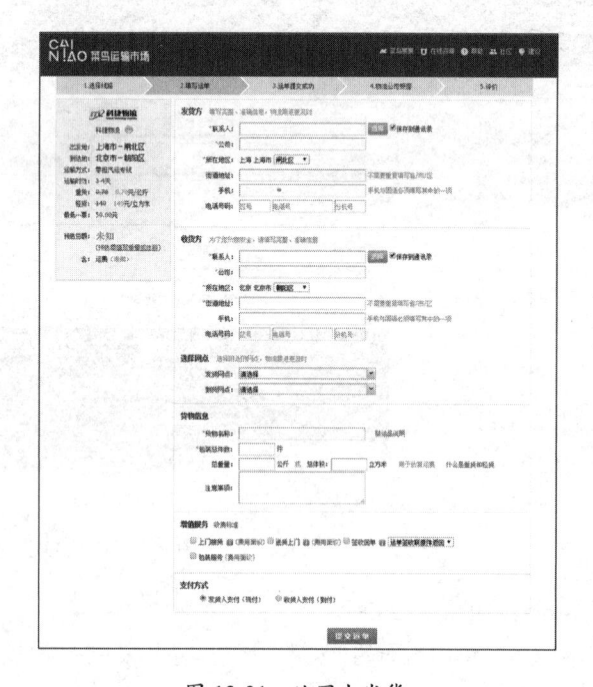

图 12-21 从网上发货

12.4.3 商家工具

在服务市场（地址为 https://fuwu.taobao.com/index.html）中有很多工具供商家使用，如图 12-22 所示。

图 12-22　服务市场

（1）在"装修设计"板块下有装修模板、店铺设计和摄影摄像三个栏目，如图 12-23 所示。

图 12-23　"装修设计"板块

（2）在"店铺管理"板块下有商品管理、订单管理和进销存&ERP三个栏目，如图12-24所示。

图12-24 "店铺管理"板块

（3）在"商品管理"下的"提高转化"中有如图12-25所示的服务可供选择。

图12-25 "提高转化"中的服务

（4）"营销管理"和"客服仓储"板块如图12-26所示。

图 12-26 "营销管理"和"客服仓储"板块

12.5 借力供销平台，扩大销售渠道

天猫供销平台是天猫专门为商家提供代销、批发的平台，帮助商家快速地找到分销商或成为供货商。这个平台是完全平等的、开放的，进入的门槛也不高。直线式的供销平台不仅可以减少商品买卖交易中的各种运费成本和保险成本，而且可以帮助商家更快速地获得相关的商品资讯，更快速地掌握行业信息，提高市场份额。

12.5.1 供应商入驻供销平台的好处

如果你在开店过程中遇到以下一些问题，那么可以加入天猫供销平台。如图 12-27 所示为天猫上的优质供应商。

- 每年为拓展渠道投入大量的人力和物力，效果却不甚令人满意。
- 广告宣传成本高，产出却达不到预期。
- 资金回笼不够快，总有几个方面阻碍资金流动。

- 库存积压、物流不完善。
- 找代理商、供销商困难。
- 管理困难，无法将分散经营、集中管理、整合资源、协同工作同时铺开。

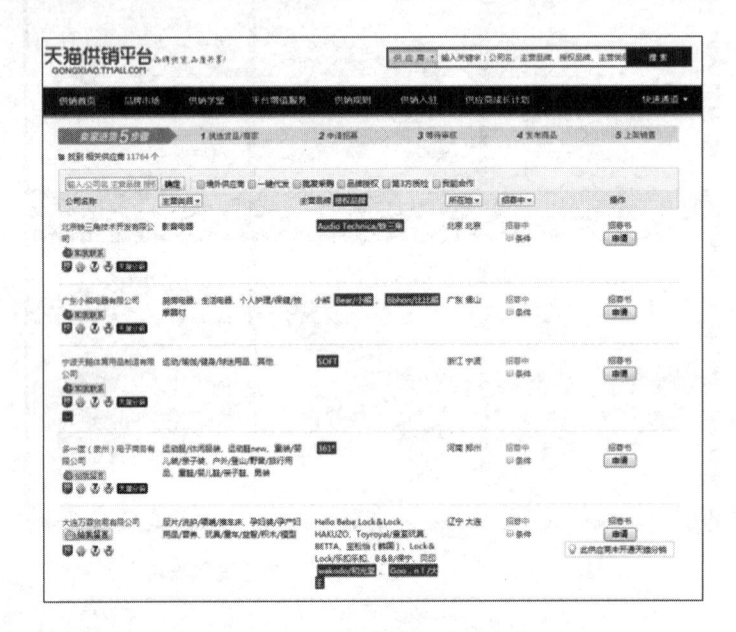

图 12-27 天猫上的优质供应商

供应商加入供销平台后会得到以下一些好处。
- 打造属于自己的网络供销体系，提升企业形象，创立网络品牌。
- 快速招商，建立自己的供销渠道，上、下游资源整合，开展批发、代销业务。
- 培养、管理和扶持供销商，完善渠道。
- 供销和直销兼顾，让批发、零售更轻松。
- 入驻天猫供销平台，帮助你招募更多的供销商。
- 互通多个子站，铺货、订单数据同步，网络连锁、网络供销更容易，库存、下单、打包、发货都可以实现自动化，大大简化了流程。

12.5.2 供应商如何入驻供销平台

现在，各种网店的经营日益成熟，如何开网店已经不是问题了，网上开店的焦点主要还是集中在货源上。供应商怎样入驻供销平台呢？

供应商入驻供销平台须具备以下条件：
- 持有并提交最新有效年检的《企业法人营业执照》副本的原件扫描件，且拟在供销平台开展的经营活动不超过其《企业法人营业执照》核准的经营范围。
- 持有并提交《组织机构代码证》《税务登记证》的原件扫描件。
- 须有已通过实名认证的企业支付宝账户，且该支付宝账户所载的企业名称与其《企业法人营业执照》《组织机构代码证》《税务登记证》上记载的公司名称一致。
- 以自有品牌入驻的，须提供由国家商标总局颁发的商标注册证或商标注册申请受理通知书；以他人授权品牌入驻的，还须提供他人品牌授权文件。
- 至申请入驻时，会员无《天猫规则》或《淘宝规则》中规定的严重违规行为扣分及不当使用他人权利和恶意骚扰的扣分。
- 签署《供销平台供应商入驻协议》。
- 在绑定的支付宝账户中足额存入入驻保证金。
- 仅品牌商和授权供应商才能发展天猫商家为该品牌的分销商，同时必须提交符合"天猫申请入驻行业资质标准"规定的相关资质，并在其绑定的支付宝账户中存入天猫分销保证金；供应商入驻保证金和天猫分销保证金累计最高不超过五万元。
- 还应遵守供销平台的其他关于行业的特殊要求。

（1）入驻供销平台很简单，登录天猫供销平台（http://gongxiao.tmall.com/index.htm），单击"我要入驻供销平台"按钮，如图 12-28 所示。

图 12-28　单击"我要入驻供销平台"按钮

（2）进入"招商标准"页面，阅读相关条件，根据自己的条件选择是供应商入驻，还是分销商入驻，如图12-29所示。

（3）出现登录界面，如图12-30所示，输入账户名和密码，然后单击"登录"按钮，进入供应商后台管理页面。

图12-29　"招商标准"页面　　　　图12-30　登录界面

12.5.3　写出优质、美观又有吸引力的招募书

一份优秀的招募书必须有店铺名称、品牌、自身优势、供应商申请条件、供销商激励政策、折扣措施、支持政策、售后服务、产品优势、联系方式，当这些内容都具备后再进行招募书的美化工作，选择同一色系、排版规整、字体统一，并有意识地突出重点，适当插入图片，让招募书图文并茂。下面看一个供应商的招募书，如图12-31所示。

图 12-31　供应商的招募书

这个供应商的招募书很长，首先侧重强调品牌介绍、品牌优势和主营产品；然后说明申请成为代理商的条件；最后介绍返利支持，提高代理商的积极性。这份招募书风格独特、制作精美、提纲挈领，也体现了企业的实力和对供销的关注度。

12.6 练习题

1. 填空题

（1）天猫是_____的象征，在天猫购物，就如同在线下大型购物商城购物一样，代表着更高的品位、_____、更满意的服务。

（2）天猫店铺，也就是"_____"，其交易模式是_____，即商家对客户的意思。也就是说，天猫店铺是由商家和企业开设的。

（3）对于入驻天猫的商家，必须要学习天猫市场规则，尤其是违规管理中的对于商家的_____及_____，避免因为对规则不熟悉而被系统惩罚，造成一定的损失。

（4）天猫运营服务商，是通过天猫资质审核，在 B2C 电商领域具有一定的_____能力，为品牌商提供其天猫店铺全部或部分电子商务外包运营服务的第三方服务群体。

（5）一份优秀的招募书必须有店铺_____、品牌、自身优势、供销商申请条件、供销商激励政策、_____、支持政策、_____、产品优势、联系方式，当这些内容都具备后再进行招募书的美化工作，选择同一色系、排版规整、字体统一，并有意识地突出重点，适当插入图片，让招募书图文并茂。

2. 简答题

（1）天猫店铺与淘宝 C 店有何区别？
（2）天猫平台的规则有哪些？
（3）供应商入驻供销平台的好处有哪些？
（4）供应商如何入驻供销平台？

第 13 章

手机淘宝运营实战

本章导读

　　随着移动网络的发展,越来越多的人喜欢用手机上网购物,手机购物已成为主流趋势。手机淘宝已经是阿里巴巴在移动端的战略重心。手机淘宝通过简化移动端的购物流程,面向移动场景开发新功能,例如拍照购、语音搜索、摇一摇,让用户逐步习惯移动购物。

13.1 为什么在手机上开店

移动互联网作为一个新行业正逐渐渗透到人们的生活、工作的各个领域，手机短信、微信、移动音乐、手机游戏、手机视频等丰富多彩的移动互联网应用迅速发展，正在时刻改变着信息时代的社会生活。

13.1.1 移动电商开启新商机

截至 2017 年 6 月，我国网民规模达到 7.51 亿人，手机网民规模达到 7.24 亿人，较 2016 年年底增加 2830 万人。网民使用手机上网的比例由 2016 年年底的 95.1%提升至 96.3%。手机网民规模继续保持稳定增长，高于其他上网设备的使用比例，这意味着手机依然是中国网民增长的主要驱动力。

手机相对于电脑的技术门槛更低，是互联网向农村地区、低收入群体渗透的重要途径。在手机上网普及过程中，运营商的推动作用还将继续存在，通过网络套餐和 3G 号码的推广宣传活动，促进手机用户向手机网民用户的转换。

基于移动互联网的快速扩张，网络经济取得了飞速发展。一个具有生命力的产业应该具备商业化的能力。与传统互联网相比，移动互联网具有移动化、碎片化和个性化的特点，全方面贴近用户生活的各个方面，带来了商业模式上的发展和改变。

随着 3G/4G 网络和智能手机的普及，手机上网体验的改善，电商网站不遗余力地开发移动端产品，吸引消费者使用移动端购物，手机网民数量大幅增加，消费者开始形成了移动购物的习惯。

据中国电子商务研究中心发布的《2017（上）中国网络零售市场数据监测报告》显示，2017 年上半年，中国移动网购交易规模达 22450 亿元，在网络零售中的占比达到了 71.0%，相比于 2016 年上半年的 16070 亿元，同比增长了 39.7%。

不仅是平台，商家、第三方服务商等整个电商行业都在加速转向移动互联网。在移动互联网时代，电商是最早一批尝试将流量变现的行业之一，微信先是开放接口开启了微信开店模式，随后自己推出微信小店。

移动互联网的便携性、定位性、多元化等特点，促进新的商业模式发展。另外，其媒体属性也开始显现，营销潜力巨大。移动互联网可以使网民更及时地收到最新资讯，通过广告投放等方式进行更广泛的营销。

13.1.2 手机开店的优势

不得不说，电子商务发展很迅速，近几年已经由 PC 端扩展到手机端，移动电子商务时代已经到来。微信营销、短信营销也是网店推广的重要方式，这些都是移动客户端的推广。

据了解，手机客户的成交转化率要比 PC 端高很多。首先，客户浏览宝贝，受制于无线网速的限制，看见中意的宝贝几乎很少议价，就直接下订单了；其次，用手机购买商品不受空间、时间的限制，可以在火车上、公交车上，甚至走在路上突然想买一个东西，就可以从口袋里掏出手机，下订单。使用手机购买商品也有其不方便的地方，比如很难同时打开多个页面来比较价格、比较质量，只能看见当前的页面。但从另一方面来讲，影响客户不购买当前页面中商品的因素减少了，其很有可能直接下订单。使用手机下订单的客户都很年轻，年轻人购买东西很少会去咨询或议价等，喜欢直截了当下订单。

在宝贝详情页有手机版宝贝详情，但很多店铺还没有做手机宝贝详情页，导致手机端客户不方便浏览宝贝详情，从而错失订单。手机宝贝详情页由音频、图片、文字三部分组成，宝贝详情页一定要精简，因为很多手机端客户浏览网页都想尽可能省点流量，所以做了手机宝贝详情页的网店很占优势，也很方便客户搜索到。

13.2 手机淘宝店铺装修

现在越来越多的消费者使用手机淘宝进行购物，手机淘宝的流量已经远超 PC 端，所以每一位卖家都应该开通手机淘宝。

13.2.1 手机淘宝店铺装修注意事项

2017 年天猫"双 11"全天总交易额突破 1207 亿元，无线端交易额占比 81.87%。重视手机淘宝，就要从手机淘宝店铺装修做起。如图 13-1 所示为美观的手机淘宝店铺装修。

图 13-1 美观的手机淘宝店铺装修

手机淘宝店铺装修要注意如下事项。

- 为了节省时间,很多卖家把 PC 端的图片直接用在手机淘宝店铺上。这种做法不可取,因为手机淘宝上的图片尺寸是有限制的,会导致出现字体不清晰、图片显示不全的情况。
- 由于手机淘宝受屏幕尺寸的影响,为了提高消费者打开手机淘宝页面的速度,应该把促销活动和热卖商品放在最显眼的地方。
- 为了进行视觉营销,在装修手机淘宝店铺时,色彩、风格要保持一致。色彩过于刺眼、丰富的商品图片容易造成消费者的反感,因此在装修手机淘宝店铺时,应该注意色彩的搭配。

13.2.2 手机淘宝店铺首页装修

当用户访问手机淘宝店铺的时候,首页的信息展示是非常重要的,它在很大程度上影响了用户是否停留。一个合理的首页对店铺的发展起着重要的推动作用。

首页装修的目的在于减少跳失率,增加转化率,增加访问深度。虽然很多买家都是通过宝贝详情页进入店铺的,但是如果买家对你的产品感兴趣,一般都会来到首页,看看其他产品，然后再做决定。所以说店铺首页装修特别重要。

在淘宝业务逐渐向无线端倾斜的大趋势下，要想提高手机淘宝店铺的成交率，店铺装修是必不可少的。手机淘宝店铺首页装修的具体操作步骤如下：

（1）打开淘宝网，单击右上方的"卖家中心"，如图 13-2 所示。

图 13-2　单击"卖家中心"

（2）进入卖家中心页面，单击左侧"店铺管理"下面的"手机淘宝店铺"，如图 13-3 所示。

图 13-3　单击"手机淘宝店铺"

（3）单击无线店铺下面的"立即装修"选项，进入无线运营中心页面，如图 13-4 所示。

图 13-4　单击"立即装修"选项

（4）单击"无线店铺"→"店铺装修"→"装修手机淘宝店铺"→"店铺首页"，如图 13-5 所示。

图 13-5　准备装修手机淘宝店铺首页

（5）选择"模板"，然后单击"试用模板"按钮，如图 13-6 所示。

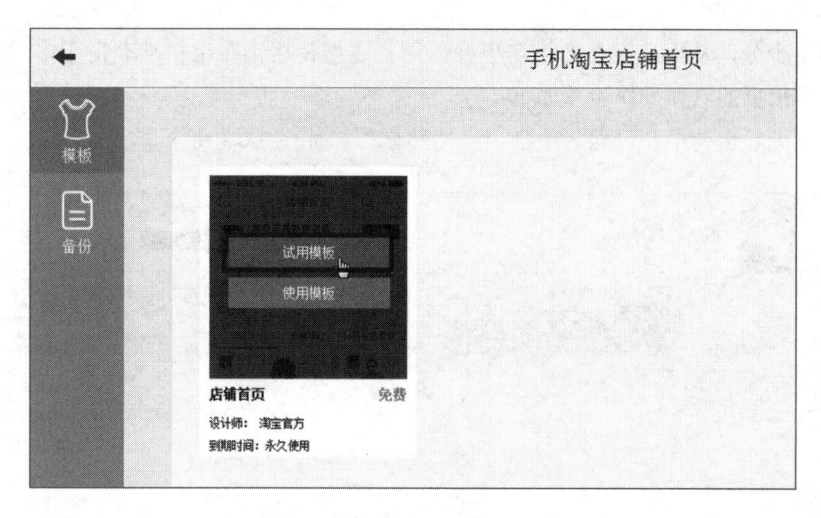

图 13-6　单击"试用模板"按钮

（6）选择"宝贝类"下面的"智能单列宝贝"，用鼠标拖曳到中间的编辑区，在右侧的单列宝贝模块中可以设置标题、宝贝个数、关键词、排序规则和类目等，如图 13-7 所示。

图 13-7　设置智能单列宝贝

13.2.3　手机版详情页装修

详情页不仅承载着商品信息的功能，同时还承载着销售流程的功能。在详情页的布局优化上，卖家需要将销售流程巧妙地嵌入详情页中。这样买家在浏览详情页时，就会不知不觉地被文字、图片所说服，最终选择收藏或拍下商品。一个好的手机版详情页不但可以

为店铺加不少分,从而使宝贝的排名更好,而且还能使店铺在手机端获得更多的流量。设置手机版详情页的具体操作步骤如下:

(1) 在无线运营中心页面,单击"详情装修",如图13-8所示。

图13-8　单击"详情装修"

(2) 选择模板,单击"下一步"按钮,如图13-9所示。

图13-9　选择模板

(3) 选择宝贝,单击"下一步"按钮,如图13-10所示。

图 13-10 选择宝贝

（4）更换图片，单击"下一步"按钮，如图 13-11 所示。

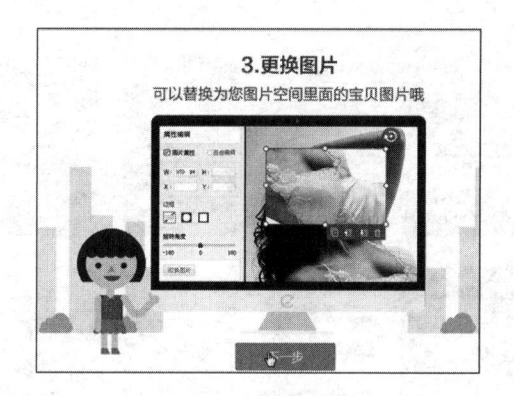

图 13-11 更换图片

（5）一键同步宝贝，如图 13-12 所示。

图 13-12 一键同步宝贝

13.2.4 购买无线店铺装修模板

随着手机淘宝无线店铺装修模板的全面上线,淘宝网为卖家提供了更多个性化的无线店铺装修模板,在帮助卖家提高网店销量的同时,也提升了消费者的浏览体验。无线店铺装修模板以模板为单位进行购买与使用,当商家购买了单个模板后,可自由使用该模板。具体的操作步骤如下:

(1)进入无线运营中心页面,单击"装修市场",进入装修市场模板页面,如图13-13所示。

图 13-13　装修市场模板页面

(2)选择合适的模板后,单击"立即购买"或"马上试用"按钮,如图13-14所示。建议先选择试用进行效果预览。

(3)进入试用环境后,可自由调整模块顺序、排列宝贝等,如图13-15所示。试用满意后可进行购买。所有使用期限内的模板都会在无线运营中心后台展示。

图 13-14　单击"立即购买"或"马上试用"按钮

图 13-15　试用模板

13.3　手机淘宝标题优化

标题是关键,是免费流量的来源,只有优化关键词,才能提高流量。每个卖家都应该做好标题搜索优化。

13.3.1 无线端宝贝标题优化的关键词选择

相对于 PC 来说，手机屏幕大小毕竟有限，能看到的产品信息也不多。因此，在有限的屏幕上展现产品特性和卖点的标题就显得格外重要。那么如何设置标题呢？可以加入主要的属性词，也可以加入产品特色词。

下面就和大家分享一些手机淘宝关键词的选择技巧。

1．选择手机端热搜词及类目属性词

如图 13-16 所示，在手机端搜索"羽绒服"，在弹出的下拉列表中显示的是热搜词及对应的类目属性词，可以把这些词组合起来。

图 13-16　手机端热搜词及类目属性词

2．提示关键词组合

当搜索一个关键词时，会出现一些提示关键词，如图 13-17 所示。单击这些词，它们可以和主搜关键词相匹配组成新的关键词搜索，也可以进行关键词的组合及统计。

图 13-17　提示关键词

3. 生意参谋后台关键词

生意参谋无线端选词助手统计出来的关键词，也可以作为选词参考，如图 13-18 所示。

图 13-18　生意参谋后台关键词

13.3.2 标题诊断优化

人们越来越习惯于轻松、便捷、随时随地的移动互联网购物方式，以手机和平板电脑等为主的移动终端成交几乎占整个电子商务终端的半壁江山。宝贝标题的诊断优化对于中小卖家来说是很头疼的一件事，很多卖家经常到处复制别人的标题，或者自己创造一些根本没人搜索的关键词，不仅浪费了自己的时间，还有可能导致宝贝降权。卖家可以使用宝贝团标题优化工具来进行标题诊断，具体的操作步骤如下：

（1）单击左侧"标题优化"下面的"标题诊断"，选择需要优化标题的宝贝，然后单击"立即优化"，如图 13-19 所示。

图 13-19　单击"立即优化"

（2）可以根据优化标准的提示，对宝贝标题进行修改。下面会有热门推荐词，可以勾选进行填写，如图 13-20 所示。

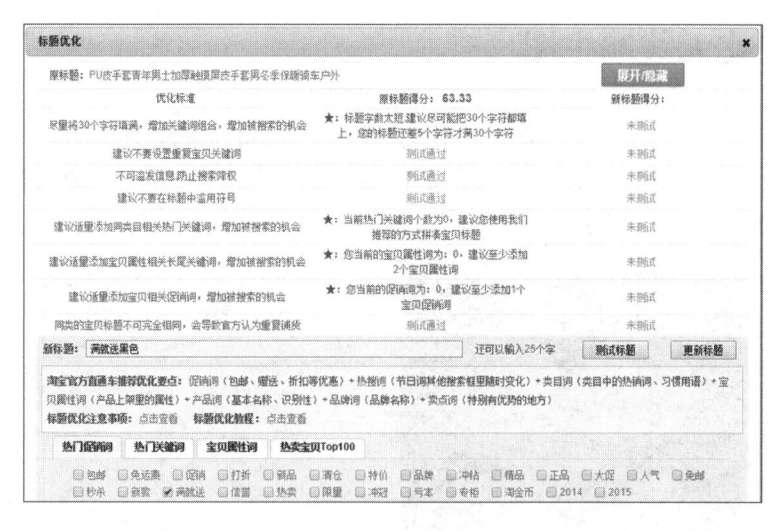

第 13 章　手机淘宝运营实战 | 307

图 13-20　优化标题

（3）单击"测试标题"按钮，会对新标题进行测试，如图 13-21 所示。如果依然存在问题，则会给出提示。

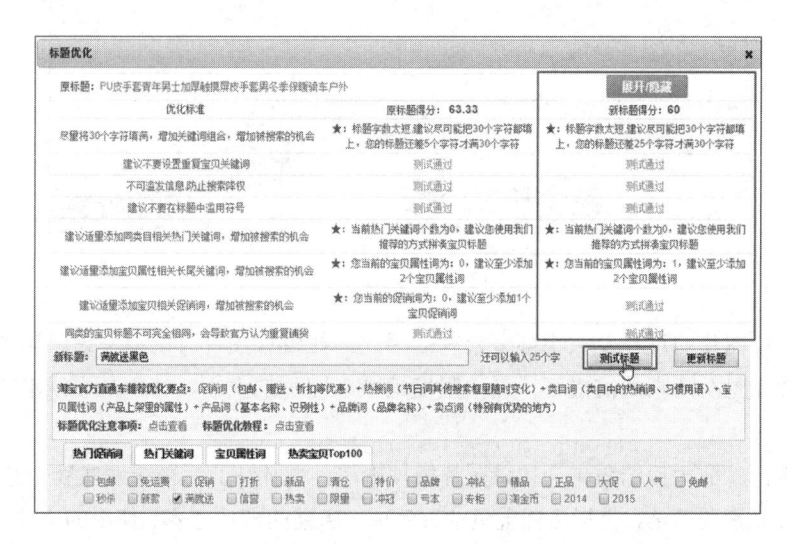

图 13-21　测试标题

（4）评分达到 95~100 分的标题就可以更新了，如果没有达到则需要继续修改标题。

当采集完这些关键词数据后，卖家就能清晰地知道哪些是优秀的关键词，哪些关键词可加以利用。

13.4 优化无线端主图

手机淘宝图片，一定要做得精美、细致，体现产品特点。可以在主图上适当地放一些产品的促销信息，因为手机端展示有限，图片上的信息也会成为买家购买的一个关键因素。如图 13-22 所示为手机淘宝图片。

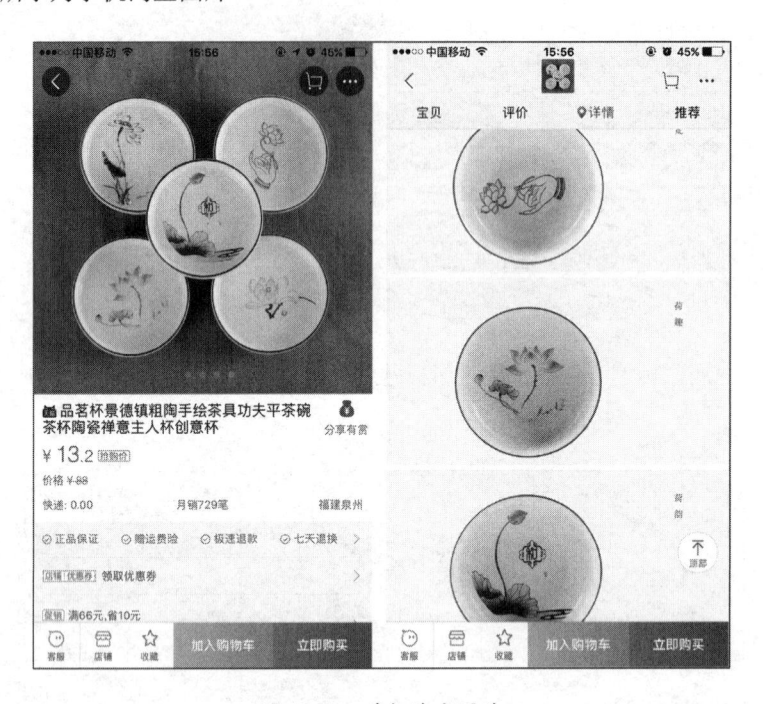

图 13-22 手机淘宝图片

宝贝详情图片的尺寸及大小都有限制，因此，在设计图片时既要考虑限制条件，又要在保证图片完整及清晰的前提下，最大限度地减小图片的大小，特别是无线端宝贝详情图片。

- 注重图片放大后的效果，切忌图片模糊不清，并让放大后效果跟实物一致。
- 图片元素要简洁，包括店铺宝贝的展示图、店铺的整体色彩、使用的字体、文案等。
- 展示内容要突出。由于手机端页面狭小，这就要求页面承载的信息不能过多，需要添加人性的色彩、带有角色引导的图片。

13.5 优化无线端详情页

13.5.1 为什么要做无线端详情页

做好无线端宝贝详情页,能增加宝贝的权重。很多店铺直接把 PC 端的宝贝详情页缩小作为手机端的宝贝详情页,这样就会导致整个描述页面很长。无线端访客在浏览宝贝详情页时,不像在 PC 端浏览会停留很长时间,手机加载很慢,就会导致访客的跳失。无线端的宝贝详情页要简单,能突出宝贝的卖点就行。如图 13-23 所示为无线端宝贝详情页。

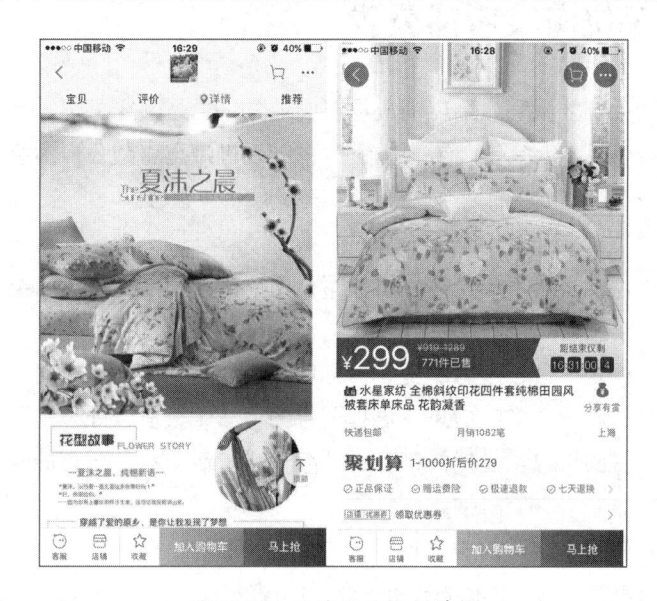

图 13-23　无线端宝贝详情页

无线端宝贝详情页的装修不仅会给店铺加权,而且还会提高客户的打开速度。所以说宝贝详情页是提高淘宝无线端流量及转化率的重要因素之一。

13.5.2 无线端详情页优化原则

要想做好宝贝详情页,无论是在 PC 端还是无线端都必须从买家和商品的实际情况入手,这样设计出来的页面才会具有说服力,达到很好的浏览效果。无线端详情页优化原则如下:

- 排版简洁明了。由于无线端屏幕有限,无法像 PC 端那样面面俱到,所以排版要简洁明了,可以采用拼接式的图片,美观又简单。

- 内容精简概要。内容取 PC 端的精华，有无线端自己的特色，在字体方面也要格外注意。
- 图片存储格式。详情页图片在切片时要占用最小的内存，有利于缩短客户的打开时间。
- 找出产品的基本属性、产品本身的特点，以及在同类产品中较突出的优势。
- 根据购买产品的消费人群的年龄段、浏览习惯、兴趣爱好等设计页面布局、页面色调等。

13.6 写好手机淘宝店铺公告

手机淘宝店铺公告区域是介绍店铺最重要的地方，也是顾客了解、信任你的淘宝店铺的窗口，因此写好手机淘宝店铺公告很关键。由于手机淘宝店铺公告的空间有限，所以文字一定要言简意赅，最好能一针见血，第一眼就能吸引住顾客。

手机淘宝店铺公告常见的几种写法如下：

（1）简单明了，就是只写一段话。比如写很简单的欢迎光临本店之类的话，这样的公告简单有效，适合一些走简约路线的网店。

（2）消息型，就是在公告里写的所有内容都是通知类型的信息。比如在什么时间做什么活动、即将上什么新款之类的信息。这种公告的写法比较适合处于发展中期的网店，上新和打折活动比较多的情况。当然，在各种节假日或者活动日，所有的网店公告都可以采用这种写法。

（3）详细型，就是将网店的购物顺序、宝贝的情况等信息都写上去。因为详细型公告的内容比较多，所以建议在写的时候给每一方面内容都加上一个小标题，以利于区分。

其实，针对不同的情况，店铺公告有不同的写法，也有不同的优势，根据网店情况如实地写，顾客就会对你的店铺产生足够的信任感。

13.7 手机淘宝买家秀

淘宝买家秀一直受到买家的重视和关注，成为买家选购商品的重要参考内容之一。买家的评论能够帮助后续买家更加全面、客观地了解商品相关信息，如质量、使用感受、效果、店铺服务、发货速度、物流服务等，帮助买家进行购物决策。

13.7.1 买家秀在哪里

随着互联网的普及,越来越多的人选择在网上购物,导致淘宝店铺的竞争越来越激烈。很多买家在购买产品时都会去看买家秀,通过买家秀来判断产品的好坏。那么手机淘宝的买家秀在哪里呢?

(1)打开手机淘宝 App 客户端,进入手机淘宝页面,如图 13-24 所示。

图 13-24 手机淘宝页面

(2)在搜索栏搜索要购买的宝贝,然后单击进入宝贝详情页,如图 13-25 所示。

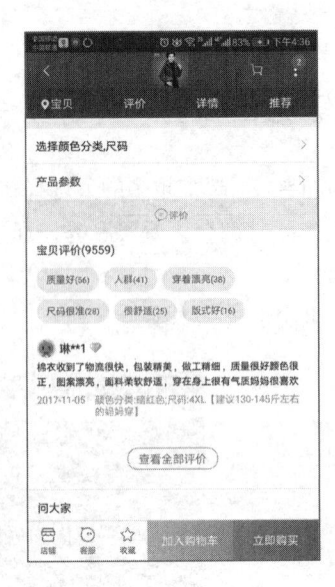

图 13-25　宝贝详情页

（3）选择图片，下面就会出现很多带图片的评价，这就是买家秀，如图 13-26 所示。

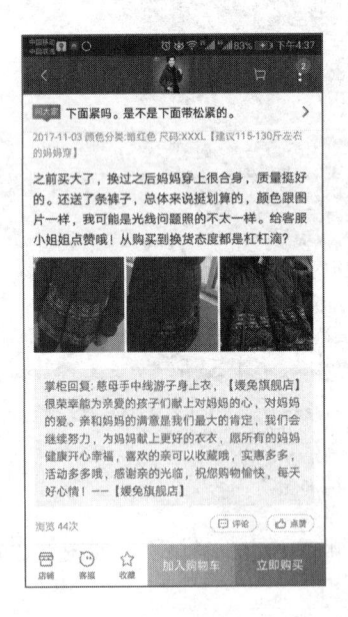

图 13-26　带图片的评价就是买家秀

13.7.2 淘宝买家秀的应用渠道

关于买家秀可以应用展示的渠道，主要包括手机微淘、手淘社区、天猫范儿话题、店铺首页、店铺详情页等，其中手机微淘、店铺首页和店铺详情页主要为卖家推送买家秀，手淘社区和天猫范儿话题主要为用户自主晒出自己的已购宝贝。

淘宝买家秀的主要应用渠道如下。

1．微淘动态

微淘动态是原微淘关注栏目，主要展示买家收藏和关注的店铺动态，买家秀内容由卖家从千牛官方买家秀推荐，如图13-27所示。

图 13-27　微淘动态

2．手淘社区晒好物

对于卖家来说，手淘社区是精准引流的渠道。手淘社区很好地联系起商家、买家和达人，通过引导购买过宝贝的买家在社区发帖，可以使宝贝获得更多的展现和流量；通过达人的推荐，利用达人的粉丝营销，同样可以获得更高的产品转化。手淘社区买家秀内容主要由买家通过"晒好物"的方式，选取自己买过的宝贝分享到全民晒单或加入的圈子，含品牌圈。如图13-28所示为选取近期买过的产品，然后进行下一步图文分享。

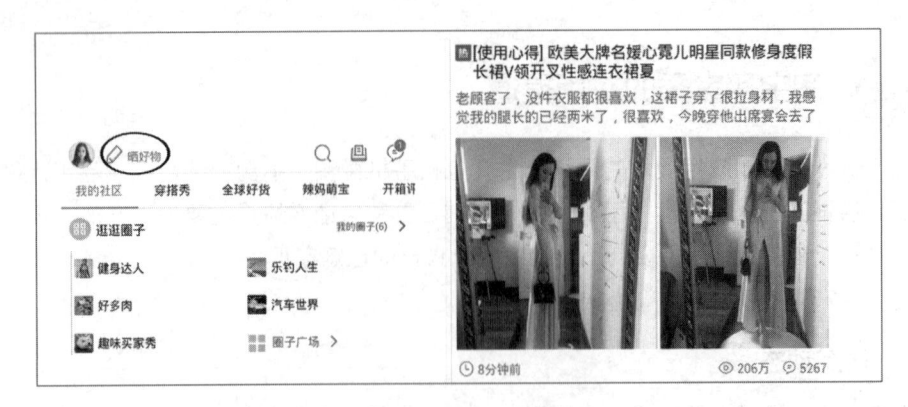

图 13-28　手淘社区晒好物

3．店铺首页链接

从千牛官方买家秀提取链接后，可以到无线运营中心店铺装修页面，在自定义菜单中添加链接。如图 13-29 所示为店铺首页链接。对于推送的买家，为了激励和感谢他们，也可以对其进行淘金币打赏，强化优质客户的关系维护。让好买家记住你，更多的有图评价蜂拥而至。

图 13-29　店铺首页链接

4. 店铺详情页用户说

为了让消费者在手机端详情页中快速找到想要的东西，增强消费者的购买意愿，也为了让商家更便捷地装修详情页，手机淘宝无线端详情页推出了"用户说"模块，一键添加用户所产生的优质内容到宝贝详情页中。

13.8 练习题

1. 填空题

（1）当用户访问手机淘宝店铺的时候，_____的信息展示是非常重要的，它在很大程度上影响了用户是否停留。一个合理的首页对店铺的发展起着重要的推动作用。

（2）_____不仅承载着商品信息的功能，同时还承载着销售流程的功能。在详情页的布局优化上，卖家需要将销售流程巧妙地嵌入详情页中。

（3）_____是关键，是免费流量的来源，要优化关键词，才能提高流量。

（4）做好_____，能增加宝贝的权重。很多店铺直接把 PC 端的宝贝详情页缩小作为手机端的宝贝详情页，这样就会导致整个描述页面很长。

2. 简答题

（1）简述手机开店的优势。

（2）手机淘宝店铺装修的注意事项有哪些？

（3）简述购买无线店铺装修模板的操作步骤。

（4）手机淘宝关键词的选择技巧有哪些？

（5）无线端详情页优化原则有哪些？

第 14 章

做好手机淘宝营销，引爆店铺销量

本章导读

相信很多商家都已经发现，现在用手机购物的用户比用电脑购物的用户多，而且店铺的手机端流量也在不断上升，如果商家有针对性地采用手机端营销方法，那么效果是可想而知的。如果商家做不好无线端营销，那么就会流失很多客户。

14.1 提升手机淘宝店铺的流量和转化率

据市场调查,现在越来越多的人使用手机上淘宝网购物。随着手机淘宝的流量不断上升,手机淘宝店铺的运营也越来越受到商家的重视,那么如何提升手机淘宝店铺的流量和转化率呢?

1. 设置关键词

相对于 PC 来说,手机屏幕的大小毕竟有限,所能看到的产品信息也不多。所以,要想在有限大小的屏幕上体现你的产品特性和卖点,产品的标题就显得格外重要了。那么如何设置标题呢?可以加入一些主要的词,也可以加入产品的特点词。跟在 PC 端为了搜索而抢更多的热搜词不一样的是,手机端是为了转化,要加入产品的卖点元素。如图 14-1 所示为设置的关键词。

图 14-1 设置的关键词

2. 产品优化

这里的产品优化是指优化产品的转化率,比如产品搜索点击率、手机淘宝的成交量,以及产品价格的定位,要根据产品的特点、优势来进行优化。

3. 淘金币

手机淘宝店铺设置淘金币也能引入流量。淘金币折扣只能在集市的店铺中使用,在相同的条件下,淘金币折扣越多,搜索排名就越靠前。据市场调查,现在用手机上淘宝网买东西的顾客都爱购买淘金币的产品。因为很多淘宝网账户都有积存的淘金币，特别是女性消费者，很多时候拍下商品时没有使用淘金币，而为了使用淘金币重复拍下商品很多次的顾客不在少数。如图 14-2 所示为"淘金币"页面。

图 14-2 "淘金币"页面

4. 促销活动提高转化率

在某个类目下，顾客购买或者浏览商品的次数越多，搜索结果越精准。比如某顾客购买过女装、鞋子、包包等类目商品，那么在搜索这些类目商品时显示出来的结果就很精准。所以手机淘宝店铺可以设置一些手机端专享价格、手机端优惠和店铺的优惠券等促销活动来增加流量，提高转化率。如图 14-3 所示为促销活动。

图 14-3 促销活动

5．美化产品图片

必须使你的产品展示效果足够吸引眼球，顾客才会点击进去看，店铺才会有流量。那么什么样的产品展示效果才会吸引顾客的眼球呢？这就需要美化产品图片。产品主图是顾客搜索时首先会看到的，在搜索页面中会显示很多店铺的产品，那么怎样才能让顾客点击你的产品呢？这就需要你的产品主图做得漂亮，但在美化图片时不要过分夸张，要突出产品卖点，自然、真实的产品图片会吸引更多的顾客点击浏览。

6．做好橱窗图片

手机端的橱窗图片应该做得更加细致，体现产品的一些特点。可以在主图上适当地放一些产品的促销信息，因为无线端展示空间有限，图片上的信息也会成为顾客购买的一个关键因素，如图 14-4 所示。

图 14-4　橱窗图片

7．做好宝贝详情页

做好手机端宝贝详情页，能增加宝贝的权重。很多店铺直接把 PC 端的宝贝详情页缩小作为手机端的宝贝详情页，这样就会导致整个描述页面很长。一般来说，手机端详情页最好不要超过 6 屏。

8. 做好宝贝评价

手机淘宝在宝贝详情页的第一页只展示了一个评价,这个评价很重要,因为很多顾客为了节省流量,就看这一个评价。所以能排名第一的评价一定要做好,如图 14-5 所示。

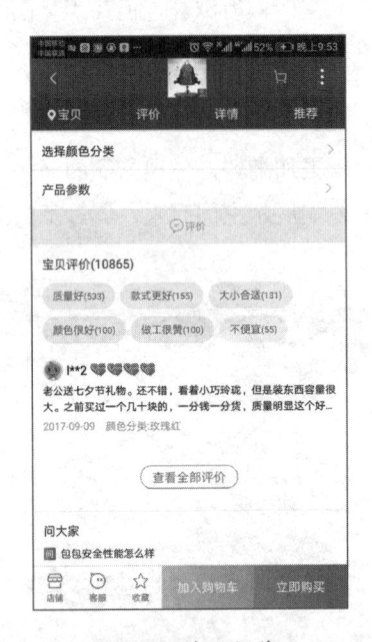

图 14-5　宝贝评价

以上各方法都需要卖家自己测试是否有效果,只有适合自己店铺的方法才是最好的。

14.2　让产品出现在手机淘宝首页的技巧

如果你的淘宝店铺产品出现在手机淘宝首页上,那么在一定程度上能带来巨大的流量。淘宝店铺产品可以通过精品橱窗进行展示,因为很多顾客就是通过这条途径来购买产品的。手机端和 PC 端的消费群体不一样,自然主推的产品也是不一样的,需要针对适合的消费者来拟定主推的产品。手机淘宝店铺可以选择一些价格偏低、有优势的产品来做主推产品。

手机淘宝首页上的大部分产品会针对不同的用户需求推荐不同的宝贝入口图。例如,买家对女装和包比较感兴趣,那么手机淘宝首页上的产品的入口图就会尽量展现相关的品类。同时,为了保证所见即所得,当点击产品进入详细页后,入口宝贝在首屏都会有对应的推荐位。

第 14 章　做好手机淘宝营销，引爆店铺销量 | 321

如果产品能够出现在手机淘宝首页上，那么不但可以获取大量的精准的曝光流量，而且还会获得宝贝置顶的额外流量。买家是被入口图吸引进来浏览的，那么对应宝贝的购买转化率肯定会很高。如图 14-6 所示为手机淘宝首页的产品图片。

图 14-6　手机淘宝首页的产品图片

为精品橱窗商品设置白底图，符合手机淘宝入口图的规范，你的商品就有机会出现在手机淘宝首页上。如图 14-7 所示为符合手机淘宝入口图规范的白底图。

图 14-7　白底图

白底图的规范如下：
- 图片为正方形，尺寸至少大于 500px×500px。
- 使用白底的宝贝正面图，勿使用人物头像或其他非宝贝图。
- 宝贝图要干净，不带任何牛皮癣，在宝贝图上不可出现商品 Logo 及其他利益点。
- 宝贝颜色尽量饱满，避免出现白色或者灰色等其他淡色，宝贝大小要适合。
- 在一张图内最多不超过两个宝贝。

14.3 "有好货"为用户提供精准化的个性推荐

有好货的流量大，想必卖家都很清楚，但是如何使用"有好货"，以及如何报名参加"有好货"活动呢？

14.3.1 什么是"有好货"

"有好货"作为淘宝网最早推出的内容产品之一，其导购作用正变得愈加明显。"有好货"位于手机淘宝首页，其产品定位为品质生活指南，主要针对中、高层消费人群，为用户提供精准化的个性推荐。

"有好货"的内容主要来自两大部分：一是专业领域达人提供的优质内容；二是行业提供的优质内容。

要想上"有好货"，首先得知道"有好货"的规则。

- "有好货"选择的产品大多数偏中、高客单价，低客单价的产品没有机会上"有好货"。
- 上"有好货"的产品的动态评分一定要很高。只要在动态评分中有一项飘绿的，"有好货"就很难上去。
- 产品最好是新品，体现出差异化。上"有好货"的产品最好是还没有参加过淘抢购、聚划算等其他活动。当你掌握了这些规则后，主题明确，再用淘宝达人推，就很容易上"有好货"。
- 产品在外观和功能上有一定的创意创新，款式独特，比如具备稀缺性和收藏价值，还可以是限量款、明星款。

开放了"有好货"的手机淘宝首页入口图资源，即卖家为精品橱窗商品设置了白底图后，符合规范的商品将有机会出现在"有好货"的入口图上，买家点击进去即可看到你的精品橱窗商品。如图 14-8 所示为"有好货"页面。

第 14 章　做好手机淘宝营销，引爆店铺销量 | 323

图 14-8　"有好货"页面

"有好货"将提高优质的、深度的内容占比。一方面，通过内容更好地展现商品；另一方面，通过直播、短视频等多元化的内容形式增加用户停留的时长，以此提高用户的黏性，使得自身品牌本身的影响力不断加强。

14.3.2 报名参加"有好货"活动

手机淘宝的"有好货"提供了众多优质且低价的商品给消费者，同样也是卖家提高店铺流量的一条出路。但是有很多卖家不知道如何报名参加"有好货"活动，下面就来介绍报名参加"有好货"活动的途径。

（1）进入"淘营销"首页，单击导航栏中的"行业营销活动"，再单击"我能参加的活动"，如图 14-9 所示。

（2）进入淘宝网卖家中心，单击"营销中心"下面的"活动报名"，如图 14-10 所示。

图 14-9　通过淘营销报名

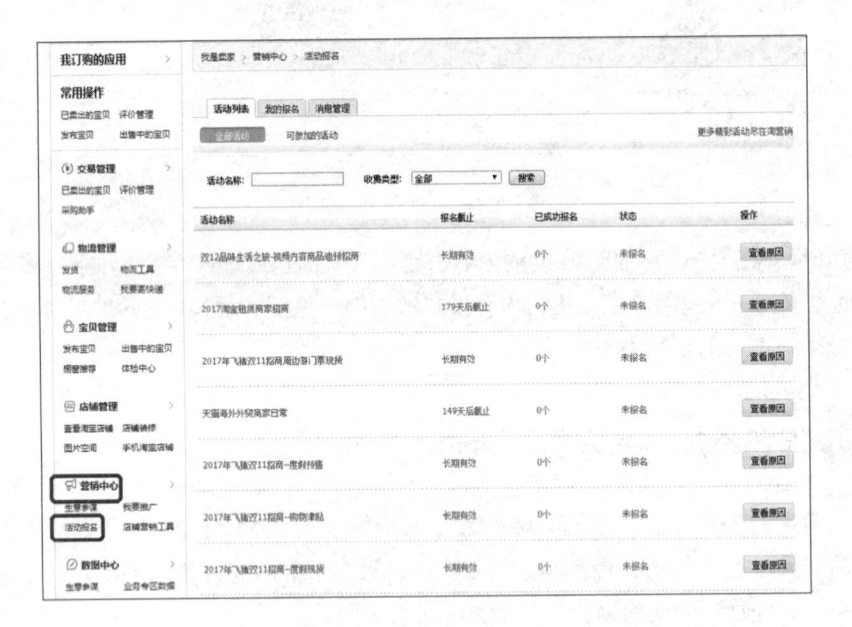

图 14-10　通过营销中心报名

（3）查看类目帮派，或者查看淘宝小二发布的帖子，看是否有"有好货"的活动时间。

为了不错过"有好货"活动，卖家可以在"淘营销"页面通过活动介绍查看活动的开始时间和结束时间，如图 14-11 所示。

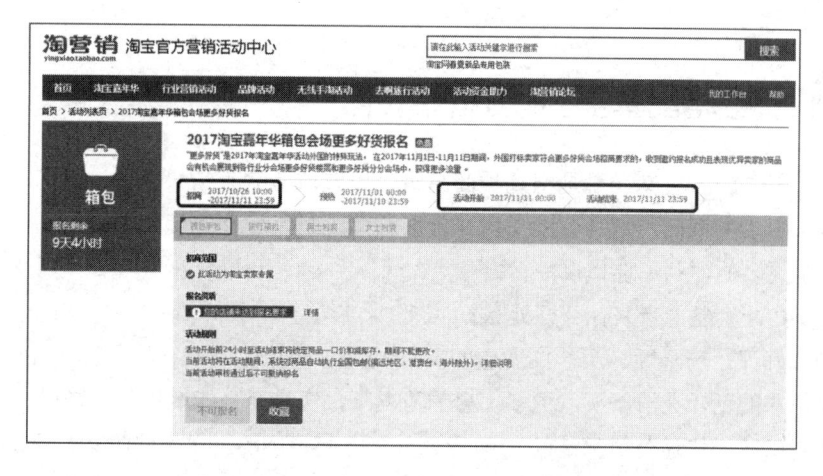

图 14-11　查看活动的开始时间和结束时间

单击活动下方的"规则&资质",可以查看自己的店铺能否参加营销活动,资质是否符合,如图 14-12 所示。

图 14-12　查看资质

14.4　做好无线端营销

无线端淘宝的市场可谓越来越大,商家要想抓住无线端的广大市场,手机淘宝的推广和营销是决定性因素。

14.4.1 无线搭配套餐，飙升客单转化

搭配套餐，顾名思义，就是将几种商品组合设置成套餐来销售，通过促销套餐让买家一次性购买更多的商品。这种营销手段在很大程度上提高了卖家促销的自主性，同时也为买家提供了更多的便利和选择权。

那么，搭配套餐能带来什么好处呢？

- 增加好评。一个顾客买一件满意的宝贝，卖家只能收到一个好评；但如果是搭配套餐出售的话，在给予买家更多优惠的情况下，卖家至少能增加两个好评。
- 节省邮费。快递公司都是以 1 公斤以内来算起步价的。卖小件商品的商家一件件发货的话，会产生很多运费，因为都要按起步价来付费。但如果是搭配套餐出售的话，一次发货只要不超过 1 公斤，就会按起步价来算，这样可以节省不少的运费。
- 增加宝贝的曝光度。这一点是其主要作用。卖家可以将搭配套餐的模板代码复制到店铺的任意位置，以提高宝贝的曝光度，在无形中让买家记住了此套餐。
- 提高客单价。这一点是最重要的作用。搭配套餐更具有真实性，买家会认为卖家在进行薄利多销，因此更容易相信和接受这样的促销手段，自然就提高了客单价。

宝贝的搭配套餐设置完成后，在该宝贝的无线详情页就会自动展示该宝贝的搭配套餐，如图 14-13 所示。

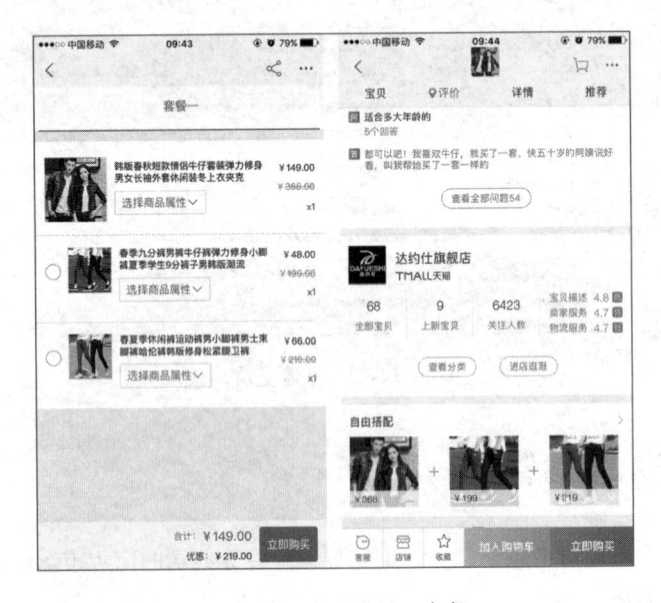

图 14-13　宝贝的搭配套餐

14.4.2 设置码上淘，实现 O2O 交易零距离

扫码作为目前 O2O 中非常重要的连接入口，已经成为线上与线下连通的新流量渠道，以及消费者获取商品信息、享受优惠的便捷生活的途径。

扫码专享价是一款专门针对手机淘宝扫码下单的促销工具，需要卖家在商品上设置折上折优惠，结合条形码和二维码使用。消费者只有通过手机淘宝扫条形码和二维码才能享受专享价，比电脑下单更便宜。

设置码上淘的具体操作步骤如下：

（1）进入淘宝网的"卖家中心"，单击"店铺管理"下面的"手机淘宝店铺"，如图 14-14 所示。

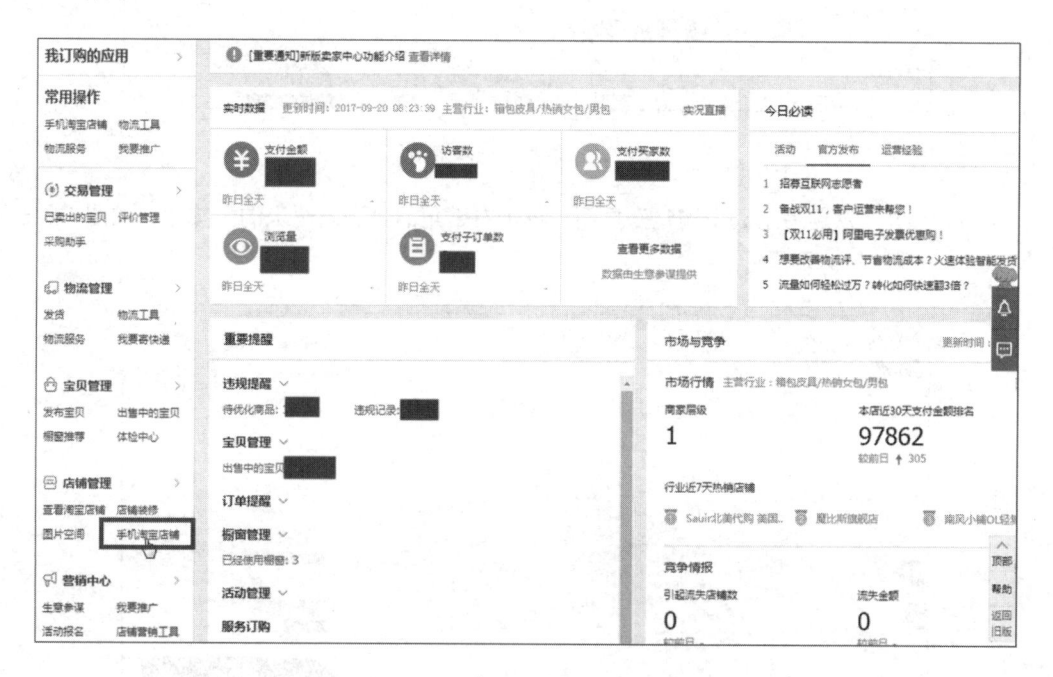

图 14-14 单击"手机淘宝店铺"

（2）单击"码上淘"下面的"进入后台"，如图 14-15 所示。

图 14-15　单击"进入后台"

（3）打开"欢迎使用码上淘！"页面，单击右下角的"进入码上淘"按钮，如图 14-16 所示。

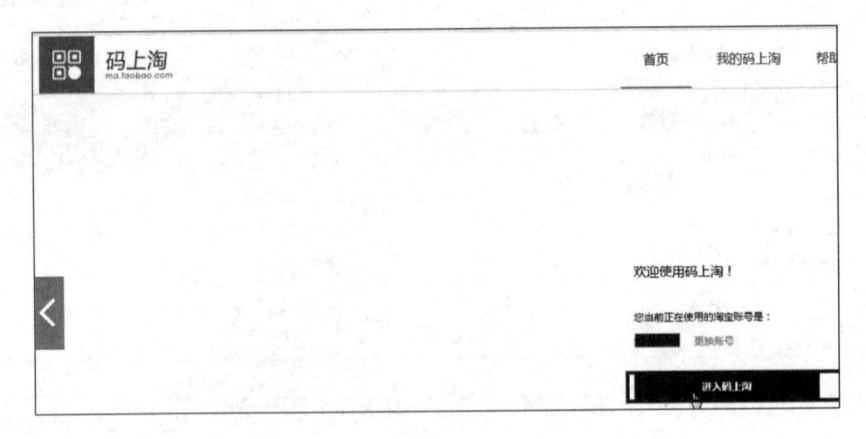

图 14-16　单击"进入码上淘"按钮

（4）打开"码上淘"页面，单击左侧的"通过宝贝创建"，如图 14-17 所示。

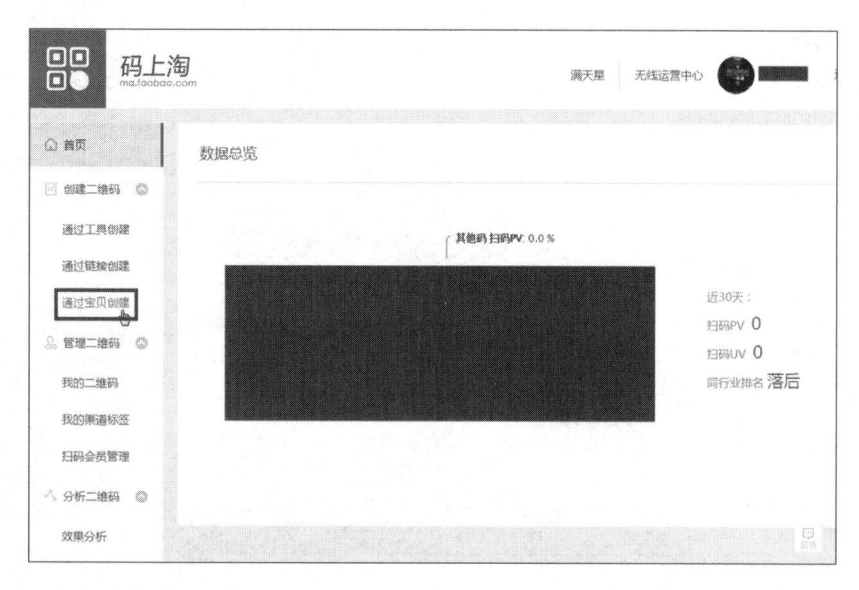

图 14-17 单击"通过宝贝创建"

(5)选中宝贝,单击"下一步"按钮,如图 14-18 所示。

图 14-18 选中宝贝

(6)关联推广渠道,如图 14-19 所示。

图 14-19　关联推广渠道

（7）设置扫码专享价格。可以批量设置宝贝的扫码专享价格，也可以针对不同的宝贝设置不同的专享折扣，如图 14-20 所示。

图 14-20　设置扫码专享价格

14.4.3 无线惊喜，天天有惊喜，无线营销必备工具

无线惊喜是一款基于完成店铺任务的抽奖、兑换活动的应用。用户通过完成签到、收藏、宝贝浏览等任务获得金币，并用来抽奖及兑换。同时，提供了隔日送奖活动，天天都有惊喜，是商家展开无线营销、增加用户黏性的必备工具。

（1）登录到淘宝网，进入卖家中心，单击"店铺管理"下面的"手机淘宝店铺"，如图 14-21 所示。

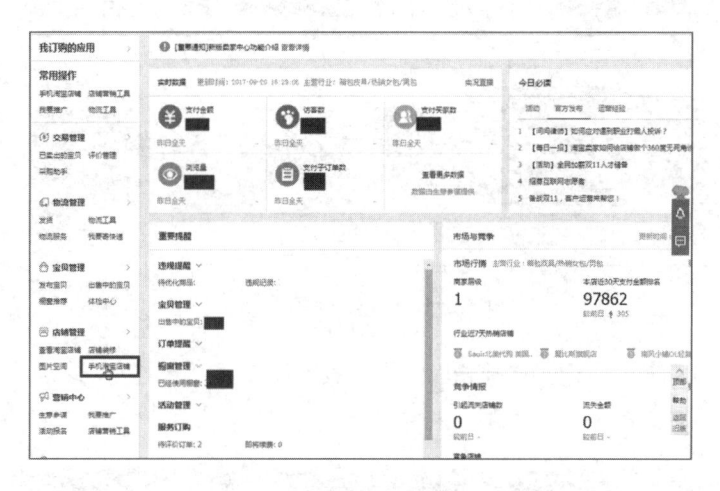

图 14-21　单击"手机淘宝店铺"

（2）单击"无线开放平台"下面的"无线应用区"，如图 14-22 所示。

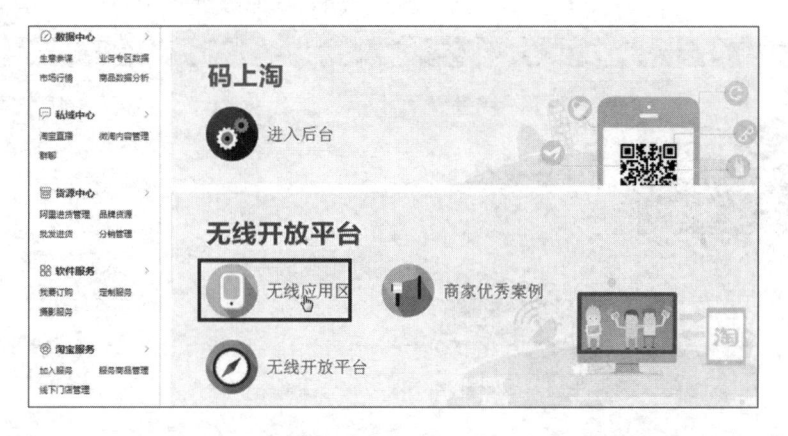

图 14-22　单击"无线应用区"

（3）打开"服务市场"页面，单击"无线惊喜"，如图 14-23 所示。

图 14-23　单击"无线惊喜"

（5）打开订购软件页面，选择相应的服务版本和周期，单击"立即购买"按钮，也可以免费试用 7 天，如图 14-24 所示。

图 14-24　订购软件页面

(6)打开付款页面,单击"同意并付款"按钮,如图 14-25 所示。

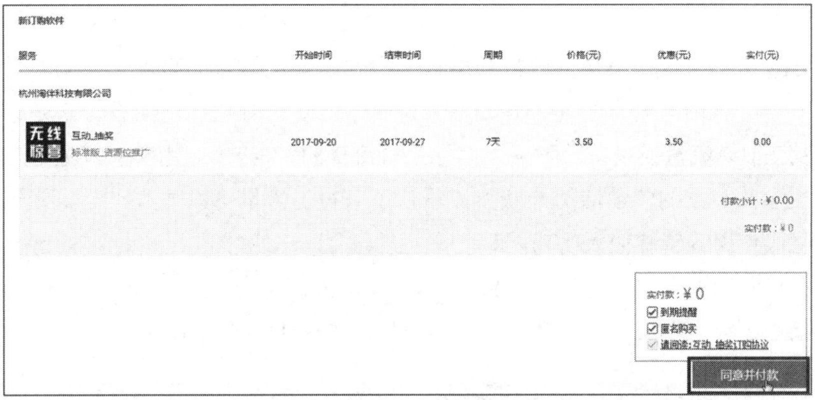

图 14-25　付款页面

(7)提示订购成功,"无线惊喜"的主要用途如图 14-26 所示。

图 14-26　"无线惊喜"的主要用途

14.4.4 流量钱包，手机购物也能赚流量

流量钱包是阿里巴巴公司为商家和用户推出的一项流量营销服务。使用流量钱包可以有效地提升淘宝店铺与用户之间的互动性、趣味性。对于淘宝店铺而言，它是一款灵活、有效的营销工具。流量钱包是一种可以储存手机流量的"钱包"，用户可以通过在淘宝网、天猫购物或参与商家的营销活动来获得流量，所获得的流量可以通过"流量钱包"实现提取到手机号码使用或转赠他人的功能。

（1）在"我的淘宝"中选择"卡券包"，如图 14-27 所示。

（2）在"卡券包"页面中选择"流量钱包"，如图 14-28 所示。

图 14-27　选择"卡券包"　　图 14-28　选择"流量钱包"

（3）弹出"阿里'流量钱包'服务协议"对话框，勾选"我同意本协议"复选框，单击"确定"按钮，如图 14-29 所示。

（4）进入"流量钱包"页面，如图 14-30 所示。

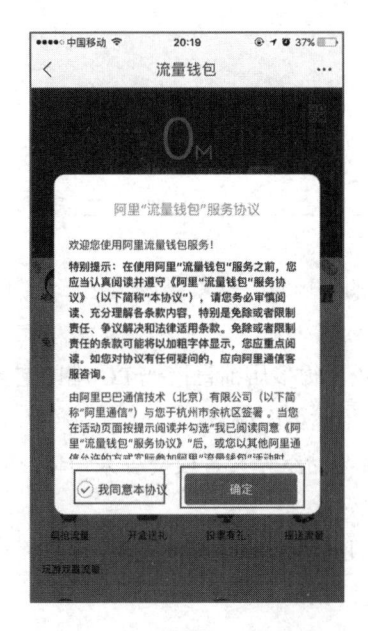

第 14 章　做好手机淘宝营销，引爆店铺销量 | 335

图 14-29　"阿里'流量钱包'服务协议"对话框　　　　图 14-30　"流量钱包"页面

（5）单击"流量白领"，打开"流量白领"页面，在这里可以领取店铺的流量，如图 14-31 所示。

图 14-31　"流量白领"页面

14.5 练习题

1．填空题

（1）手机淘宝店铺可以设置一些_____、_____和_____等促销活动来增加流量，提高转化率。

（2）什么样的产品展示效果才会吸引顾客的眼球呢？这就需要美化产品图片，_____是顾客搜索时首先会看到的。

（3）做好_____，能增加宝贝的权重。很多店铺直接把 PC 端的宝贝详情页缩小作为手机端的宝贝详情页，这样就会导致整个描述页面很长。

（4）_____，顾名思义，就是将几种商品组合设置成套餐来销售，通过促销套餐让买家一次性购买更多的商品。

（5）_____是一款基于完成店铺任务的抽奖、兑换活动的应用。用户通过完成签到、收藏、宝贝浏览等任务获得金币，并用来抽奖及兑换。

2．简答题

（1）如何提升手机淘宝店铺的流量？

（2）让产品出现在手机淘宝首页的技巧有哪些？

（3）怎样报名参加"有好货"活动？

（4）搭配套餐能带来什么好处？

让你的网页更有**说服力**！
让你的转化率**提升300%**！

博文电商 电商图书旗舰品牌

精品图书

网络营销推广实战宝典（第2版）
ISBN 978-7-121-27574-6
第1版获全行业优秀畅销书奖！网络营销看本书就够了！

赢在天猫：写给天猫店长的店铺盈利之道
ISBN 978-7-121-30751-5
十二年电商实战经验专家，写给老板看的天猫实战书！

微信公众号，这么做才有效
ISBN 978-7-121-29765-6
自媒体人必须学会的微信公众号运营

竖屏思维：大幅度提升手机端转化率的逻辑和方法（全彩）
ISBN 978-7-121-32805-3
让手机端转化率轻松提升20%、50%，甚至一倍以上！

品牌视觉：可复制的电商视觉终极玩法
ISBN 978-7-121-33488-7
让老板轻松悠闲！让运营升职加薪！让美工蜕变成长！

沉浸感：不可错过的虚拟现实革命
ISBN 978-7-121-32266-2
虚拟现实能给企业、创业者带来哪些机会？

众赢：蚂蚁金服的财富密码
ISBN 978-7-121-32335-5
从支付宝到蚂蚁金服的传奇故事，掌握财富密码！

电商产品经理宝典：电商后台系统产品逻辑全解析
ISBN 978-7-121-32579-3
新零售时代，优秀产品经理人手一本的电商后台产品手册！

在哪儿可以买到这些书？
线下书店、当当、京东、亚马逊、天猫网店均可购买。